親切的、活潑的、趣味的、致用的

實用歷史叢書

遠流出版公司

一步之遙：中國皇太子政治

作　　者——張　程
主　　編——游奇惠
責任編輯——陳穗錚
發 行 人——王榮文
出版發行——遠流出版事業股份有限公司
臺北市100南昌路2段81號6樓
電話／2392-6899　傳真／2392-6658
郵撥／0189456-1
法律顧問——董安丹律師
著作權顧問——蕭雄淋律師
2014年9月1日　初版一刷
行政院新聞局局版臺業字第1295號
售價新台幣 320 元　（缺頁或破損的書，請寄回更換）

ISBN 978-957-32-7474-2
YLib 遠流博識網
http://www.ylib.com　E-mail:ylib@ylib.com

實用歷史叢書

一步之遙：中國皇太子政治

《實用歷史叢書》

出版緣起

王榮文

・歷史就是大個案

《實用歷史叢書》的基本概念，就是想把人類歷史當做一個（或無數個）大個案來看待。

本來，「個案研究方法」的精神，正是因為相信「智慧不可歸納條陳」，所以要學習者親自接近事實，自行尋找「經驗的教訓」。

經驗到底是教訓還是限制？歷史究竟是啟蒙還是成見？——或者說，歷史經驗有什麼用？可不可用？——一直也就是聚訟紛紜的大疑問，但在我們的「個案」概念下，叢書名稱中的「歷史」，與蘭克（Ranke）名言「歷史學家除了描寫事實『一如其發生之情況』外，再無其他目標」中所指的史學研究活動，大抵是不相涉的。在這裡，我們更接近於把歷史當做人間社會情境體悟的材料，或者說，我們把歷史（或某一組歷史陳述）當做「媒介」。

・從過去了解現在

為什麼要這樣做？因為我們對一切歷史情境（milieu）感到好奇，我們想浸淫在某個時代的思考環境來體會另一個人的限制與突破，因而對現時世界有一種新的想像。

通過了解歷史人物的處境與方案，我們找到了另一種智力上的樂趣，也許化做通俗的例子我們可以問：「如果拿破崙擔任遠東百貨公司總經理，他會怎麼做？」或「如果諸葛亮主持自立報系，他會和兩大報紙持哪一種和與戰的關係？」

從過去了解現在，我們並不真正尋找「重複的歷史」，我們也不尋找絕對的或相對的情境近似性。「歷史個案」的概念，比較接近情境的演練，因為一個成熟的思考者預先暴露在眾多的「經驗」裡，自行發展出一組對應的策略，因而就有了「教育」的功能。

・從現在了解過去

就像費夫爾（L. Febvre）說的，歷史其實是根據活人的需要向死人索求答案，在歷史理解中，現在與過去一向是糾纏不清的。

在這一個圍城之日，史家陳寅恪在倉皇逃死之際，取一巾箱坊本《建炎以來繫年要錄》，抱持誦讀，讀到汴京圍困屈降諸卷，淪城之日，謠言與烽火同時流竄；陳氏取當日身歷目睹之事與史實印證，不覺汗流浹背，覺得生平讀史從無如此親切有味之快感。

觀察並分析我們「現在的景觀」，正是提供我們一種了解過去的視野。歷史做為一種智性活動，也在這裡得到新的可能和活力。

如果我們在新的現時經驗中，取得新的了解過去的基礎，像一位作家寫《商用廿五史》，用企業組織的經驗，重新理解每一個朝代「經營組織」（即朝廷）的任務、使命、環境與對策，竟然就呈現一個新的景觀，證明這條路另有強大的生命力。

我們刻意選擇了《實用歷史叢書》的路，正是因為我們感覺到它的潛力。我們知道，標新並不見得有力量，然而立異卻不見得沒收穫；刻意塑造一個「求異」之路，就是想移動認知的軸心，給我們自己一些異端的空間，因而使歷史閱讀活動增添了親切的、活潑的、趣味的、致用的「新歷史之旅」。

你是一個歷史的嗜讀者或思索者嗎？你是一位專業的或業餘的歷史家嗎？你願意給自己一個偏離正軌的樂趣嗎？請走入這個叢書開放的大門。

前言

那些邂逅皇位的孩子們

老虎的屁股摸不得，同樣，皇帝的寶座也不是輕易能坐得了的。什麼人能坐皇帝的位子，什麼時候能坐，應該怎麼坐，坐之前需要做些什麼準備，這一切都是有明確而又嚴格的規定的。它們構成了中國歷史上的皇太子制度，衍化出了形形色色的皇太子現象。而參與其中的主角是一群邂逅皇位的、既幸運又不幸的孩子們。

皇太子制度

一

何謂皇太子？

皇太子是皇位的法定繼承人，一般是現任皇帝的兒子。

秦始皇確立了皇帝制度後，自稱「始皇帝」，子孫後代稱「二世皇帝」、「三世皇帝」，直到千萬世。這個皇帝制度就是「家天下」的世襲制度，子承父業。歷代皇帝一般都在生前就冊立皇太子，給自己預留一手，免得萬一哪天自己「嘎嘣」一下升天了，朝廷群龍無首、四分五裂。其實在秦朝統一之前，周朝和列國都有預立儲君的傳統。只是當時稱為「太子」，而不叫「皇太子」而已。除了秦朝因為短命沒來得及正式確立太子、清朝雍正皇帝以後採取秘密建儲制之外，中國歷史上其他時期都冊立過皇太子。

既然皇太子是未來的皇帝，國家的儲君，那麼冊立皇太子要舉行盛大的典禮，經過複雜的儀式才能最終確定。典禮和儀式結束以後，朝廷建立專門的太子官署，開始負責起皇太子的衣食住行和教育、出巡、交際等事務來。皇帝一般都會延請貴戚重臣作為皇太子象徵性的師傅，同時選擇名師大儒執掌皇太子的讀書、習藝及生活起居。而一些年紀輕，但有政治潛力的人會成為太子的賓客或者侍從，與太子相處，為以後太子登基用人做好人才儲備。因為太子一般被安置在皇宮內的東宮生活學習，所以「東宮」也就成了皇太子的代名詞。

皇太子確立後，只要皇帝沒有「駕鶴西去」，就一直是皇太子。所以我們會看到許多皇太子的年紀都很大了，甚至年過四旬。這樣的成年皇太子，當然不能讓他在東宮悠閒地學習、無所事事，而要及時參與複雜繁重的政治事務。成年的皇太子都要跟隨父皇參與朝政，處理父皇交代的各項事務。皇帝出巡或因他事離京時，常留皇太子在京主持朝政，「代理」皇帝職務。

當然了，皇位的繼承人不一定是現任皇帝的兒子輩，也可能是皇帝的同輩或者孫子輩（中國歷史上沒有出現過父輩繼承兒子皇位的情況）。因此就出現了「皇太弟」和「皇太孫」。皇太弟指的是皇帝的弟弟被指定為皇位繼承人。比如明朝末代皇帝崇禎帝朱由檢就是以皇太弟的身分繼承哥哥明熹宗朱由校的皇位的。皇太孫指的是孫子繼承皇帝爺爺的皇位。最典型的是明朝初年，明太祖朱元璋的太子朱標早死，朱元璋於是選立朱標的兒子、嫡長孫朱允炆為法定繼承人。此外，一些野心勃勃的女人，老是想當武則天，常常慫恿窩囊父皇立自己為接班人，稱為「皇太女」。她們本質上還是「皇太子」。

這最後三種情況都比較少見，我們依然可以通用「皇太子」來指代所有的皇位繼承人。

二

中國歷史上的第一位皇太子是誰呢？

太子的稱謂在春秋戰國時就出現了，比如燕王喜的接班人就被稱為「太子」丹。但是「皇帝」稱謂和皇帝制度都是秦朝建立後，由秦始皇確立的，所以說秦朝之前的各種太子其實都不是嚴格意義上的「皇太子」。我們只能從秦朝開始慢慢梳理每一場皇權交接，去尋找獲得「第一」桂冠的皇子。

秦始皇的嫡長子扶蘇最有希望成為中國的第一位皇太子。他在事實上也被秦始皇看作是自己的接班人。萬分可惜的是，秦始皇生前沒有明確、正式地冊立扶蘇為皇太子。臨終的時候，秦始皇留下詔書，傳位給扶蘇。但是詔書被趙高截住，沙丘政變發生了，扶蘇被迫自殺，胡亥繼承了皇位，奪走了大哥的「秦二世」寶座。

秦朝在胡亥手裡敗亡了，劉邦和項羽爭奪天下。劉邦當上漢王的第二年，立六歲的嫡長子劉盈為漢王太子。西元前二〇六年，劉邦正式登基做了皇帝。在隆重的登基典禮上，劉邦公開、正式地升王太子劉盈為皇太子。劉盈就是日後的漢惠帝。他性格懦弱，受制於幕後呂氏，過得很不如意，年紀輕輕就死了。但「中國第一位皇太子」的殊榮劉盈是當之無愧的。

中國古代最後一位皇太子是誰呢？

我們需要到清朝歷史中尋找答案。清朝只有在康熙一代立過皇太子。之前，清朝沒有皇太子制度；之後，雍正皇帝確立了「秘密立儲」制度，將接班人名字寫在小紙條上，改在最後時刻公布，避免內部紛爭。所以，康熙朝立的皇太子就是中國古代最後一個皇太子。康熙立過兩次太子，但都是同一個人。那就是康熙次子胤礽。因此，胤礽是中國古代最後一位皇太子。

三

除了必須是皇子外，皇太子的選擇標準是什麼？

皇太子的選擇標準早在西周確定禮儀的時候似乎就已經明確了。後來儒家綜合周禮和歷史教訓，提出了一整套完備的繼嗣理論，其核心便是「嫡長子繼承制」。《春秋公羊傳》說：「立嫡以長不以賢，立子以貴不以長。……子以母貴，母貴子貴。」

我們可以抽出兩條具體的標準來。首先是：嫡先庶後。

君主們都有許多老婆，明媒正娶的大老婆（皇后）就是「嫡」，她生的兒子就是「嫡子」。而君主們的其他老婆再漂亮，再受寵愛也是「庶」，所生的兒子就是「庶子」。挑選皇太子的時候，嫡子優先。如果沒有嫡子，才輪到庶子。嫡子優先原則本身就是一個「排他原則」。如果某個君主只有一個嫡子，無數個庶子，那麼無數個庶子也只能排在嫡子的後面。因此，歷朝歷代都很重視皇后的生育問題，重視嫡子的教育問題。康熙皇帝早年鍾愛太子胤礽。胤礽雖然是皇次子，卻是皇后嫡子。皇后赫舍里在生胤礽的時候難產死了，之後康熙立過兩個皇后，都沒有生育。後來，康熙為了鞏固胤礽的太子地位，不再冊立皇后，目的就是為了造成胤礽是唯一嫡子的優越地位。

皇太子選擇的第二條標準是：長先幼後。

如果有很多個嫡子，該選擇哪個嫡子為皇太子呢？或者如果沒有嫡子，很多個庶子爭位，又該怎麼抉擇呢？很簡單，看誰的年紀大。在同等條件下（同是嫡子或者同是庶子），誰早跳出娘胎，哪怕是早一分鐘，誰就具有優先繼承的權利。在實踐中，君主只有一位嫡子的情況很少出現。人們常常需要用到這第二條原則，逐漸演化出了「立嫡不立長，立長不立賢」的連貫標準了。一些思想傳統的大臣們將它上升到保持王朝政治長治久安的高度，堅決反對任何「廢長立幼」的企圖和行為。越到王朝政治成熟的後期，越到王朝風雨飄搖的時候，人們對尊嫡尊長的原則就越堅持。

如果一位皇子是「嫡長子」（既是嫡子，又是長子），那他的出身就是一張政治角逐的王牌。

可見，皇太子的選擇標準，在根本上是由一個人的出身決定的。至於健康狀況、政治能力、朝野聲望等在政治實踐中非常重要的內容，在理論上不能成為選擇皇太子的標準。

四

皇太子地位的確定與否，能夠改變一幫兄弟們的命運。

一個皇子被確立為皇太子後，就要按照皇帝的標準供養，同時享有僅次於皇帝的權力。整個帝國都把他當作未來的皇帝來呵護、關注。而其他皇子則被封為諸王，終身為臣。頃刻間，兄弟情分變成了君臣大義。

皇子封王開始於西漢劉邦時期，以後世代相沿。諸王的地位極高，遠高於公爵和侯爵，衣、食、住、行、器物、禮儀等都有嚴格的規定，他人不得僭越，王爺們也不能僭越，能夠享受的權利和待遇都有嚴格限定。現存於中國國家博物館的金縷玉衣是西漢中山王劉勝的葬衣，看起來很好，很讓人為劉勝的待遇羨慕。實際上，裡面的玉器數量、金絲密度都按照嚴格的標準執行，稍有違反就是大逆之罪。漢武帝削藩，就是主要抓住諸王在禮制上的僭越把柄大開殺戒的。歸根結底，皇帝手裡握著王爺們生殺予奪的大權。

即使如此，這一時期（漢朝、南北朝）還是皇子們地位最高的時期。他們被封為王爺後，往往能有實質的封地，在西漢的時候甚至還擁有自己的政權和軍隊。隨著中央集權的加強，諸王的實權越來越小，到唐宋以後弱化成了一個榮譽稱號而已。唐宋以後的諸位皇子受封的王爵，類似於「領高薪不幹活」的金飯碗而已，要說政治權力，少得可憐。

就是這樣的虛職，也不見得每個皇子都有份。為了控制王爺的數量，朝廷不會將每個皇子都封為親王。許多皇子只能受封普通的爵位，幾代後就默默無聞了。即使是那些受封為王爺的皇子們也分三六九等。比如，明朝規定，一字王最大（燕王、福王、信王等），二字王次之。其中靖江王因為是朱元璋哥哥後代的封爵，情況特殊，介於兩種王之間。又比如，清朝的時候，王爺也封鐵帽子王、親王和郡王多種級別；而且。除了鐵帽子王以外，親王和郡王都不是世襲的。

原本是一起在地上爬的親兄弟，現在一個成為皇太子，準備日後接班，其他的人卻要開始為地位和將來著急奮鬥。奮鬥得好了，其他皇子能夠取得王爺的封號，子孫後代能夠按期領到一份能夠勉強過活的俸祿。而皇太子的子孫後代，可能還是世代貴胄。這事如果攤在讀者您頭上，您也要去爭爭那太子的位子——因為其中的待遇和命運差別實在是太過懸殊了。

萬惡源於一個「權」字。做皇太子的好處太多了，太令人垂涎了，自然縈繞在它之上的貪念和惡行也少不了。

五

對於朝廷來說，在選擇皇太子問題上必須要堅持「嫡庶分別，長幼有序」。皇太子的確立關係到巨大的利益，最怕引起群子爭立，乃至骨肉相殘的悲劇。因此，對於宏觀的朝政來講，在選擇皇太子問題上要求穩，務必不能出亂子。既然務求穩重，就要按照嚴格的標準來執行：「嫡庶分別，長幼有序」，不能抹煞了某些人的正當權益，也不能助長某些人的不正當想法。

三國後期，東吳大臣諸葛恪輔助孫亮的時候，孫亮的弟弟孫奮常常有意無意地表現自己，在朝堂上滔滔不絕，而且器物用品都和身為皇帝的孫亮攀比。諸葛恪覺得這是一個危險的苗頭，勸諫孫奮說：「之前袁紹、劉表等人各自割據國土，土地廣闊，軍隊眾多，但就是因為在子嗣問題上嫡庶不分，最終導致了政權失敗，家族族滅。天下人都對他們的失敗感到痛心。大王應該深以魯王（孫霸）為戒，改易其行，戰戰兢兢，盡敬朝廷，如此才能保全自己。這是古今正義，大王應該記住。如果之前魯王能夠早納忠直之言，心懷驚懼，完全可以好好享福，哪裡會自取滅亡之禍啊？」諸葛恪以大臣身分，引經據典，訓戒孫奮要「注意自己的身分」，不能僭越。

的確，如果在權力場上人人都安分守己，各司其責，就不會有那麼多的紛爭仇殺了。

對於群臣來說，輕易不要拿皇太子制度做文章，以免引火上身，粉身碎骨。

一些自作聰明的大臣，喜歡拿廢立太子這樣的大事來做為謀取晉升或者打擊政敵的手段。這是非常危險的事情。立誰為太子，什麼時候立為太子，是皇帝說了算的事情。一個大臣跳出來指手畫腳，畫對了也會討人嫌。歷史上的確有一些人，因為在關鍵時刻揣摩皇帝的意思，發表「正確的」意見，受到嘉獎。但是多數人因為盲目參與廢立太子一事，身敗名裂，甚至滿門抄斬。

清朝康熙皇帝想再次立胤礽為太子的時候，曾找大臣李光地「無意」談到胤礽的「病情恢復」情況。沒多久，康熙皇帝下令群臣推舉太子人選，李光地沒有反應過來，沒有上表推薦胤礽，結果事後遭到康熙的訓斥。幾年後，康熙二度廢黜胤礽，對眾位皇子爭權奪利，緊盯太子之位的行為非常反感。他下令今後不再冊立太子。可還是有一些人上書議論皇太子廢立的事情，要麼向某位皇子邀功套近乎，要麼向康熙皇帝表達忠心，或者乾脆用議論國家儲君的事博取空幻的虛名。這些人砍頭的砍頭，抄家的抄家，沒有一個得到好下場。康熙皇帝還算是個仁慈的皇帝，可在這個事情上嚴辦了許多上書的人。

對於皇帝來說，一定要及時確定皇太子人選。

皇太子的確定可以杜絕皇室內部的「非分之想」。如果沒有及時確定皇太子，不僅非分之想會瘋狂膨脹，而且可能錯過可以平穩冊立太子的時機。我們又要說到康熙皇帝。康熙皇帝晚年不立皇太子，表面上平安無事，暗地裡波濤洶湧，兒子們鬥得你死我活。還有一些皇帝，遲遲不立皇太子，直到死了也沒有指定繼承人。好在還有老太后在，遇到太子出缺、無人繼位的情況，一般由太后出面召集群臣推舉新皇帝。比如晉穆帝死後，皇太后下詔立司馬丕為帝；宋哲宗死後，向太后主持立端王趙佶為宋徽宗。

北宋英宗病危的時候，精神錯亂，顯然難以出面正式冊立太子。宰相韓琦就趕到皇帝病榻前，勸英宗早日確認接班人，避免政局出現動盪。宋英宗微微點頭，在韓琦準備的紙條上歪歪扭扭地寫下「立大王為皇太子」。韓琦又指出宋英宗寫得過於含糊，依然容易引發權爭。宋英宗就在後面補充了「潁王頊」三個字。韓琦立即起草好詔書，拿到宋英宗面前，宋英宗已經幾乎喪失了言語能力，掙扎著在詔書上簽名。費力簽名完，宋英宗潸然淚下，韓琦等大臣也相對流淚。不滿一個月後，宋英宗就死了，趙頊平穩繼位。如果再晚點確立太子，可能就會引起血腥政變了。

對於少數民族來說，皇太子制度是陌生的政治制度。

皇太子制度是帶有明顯漢族色彩的政治制度。北方的遊牧民族崇尚的是力量，主要以能力和功績為標準確定領袖，對血緣看得並不那麼重。當他們入主中原後，雖然仿效了皇太子制度，但並沒有學透。比如元朝定都大都後，採納了一系列漢族政治制度。忽必烈立孫子鐵穆耳為皇儲的時候，卻授給他「皇太子寶」。元朝還殘存著「兄終弟及」的繼承方式，皇帝也往往冊立自己的弟弟為「皇太子」。這在漢族制度中是荒唐的事。蒙古人簡單地將皇太子等同於繼承人，被人們當作了元朝的蒙古貴族沒有好好學習漢族政治制度的證據。

皇帝無家事

我們知道，嫡長子在皇太子競爭中具有極大的優勢，但真正成功的嫡長子卻很少。

宋朝十八個皇帝中只有三人是嫡長子即位。明朝的十六個皇帝中也僅有五人是嫡出。清朝皇帝則沒有一個人是以嫡長子身分繼承皇位的。

為什麼會這樣呢？

因為皇帝牢固掌握著決定繼承人選的最終權力，可以根據個人的好惡而干擾破壞嫡長制的實行。世襲制度說到底還是一種人治的政治。掌握主動的一定是皇帝，一切權力都由皇帝而出，一切享受都是皇帝賞賜的。套用句時髦的話，就是「朕給你的，你才能要；朕沒給的，你不能要」。舉個例子：東漢光武帝劉秀的第一個太子是郭皇后生的嫡長子劉強。但劉秀不喜歡郭皇后，而喜愛陰麗華。太子劉強最終只好識相地讓位與陰麗華的兒子劉莊。

恰恰因為皇帝手中的絕對權力，導致皇帝無時無刻不是生活在政治之中，根本沒有正常的家庭生活可言。皇帝很隨意的一句話，都可能被洩露出去，被不同的人解讀出不同的結果來。晚年的孫權在已經有太子孫和的情況下，封皇四子孫霸為魯王。當時其他皇子都沒有封王，孫霸的地位一下子突出出來。而且孫權對他寵愛賞賜和其他待遇，都和太子孫和沒有差別。這可能是孫權無意的表現，對孫霸的親情宣洩，卻被許多大臣解讀為孫權喜歡孫霸，有廢孫和改立孫霸的意思。孫霸也洋洋自得，開始拉幫結派。孫權一時的疏忽，結果導致了延續多年的「二宮構爭」，國無寧日。

皇太子的廢與立，本質上來說是皇帝的家事。但皇帝沒有家事，皇帝在考慮皇太子問題的時候，要時刻注意到政治影響，及時接收回饋：

一、儲嗣之爭是亡國之道，要儘量避免眾子爭位。

皇子們爭奪太子之位，可能危及到皇帝的整體事業，危害皇室的骨肉親情。宋朝洪邁在《容齋隨筆》裡這麼評價因為皇太子權力紛爭而導致的家庭悲劇：「三代以前，人君壽考有過百年者，自漢、晉、唐、三國，南北下至五季，凡百三十六君，唯漢武帝、吳大帝，唐高祖至七十一，玄宗七十八，梁武帝八十三。自餘至五六十者亦鮮。即此五君而論之，梁武帝侯景之禍，幽辱告終，旋以亡國。玄宗身致大亂，播遷失意，飲恨而沒。享祚久長，翻以為害，因已不足言。漢武末年，巫蠱事起自皇太子、公主，皆不得其死，悲傷悉沮，群臣上壽，拒不舉觴，以天下付之八歲兒。吳大帝廢太子和，殺愛子魯王霸。唐高祖以秦王之故，兩子十孫同日并命，不得已而禪位，其方寸為如何？然則五君雖有崇高之位，享耄耋之壽，竟何益哉！」漢武帝劉徹和康熙皇帝玄燁，都是一代聖君，功勳顯赫，但晚年都因為沒有處理好與皇太子的關係問題，導致內訌，沒有十全十美地走完政治道路。漢武帝劉徹殘殺了太子劉據和孫子後，又後悔了，在劉據遇害的湖縣修建了思子宮，在宮殿中修建了歸來望思之台。他希望通過這些宏偉的建築能夠挽回兒子的生命，彌補自己的過錯。早知今日，當初為什麼不三思而後行，在襁褓中扼殺內訌呢？

二、皇帝要注意考察皇太子，不能冊立以後放任不管。

同樣是一代聖君的唐太宗李世民立李承乾為太子，但幼子李泰不滿，懷有奪位之志。兄弟二人各自拉起朋黨，四處伸手，明爭暗鬥。李世民對這些情況既不重視，也缺乏了解。貞觀十七年（西元六四三年），李承乾勾結大臣侯君集等人企圖殺害李泰，將權爭的膿疱捅破了。唐太宗李世民這才下令嚴查真相，最後廢李承乾為庶人，流徙黔州。李承乾的悲劇很大程度上是李世民「重立輕教」造成的。李承乾從小聰明伶俐，在李世民讓他監國期間，表現出色，贏得了朝臣的一片讚譽。但是，李世民對李承乾的言行不加約束，對其缺點沒有絲毫察覺，釀成大患。

宋孝宗趙昚的太子趙惇待人不卑不亢，對待父皇趙昚和太上皇趙構非常孝順。趙昚開始對趙惇很放心。實際上，趙惇年近四旬，還是太子，內心的權力欲讓他對父皇非常不滿。太上皇趙構可以退位，讓趙昚當皇帝，為什麼趙昚就不能退位讓趙惇繼位呢？其實，此時的趙惇已經鬚髮皆白，卻從來不用藥劑染黑鬚髮，就是要通過白髮來時刻提醒父皇趙昚：「我的年紀已經不小了！」一次，祖母、趙構的吳皇后不解地問孫子趙惇：「那麼多人送你黑髮藥，你為什麼不用呢？」趙惇輕描淡寫地說：「孫兒以為白鬚白髮並沒有什麼不好，反而可以向天下顯示我的老成。」趙昚對趙惇感受的忽視，導致了父子倆的親情很淡薄。為日後父子倆的反目埋下了伏筆。

三、不能過早冊立皇太子。

所謂「槍打出頭鳥」，「木秀於林，風必摧之」，一個人被立為太子後，也就成為了所有競爭對手攻擊的對象。太子冊立得越早，承受的明槍暗箭就越多。如果皇帝真的是出於愛護這位皇子的考慮，那麼反而要注意保護他，不要過早地讓他暴露在攻擊火力之下。

胤礽剛滿周歲的時候，就被康熙皇帝冊立為太子。康熙很喜歡胤礽，甚至溺愛到了相當荒謬的程度。比如，康熙皇帝任命胤礽的奶母之夫凌普為內務府主管，不是凌普的資歷才幹，而僅僅是為了便利胤礽取用皇宮特供物資。胤礽過早成為太子，一方面成為了其他所有政治派別造謠中傷和攻擊的靶子，另一方面越做太子越沒有新鮮感，就越想再往上進一步。胤礽黨羽也日益增多，急迫張狂。而康熙身體健康、精力充沛，看起來短期內不會「歸天」。這就使胤礽急迫的接班欲望和康熙穩重敏感的政治做派之間產生了不可調和的矛盾。

四、皇帝傾向於選擇與自己性格脾氣類似的兒子做太子，這樣做對嗎？

奕詝與奕訢兩個人的能力高低，明眼人一眼就看出來了。但道光就是選擇了能力不濟的奕詝，而不選擇能力出眾的奕訢。因為奕詝雖然長相醜點，學識和武功差點，對政治現實了解少點，但仁愛孝順。更重要的是，奕詝這個孩子忠厚老實，守規矩，惡變革。道光從奕詝身上看到了自己的影子。許多皇帝在挑選繼承人的時候熱衷選擇「類己之人」。哪個人選和自己的思路一致，會繼續奉行自己的方針政策，我就挑選那個人繼承自己的地位和權力。但是自己的思路，自己的性格是否就和國家的宏觀發展「對路」呢？在個人喜好和國家發展需要之間，皇帝是否需要權衡，需要做出某種犧牲呢？

清朝末期的歷史就向我們證明，奕訢比奕詝更適合近代化的局勢，更適合做皇帝。

皇帝擁有決定太子的最終權力。這既是皇帝的權杖，也是一束荊棘。他需要運用這個絕對權力挑選一位對事業、對家族發展有利的接班人，不能輕視或者濫用它。

二把手政治

對於皇太子們來說，首先要考慮的問題是：皇太子和父皇之間的矛盾是怎麼產生的？權力產生了矛盾。

皇太子雖然不是真正的皇帝，但在皇帝的生前也掌握了部分權力。同時，朝廷為皇太子配備的人員，皇太子自身結交的人員和主動鑽營、依附的其他人往往讓太子形成自己的小團體。他們的父皇們很容易在心理上，在權力操作上感覺到權威受到來自皇太子勢力的威脅。父子間的猜忌和防範就此產生了。千萬不要小看了因為權力轉移產生的心理作用。皇帝們的心理不同於常人。加強集權是皇帝畢生奮鬥的目標，一旦出現哪怕是最細微的權力威脅，他們都會敏感地把握住。

並不是所有的皇帝都會像唐睿宗李旦一樣，意識到兒子李隆基勢力壯大的時候，願意主動退位。因此，皇子們成為皇太子以後，反而要更加小心地「伺候」皇帝。

一、**時刻要有憂患意識，低調做人**。

如果我們把皇太子比作政界的「二把手」，那麼皇太子政治就是二把手應該懂得和執行的政治。「二把手看似一人之下、萬人之上，無限風光在頂峰，其實風險很大，很容易翻船。二把手既要全力輔佐一把手，又要不攬功、不諉過，不能功高蓋主；既要在下屬面前樹立必要的威望，又要防止樹大招風，成為眾矢之的。」在權力的生物鏈中，皇太子注定是重要而又易受攻擊的一環。「因此，在官場中，二把手奉行的是這樣一種『副手之道』，即到位而不越位，到位而不空位，到位而不無為。一句話，踏踏實實做事，夾起尾巴做人。」

二、**皇帝是皇太子權力的來源，一切要緊跟皇帝的思路**。

昭明太子蕭統是個能力出眾、道德高尚的好太子。但在父皇梁武帝看來，蕭統這個孩子的思路有問題，不太適應南北朝亂世的發展。而蕭統犯了一大錯誤。那就是他為了興趣也好，為了避禍也好，過多地沉溺於文章和編輯工作之中。他忘記了，儒家的道德要求也好，臣子們的認同與讚譽也好，這些雖然是影響太子能夠順利繼位的重要因素，但並不是最重要的因素。最後的決定權還是在皇帝本人手中。從這個角度來說，做太子的人，提高素質博取名聲固然重要，但最要緊的還是與皇帝保持高度一致。這種一致不僅是個人能力上的一致，更是性格秉性和執政思路的一致。蕭統雖然表面上做得盡善盡美，盛名在外，但並沒有與父親蕭衍保持真正的、深度的一致。

三、**要適當地表現自己，挖掘自身資源，鞏固太子地位**。

沒有任何一個人敢說自己在社會結構中的地位是穩若泰山的。皇太子群體更加要居安思危，發揮一切優勢，挖掘一切資源，鞏固地位。

三國時期，曹丕即位後很久都不立太子。兒子曹睿跟隨曹丕出獵，遇到子母鹿。曹丕射殺了母鹿，命令曹睿射殺小鹿。結果曹睿不從，說：「陛下已殺其母，臣不忍復殺其子。」說著曹睿流涕哭泣。曹丕由此想到被賜死的甄氏，內疚起來，下定了立曹睿為太子的決心。曹睿能夠將日常遇到的事情和政治緊密聯繫在一起，既表現了自己，又勾起了父皇對自己的愧疚之心，可謂一舉兩得。

古代歷史上還有許多皇帝隔代相傳的故事。皇帝爺爺看中了皇孫，為了讓鍾愛的皇孫將來能夠繼承皇位而冊立該名皇孫的父親為皇太子。據說曹叡能被立為太子，多少就和曹操的隔代相傳有關。曹叡小時候，曹操經常讓他跟在左右。曹操每次宴會時，曹叡與侍中近臣並列坐於軍營帷幄中。曹操公開說：「我要讓你作我的三世繼承人。」這種情景就好像康熙之於乾隆，雍正的處境就與曹丕類似。雍正能夠稱帝的一個重要原因是康熙屬意於他的兒子乾隆，想通過傳位雍正來確立乾隆的帝位。類似的還有弱智太子司馬衷。據說司馬衷的兒子司馬遹乖巧聰慧，深得晉武帝司馬炎的喜歡。司馬炎一度想將皇位傳給司馬遹，因此沒有廢掉弱智兒子的太子之位。所以，歷史上的皇子們很注意發揮子女在父皇心目中的作用。子孫承歡膝下，享受天倫之樂的場景，往往異化成皇子們暗中搏殺的「角鬥場」。

四、**關鍵時刻，留在皇帝身邊很重要**。

雍正皇帝即位充滿疑雲。不管雍正有沒有耍手段，也不管他耍了什麼手段，起碼雍正皇帝在康熙臨死前就在北京。而他的主要對手胤禵卻幻想著通過建功立業，威震天下，實現太子夢想，關鍵時刻人卻遠在青海。這給了雍正從容應對、充分布局的時間；胤禵則連最基本的過招的機會都喪失了。

相同的例子還有秦始皇的長子扶蘇。扶蘇賢明而為秦始皇器重，是朝野上下公認的繼承人。

但對於父親焚書坑儒和其他殘暴的做法，扶蘇有不同看法。他勸諫始皇帝說：「天下初定，人心尚未穩定，父皇以重法嚴懲，兒臣恐怕天下不安。」晚年的秦始皇，剛愎自用，根本聽不進去批評。他對扶蘇的諍言很生氣，乾脆發落扶蘇去陝北上郡，落個眼不見心不煩。扶蘇就去抗擊匈奴的前線當監軍去了。而他的弟弟胡亥則和趙高、李斯等人乘隨駕在秦始皇身邊的機會，假傳聖旨，要了扶蘇的命。結果，胡亥當了秦二世，早早斷送了秦王朝的命。

胤禵的外調和扶蘇的外放，都對各自的皇位繼承問題乃至帝國政局產生了重大影響。

等待接班的日子是難熬的，也是危險的。皇太子要考慮的最大問題是如何消除危險，保障現有地位。其中的重中之重就是維持與皇帝的良好關係。

歷史永遠可以為今人提供借鑑。在現實生活中，我們可以把上面的皇帝替換成領導者，皇太子替換成接班人，眾多的皇子就是被領導者。歷史上眾多皇太子事件表現出來的問題和經驗教訓，依然可以給今人多重借鑑。

目錄

一步之遙：中國皇太子政治

張程◎著

1

風蕭蕭兮易水寒

燕太子丹的責任與復仇

戰國末期，燕國的太子丹擔憂的問題和其他太子擔憂的問題完全不同。太子丹不擔憂自己的太子地位，而是為即將滅亡的國家命運擔憂。面對秦國咄咄逼人的入侵，太子丹過早地承擔起了保家衛國的責任，展開了對秦國的血腥復仇……

人質生涯

一

太子丹是戰國時燕國的末代太子。太子丹的父親是燕王喜。燕王喜有一個很喜慶的名字，可日子過得一點都不喜慶。經過幾百年的征戰兼併，燕國傳到燕王喜手中的時候，已經是積貧積弱、風雨飄搖了。燕王喜是個平庸懦弱的人，根本就不知道怎樣做才能避免國破家亡的命運。

太子丹有這樣的國家和父親，日子過得好不到哪裡去。很小的時候，太子丹就被送到趙國去當人質。

戰國時期，各國流行互換人質，彷彿換了人質，大家就能相安無事似的。實際上，只有外交關係不好、老是兵戎相見的國家，才熱衷於交換人質。這都是「形象工程」。充當人質的大多是在本國內地位無足輕重的王子王孫——太子丹除外。他之所以被當成人質送到趙國去，是因為燕國打不過趙國，主動求和，必須送一個貨真價實、地位重要的王子去表達誠意。

當時在趙國首都邯鄲的人質除了太子丹外，還有一位秦國的人質——王孫異人。異人是秦國眾多王孫中的一個，多他一個不多，少他一個不少，基本上與秦國的王位「絕緣」。秦國和趙國搞「假和談、真備戰」，就把異人這樣的貨色送到邯鄲來了。

一個是弱小的鄰國主動送上門來的太子丹，一個是強大的鄰國隨便打發來的異人，趙國對他們兩個人的態度都不好。太子丹在邯鄲的日子過得很不舒心。異人在邯鄲的日子開始的時候也很不愉快，不過很快就得到了改善，因為一個叫呂不韋的商人決定「投資」異人，做一筆「政治買賣」。呂不韋大把大把花錢，送給異人豪宅、車駕、華服和美味佳餚，後來還把自己的女人趙姬也送給了異人，真的是不惜血本。

趙姬沒有經過十月懷胎就莫名其妙地給異人生下了一個兒子。秦國人不知道，在遙遠的邯鄲，他們國家的王室多了一個曾孫。如果他們知道這個曾孫將帶領他們掃蕩寰宇、統一六國，他們一定會舉國狂歡來慶祝這個後來取名為「嬴政」的嬰兒的誕生。

我們不知道太子丹有沒有見過嬴政。不管見沒見過，太子丹的後半生命運都緊緊地和嬴政連接在了一起。

二

太子丹後來回到燕國，做他的太子去了。嬴政後來被接回秦國，經過一系列令人眼花繚亂的宮廷政變，奇蹟般地成為秦王。這都是多年後的事情了。

話說秦國和燕國的關係也很不好。秦國喜歡侵略他國，霸占他國領土，曾一度攻入燕國的南部，攻占了幾十座城池。燕王喜黔驢技窮，故技重施，向秦國求和，要求互換人質，恢復和平。秦國答應了，於是太子丹只得前往秦國首都咸陽，開始另一段人質生涯。

嬴政此時已經成為秦王，但是對父親昔日的難兄難弟太子丹一點都不關照。太子丹在咸陽飽受欺凌，一點也沒享受到王室待遇，最後連日常的物資供給也出現了問題。誰讓祖國弱小、秦國強大呢？如果自己的悲慘命運能夠換取燕國的安全與和平，太子丹也就認命了。問題是秦國接受了燕國的人質後，出爾反爾，繼續對燕國發動侵略戰爭，蠶食燕國土地。太子丹的人質生涯一點作用都沒有，他恨死秦國、恨死嬴政了。他覺得自己的身心煎熬都是罪惡的秦國造成的。

於是，太子丹跑去質問嬴政：「燕秦兩國已經重啟戰事了，你什麼時候放我回國？」

嬴政冷冷地看了太子丹一眼，蠻橫地說：「只要烏鴉變成了白頭，馬長出犄角，我就放你回去。」

太子丹的心情跌落到谷底，怒視嬴政，開始在心裡一遍又一遍地將嬴政五馬分屍、千刀萬剮。

看來，通過正常的途徑，太子丹是回國無望了。太子丹是個堅強的愛國者，他決定找機會潛逃回國。幾年後，機會終於來了，太子丹趁秦國看守鬆懈，化裝成僕役，逃回了燕國。

三

太子丹回到祖國後，痛苦地發現燕國比自己出去當人質之前更加落後，局勢更加危險了。最大的敵人秦國正一步步地逼近燕國，但燕國沒有足夠的力量抵擋秦國的進攻。太子丹為了報復嬴政的傲慢與虐待，為了挽救祖國淪亡的命運，決心竭盡全力與秦國為敵。

遺憾的是，父親燕王喜顯然沒有認識到秦國才是燕國最強大最凶惡的敵人。當時長平大戰剛剛結束。趙國的幾十萬大軍被秦軍打得落花流水，一敗塗地。趙國喪失了軍隊主力，國內空虛。燕王喜開始覺得趙國挺可憐的，便派了一個叫做栗腹的大臣去趙國「慰問慰問」，聯絡一下感情，還送了五百兩黃金給趙王買酒喝。栗腹回來後把趙國虛弱的情況一五一十地報告給了燕王喜，建議說：「趙國的青壯年幾乎都在長平戰死了，國內的孤兒弱小還沒有長大，這正是我們討伐趙國的好機會啊！」燕王喜覺得這的確是個趁火打劫的好機會，又叫來昌國君樂閒，詢問能否出兵。樂閒反對說：「趙國是四戰之國，百姓尚武好鬥，我們不能輕易討伐他們。」燕王喜問：「反正趙國現在沒多少軍隊了，我用五倍的軍隊去打它，難道還打不過嗎？」樂閒認死理，堅持說不行。燕王喜發怒了，其他大臣忙都說可以討伐趙國。燕王喜這才轉怒為喜，派出二千乘車騎，任命栗腹為統帥，大舉進攻趙國。臨出發前，大臣將渠勸諫說：「我們燕國和趙國是友好鄰邦，大王您還送過趙王五百兩黃金呢！使者剛回來我們就去進攻趙國，在道義上站不住腳，肯定打不贏。」燕王喜非但不聽，還親自率領一支部隊作為偏師伐趙。將渠就拉住燕王喜的綬帶，死死不讓燕王喜出征，結果被燕王喜一腳給踹倒了。將渠哭著說：「我這麼做，不是為了我自己，而是為了大王啊！」結果，燕國大軍遭到了廉頗率領的趙軍的迎頭痛擊。栗腹大敗而歸，被趙軍在屁股後面追了五百多里路，引火焚身，戰火最後燒到燕國土地上來了。燕王喜沒辦法。只好說軟話求和。趙軍提出，趙國只以將渠為「談判對象」。燕王喜趕緊拜將渠為丞相，和趙國和談，趙國這才撤軍。

燕國戰敗以後，國家更加衰敗。燕王喜似乎從此退出了政治舞台，再也沒有什麼新的「最高指示」。燕國國政實質上轉移到了太子丹的手中。

太子丹的政治思路非常清晰，一次他對太傅鞠武說：「燕秦勢不兩立，我們應該怎麼對付秦國呢？」鞠武很悲觀地說：「秦國勢力威逼全天下，威脅韓、魏、趙三國，只有易水以北的燕國土地暫時還沒有遭到秦軍進攻。太子怎麼可以因為曾受到秦國的凌辱，公然與強大的秦國為敵呢？」太子丹驕傲地回答：「是，又怎麼樣？」當時，秦國發生了內亂（嬴政的弟弟叛亂），將軍樊於期逃到燕國。太子丹收留了他。鞠武忙勸諫太子丹說：「太子您不可收留樊於期！秦王嬴政正積怨燕國，到處找茬和我國過不去呢，怎麼可以在這個節骨眼上收留樊將軍呢？這是給餓虎送食啊！太子您不如趕緊把樊於期送入匈奴，就當沒見過他，或者乾脆殺人滅口。」說完，鞠武做了一個殺頭的手勢。太子丹斷然拒絕說：「樊於期將軍窮困潦倒才來投奔燕國，我太子丹怎麼可以因為害怕強秦而拋棄一個可憐人，將他交給匈奴呢？」於是，樊於期不僅在燕國住了下來，而且受到太子丹公開的款待，出席各種場合，日子過得有滋有味。消息傳到秦國，嬴政氣得牙癢癢。

當然了，太子丹與秦國的仇恨沒有只停留在表面對立上，他時時刻刻都在謀劃反秦的具體方法和步驟。當時以鞠武為代表的燕國大臣們的觀點是：向西發展與趙國的友好關係，向南連接齊國和楚國，向北與匈奴單于搞好關係，然後慢慢對付秦國。太子丹認為這樣的對策操作起來曠日持久。為了落實這些政策，又要召開無數次更加曠日持久的會議來討論具體的細節問題。到時候，秦國大軍都兵臨城下了。現在，太子丹需要的是能夠真刀真槍給秦國、給嬴政一個沉痛教訓的對策。他覺得最有效的方法就是派人刺殺嬴政。

鞠武看出了太子丹的心思，無奈地說：「我們燕國有一個田光先生，智深，勇沉，太子可以和他商量一下反秦大計。」

太子丹很高興，趕緊從鞠武那要了田光的聯繫方式。

謀劃刺秦

一

太子丹主動找到田光，開門見山地說：「我想請先生出山，指點國家大事。」

隱居多年的田光年事已高，但還是被太子丹的直率打動了，同意出山輔助太子丹。

太子丹風風光光地將田光先生接出來，自己在前面給他開道，跪著把他迎進自己的府邸，給他拂乾淨坐席，再恭敬地請田光坐下。田先生坐定後，太子丹把左右支走，鄭重地請教：「燕秦勢不兩立，我想派遣刺客去刺殺秦王嬴政，造成秦國內亂，削弱秦國。先生有什麼建議嗎？」

田光感歎道：「我已經老了。太子您之前聽到的都是我壯年時的巔峰表現，現在我已經拿不出什麼主意了。」

太子丹那個失望啊，情緒一下子從最高點跌落到了谷底。自己花了大力氣請出來的高手，竟然一無所用，難道是自己期望值太高了？

太子丹正絕望著，田光又慢慢開口說話了：「但是我田光不能對國事無動於衷。我向太子推薦一個高手——荊軻。我熟悉荊軻，他能輔助太子成就大事。」

荊軻是衛國人，當時在燕國遊蕩，是個赫赫有名的俠客。戰國時的俠客不僅僅是背著一把劍到處晃蕩的武林高手，他們的頭腦也和四肢一樣發達，和身手一樣敏捷，對政治、對社會都有成熟的看法。荊軻作為俠客群體的佼佼者，自然身手不凡，想必在輔助政務和刺殺嬴政兩件事情上都能幫助太子丹。

太子丹趕緊從田光那裡要來了荊軻的聯繫方式。田光也就告辭了。

太子丹恭敬地把田光送到門口，臨別時囑咐了一句話：「我所說的和先生所說的，都是國家大事，請先生不要洩露出去！」田光笑著答應了。

告別太子丹後，田光找到了荊軻，說：「太子丹只知道我田光壯盛時期的表現，卻忘記了人總是會老的。他拜訪我，向我請教對付秦國的辦法。我沒有什麼好建議，就把你荊軻推薦給了太子丹。希望你能去見見太子丹。」荊軻勉強答應了。田光接著感歎說：「太子丹對我說：『我們說的都是國家大事，請先生不要洩露出去。』這是太子丹在懷疑我田光，不相信我的推薦！使人懷疑自己，不是俠士所為。」田光決定自殺來激荊軻出山，說：「希望你能夠快去見太子丹，告訴他田光已經死了，不會食言。」說完，田光拔劍自刎而死。

荊軻被田光的俠義行為所感動，隨即去見太子丹，把田光的死訊告訴了太子丹。

太子丹是個一心報仇的深宮子弟，對俠客缺乏了解，沒想到自己出門前的一句囑咐竟然要了田光的命❶，後悔地跪地哭泣。過了好一會兒，太子丹後悔過後，對荊軻說：「我請田先生不要把談話洩露出去，是想保密，為促成大事打算。現在田先生以死保證，完全不是我的本意！」

請荊軻坐定後，太子丹又離開坐席，頓首，鄭重地請教：「田先生不嫌棄我不會辦事，將您推薦給我，這是上天可憐燕國，不拋棄我啊！現在秦國貪饕之心暴露無遺，不吞併全天下的土地，臣服全天下的人們，是不會滿足的。現在秦國已經吞併了韓國，正在進攻南方的楚國和北方的趙國。趙國打不過秦國，投降是早晚的事情。趙國滅亡後，燕國的禍害就到了。燕國弱小，就是舉全國之力也抵擋不住強大的秦軍。我老是在想，我們燕國能不能挑選天下勇士，出使秦國，用重利引誘秦王相見，再找機會劫持秦王。之後，我們逼秦王歸還霸占的六國土地，如果秦王不同意，就殺了他。到時候，秦國國內一定大亂，君臣相疑，我們燕國可以聯合諸侯，共同討伐秦國，一定能破秦大勝！」

至此，太子丹把在心裡琢磨了好多年的計劃和盤托出。想必連太子丹也不相信劫持了秦王嬴政後，秦國就會歸還之前侵占的各國土地。太子丹要的就是殺死嬴政這個仇家，出出胸中的惡氣，也讓秦國內亂一下，改善一下敵我實力對比。我們只能說，太子丹的想法很傻很天真。

太子丹對這個理想化的計劃也沒太大把握，實事求是地對荊軻說：「如果能實現，當然最好了。但是我不知道具體怎麼去執行，只有請荊卿留意了。」

荊軻想，你這是想讓我去執行一個沒有退路、有去無回的任務啊！荊軻想了很久，勉強說：「此等國家大事，荊軻愚鈍，恐怕擔當不了如此大任。」太子丹趕緊上前頓首，再三請求荊軻答應。士為知己者死。田光剛剛在荊軻面前上演了一堂生動的俠客精神教育課。荊軻咬牙答應了下來。

二

太子丹高興極了，尊荊軻為上卿。什麼別墅豪宅、車騎美女，只要荊軻想要的，太子丹都滿足他。

一次宴會上，太子丹特意叫來一位能琴善樂的琴女助興。荊軻聽著悅耳的琴聲，如痴如醉。太子丹看荊軻陶醉的樣子，對他說：「荊卿如果喜歡，這個美女和琴就都是你的了。」荊軻對彈琴的美女動了一點「不良心思」，現在被太子丹看出來了，怪不好意思的，連忙掩飾說：「真是一雙好手啊！」他一再表示自己很喜歡琴女的那雙手。結果荊軻回家後不久就收到太子丹送來的一個盒子，裡面赫然放著琴女的那雙手。還有一次，荊軻在一個池塘邊無聊地用石子擊打水中的魚。池塘邊沒有多少大小、重量合適的石頭，太子丹就送來一盤金丸，供荊軻扔魚用。這可真的是「金子打水漂」了。

太子丹對荊軻的厚待到了這種程度，荊軻的俠客精神使得他只能沿著太子丹的思路一步步向

---

❶也有人認為太子丹是卑鄙小人，深刻了解戰國俠士的思想與言行，故意囑咐田光，逼死田光，免得自己的刺殺計劃洩露出去。

前走下去。

西元前二二七年，秦國大將王翦攻破邯鄲，俘虜了趙王，趙國滅亡。趙國殘餘力量僅僅保有趙國北部地方，建立了「代」國。趙國滅亡後，秦軍飲馬易水河畔，前鋒到達了燕國的邊界。

太子丹覺得國家生死存亡的時刻到來了，著急地對荊軻說：「秦兵隨時可能渡過易水，進攻燕國腹地。我很想長久地款待荊卿，只恐怕時日不會長久了。」

荊軻說：「我很願意入秦刺殺嬴政。但是我們現在平白無故地去秦國，沒有任何信物，秦國人根本就不會信任我們。我也找不到機會接近秦王。」

「那應該怎麼接近秦王呢？」

「秦王嬴政痛恨樊於期將軍，懸賞千金和采邑萬家求購樊將軍的腦袋。如果我能拿著樊將軍的腦袋，再帶上燕國督亢等地的地圖獻給秦王，表示燕國願意割讓土地臣服秦國，我相信秦王一定會接見我。到時候我就可以報答太子了。」

太子丹不同意：「樊將軍是相信我才來投靠我的，我怎麼能以一己之私而殺他呢！荊卿還是想想其他方法吧。」

荊軻知道太子丹不忍心加害樊於期，就自己跑去拜見樊於期。

荊軻開門見山問樊於期：「將軍的父母宗族，都被秦王殘殺了。我聽說秦國開出金千斤，邑萬家懸賞將軍的首級，不知道將軍有何感想？」

樊於期仰天歎息，痛哭流涕：「我常常想起秦王的殘暴和家族的不幸，痛入骨髓，此仇不共戴天，但就是不知道怎麼報仇！」

荊軻說：「我有一個方法，既可以解除燕國的憂患，又可以替將軍報仇。」

樊於期湊上前來問：「什麼方法？」

荊軻說：「我願意拿著將軍的腦袋去獻給秦王，秦王肯定高興地接見我。到時我左手抓住秦王的衣袖，右手拿刀捅他的胸，那麼將軍的大仇得報，燕國被秦國欺凌的恥辱也可以昭雪。將軍覺得怎麼樣？」

樊於期聽完，仰天哈哈大笑，笑得都快把房頂給掀翻了，笑得荊軻心裡特沒底。突然，樊於期收住了笑聲，猛地脫下一隻衣袖，咬牙扼腕說：「我日夜切齒拊心的想報仇大事，想不到今天聽到了解決的好方法！」說完，他抽出寶劍，一抹脖子，把自己的腦袋給割了下來。

太子丹聽到樊於期自殺，趕過來伏在樊將軍的屍體上痛哭，無可奈何，小心地將樊於期的首級裝在木盒裡，密封好。

為了給荊軻找一把鋒利的匕首，太子丹四處搜求天下利器，終於得到了趙國徐夫人❷的匕首。這把匕首由多種合金百般鍛造而成，寒光閃閃，長期浸泡在毒藥中，只要在人的皮膚上劃一道口子就能置人於死地，是殺人行刺的絕好裝備。

首級、地圖、匕首，荊軻刺秦的裝備齊全了。

❷徐夫人，姓徐，名夫人，是個男子。

三

荊軻卻沒有動身的意思，似乎還在等什麼人同行入秦。

太子丹更加著急了，甚至懷疑荊軻要在關鍵時刻掉鏈子，就反復督促荊軻，最後說：「沒有多少時間了啊，如果荊卿沒有出發的意思，我要先派其他勇士入秦了。」

荊軻勃然大怒，對著太子丹吼了起來：「臨陣反悔的人是懦夫！我現在提著一把匕首，孤身前往強秦，前途難測。我是等待一位朋友和我一起行刺。既然太子丹懷疑我了，我現在就請求出發！」

荊軻終於同意入秦行刺，太子丹很高興。既然荊軻沒有等到同伴，太子丹就委派勇士秦武陽作為荊軻的副手去秦國。這個秦武陽還只是個十三歲的小孩子。一年前，秦武陽當街殺死了殺父仇人。據當時旁觀者說，秦武陽身上散發的殺氣讓旁人都不敢對視。太子丹很賞識這個孩子的勇氣，赦免了秦武陽的死罪，收在身旁留用。

燕國政府任命荊軻為正使、秦武陽為副使正式「出使」秦國。太子丹和極少數知道荊軻此行真實目的的賓客，都穿著白衣，帶著白帽來送行。送到邊界易水時，雙方要分別了。荊軻的朋友高漸離匆忙趕來，擊筑唱歌，給好友送別。荊軻和著他的歌，哼起了悲傷的旋律，悲傷得一行人都垂淚涕泣。荊軻旋律一轉，唱道：「風蕭蕭兮易水寒，壯士一去兮不復還！」歌聲慷慨激昂，聽得大家都情緒激昂，怒髮衝冠。不等大家反應過來，荊軻一把拉秦武陽上車，渡河而去，迅速消失在遠方。

太子丹望著荊軻的背影，心裡忐忑不安。

四

我們都知道太子丹策劃的這一次著名暗殺事件最後以失敗告終了。太子丹和荊軻都把事情看得太簡單了。憑一人之力在戒備森嚴的敵國朝堂上殺死敵人的君主哪是容易的事情啊！而且看似勇敢的秦武陽在關鍵時刻掉了鏈子，嚇得渾身哆嗦，連朝堂都沒進去。荊軻之前遲遲不出發是在等合適的夥伴，看來是有道理的。太子丹太心急了，讓荊軻在準備不足的情況下匆忙出發，對最後的失敗負有不可推卸的責任。

刺殺失敗了，後果極其嚴重。嬴政恨死了燕國，隨即在第二年調配大軍，大舉進攻燕國，幾個月後就攻陷了燕國首都薊（今北京）。燕王喜、太子丹率領燕國殘餘力量逃往遼東，負隅頑抗。秦軍追到遼東，把燕國打得四分五裂，一心要滅亡燕國。

燕王喜在東躲西藏的時候收到了同為天涯淪落人的代王嘉的來信。代王嘉在信中說：「秦軍之所以死死追擊燕國，都是太子丹惹的禍。現在燕王如果能殺死太子丹，把他的首級獻給秦王，秦王一定會放過你。到時候燕國的社稷就能夠保全了。」燕王喜本來就是個糊塗蛋，一聽可以保命，還能繼續當國王，連親生兒子都不要了，派人去殺太子丹。

當時太子丹正躲藏在衍水。燕王喜派使者來見他，太子丹還以為是來商量抵抗秦軍、恢復故土的事情，毫無防備。誰知道使者帶人一下擁上來，利索地把太子丹的腦袋砍了下來，獻給了秦軍。秦國進攻燕國，一心吞併燕國，並不會因為太子丹的死而轉變心意。嬴政看到太子丹的腦袋後，繼續催促前線大軍蕩平燕國全境。五年後，燕王喜被秦軍抓獲，燕國滅亡。

後人為了紀念太子丹，就把衍水改名為太子河。這就是現在遼寧太子河名稱的由來。

太子丹很傻，很急，很天真。他策劃的荊軻刺秦事件，即使成功了，也不能扭轉燕國走向滅亡的趨勢。燕國的困境是幾百年來國勢衰落的必然結果，不是憑一己之力短期能夠扭轉的。而刺殺的失敗卻加速了秦國滅燕的進程。可以說，太子丹傾注全力策劃、實施的刺殺行動並不是救國的好方法。但從愛國的角度來說，太子丹的行為是值得肯定的。

2

長居膝下盡歡顏
沙丘政變與扶蘇之死

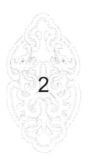

皇太子首先是皇帝的兒子，其次才是帝國未來的接班人。因此，皇太子要經常在皇帝身邊伺候著，不僅是為增進父子親情，更是為了消除政治隱患，以備不測。秦始皇的嫡長子扶蘇就是因為長期領兵在外，在已經被秦始皇確定為接班人的情況下，遭到趙高、胡亥和李斯的迫害，與一步之遙的龍椅擦肩而過，糊裡糊塗地自殺了。

暴斃旅途

一

始皇三十七年（西元前二一〇年），秦始皇嬴政耀武揚威地在東方大地巡遊。

秦始皇把這一次出巡的動靜搞得很大，從首都咸陽出發，先到東南的會稽（今浙江紹興），再沿著海岸線北上抵達琅邪（今山東東南），期間一度入海。一路上，旌旗招展，軍陣嚴整，冠蓋相從，到處都有臣民戰戰慄慄地跪迎。

這就是秦始皇出巡要達到的目的：讓天下畏懼皇帝的權威。秦始皇繼承祖先的基業，花費了二十多年時間，東征西討，蕩平寰宇，建立了中國第一個皇朝：秦朝。為了把征服的土地凝聚成鐵板一塊，秦始皇花費更大的力氣，頒布了一個又一個統一法令。現在，秦始皇垂垂老矣，希望四處看看檢驗自己畢生奮鬥的成果。遺憾的是，東方的百姓似乎對秦始皇的招搖行為不太買帳。原韓國的落魄貴族子弟張良，雇傭了殺手半路伏擊秦始皇的車駕；原楚國將門之後項羽看到秦始皇的排場，不屑一顧地說：「誰都可以取代他！」甚至就連穿著秦朝官服的地方小官、沛縣的一個小亭長劉季（發達了以後，改名劉邦）也對「最大的老闆」沒有敬畏之心，反而暗暗產生了取而代之的野心。

秦始皇這叫出錢不討好，出巡遭人罵，碰了一鼻子灰。

因此，當嬴政趕到山東，知道花了大價錢的入海求仙工程沒有成功的消息後，壓抑已久的怒氣終於爆發了出來。之前，秦始皇嬴政為了追求長生不老，動用整個國家機器，不惜民力物力財力，煉丹的煉丹，求仙的求仙，忙得不亦樂乎。他充分相信一群牛氣哄哄的江湖方士，對他們充分的授權，尋找能讓自己長生不老的辦法。結果江湖方士逃的逃，拖的拖，毫無進展。

秦始皇已經五十歲了，迫切需要長生不老藥。他決定親自出海，會會海上的神仙們，探尋長生秘方。大臣和方士們嚇壞了，找出各種各樣的理由勸阻秦始皇的衝動行為。可惜，秦始皇這回固執己見，滿懷信心地入海尋仙去了。最後神仙沒找到，秦始皇倒是在之罘見到了一條巨魚，勃然大怒，用大弓射殺了巨魚。隨從們大家趕緊勸諫秦始皇說，巨魚怪獸攔駕，看來神仙暫時還不想見皇上，皇上還是暫且班師回朝吧。秦始皇望洋興嘆，不得不同意返回咸陽。

一路上的勞頓和結果的不如意，尤其是追求長生不老努力的失敗，沉重地打擊了秦始皇的精神。現在，深入海洋，與巨魚搏鬥，直接透支了年邁的秦始皇的體力。秦始皇上岸不久就病倒了。一行人緊趕快趕，趕到平原津的時候，秦始皇的病情已經相當嚴重了。

五十歲，對於現代人來說，還是壯年。對於秦朝的人來說，已經是高壽了。現在，秦始皇在這個年紀突然病倒，能夠挺得過去嗎？

二

隨駕的大臣主要有丞相李斯、中車府令兼行符璽令事趙高。秦始皇的第十八子胡亥打小就很討嬴政的疼愛。出發前，胡亥奏請從駕，得到了秦始皇的允許。除了胡亥外，秦始皇其他的兒子都沒有跟來。

大臣們湊在一起，討論起秦始皇的病情來。隨著秦始皇的病情越來越嚴重，大家討論的話題開始涉及秦始皇手中的權力分配問題了。秦始皇本人對「死」和相關的所有辭彙都特別敏感。因此，群臣誰都不敢提秦始皇的遺囑和死後安排。

秦始皇雖然諱疾忌醫，身體情況每況愈下，但他的頭腦始終是清醒的。每天，秦始皇都照常處理各處的奏章。秦朝時的奏章都是寫在竹簡上的。秦始皇一般一個工作日能夠處理大約一百二十斤重的竹簡，工作強度還不低。

秦始皇最清楚自己的身體感受。終於有一天，他支撐不住了。這個結束戰國、開創統一的硬漢不得不承認自己的大限來到了。

在生命的最後幾個時辰裡，秦始皇慌忙思考起身後事來。葬禮什麼的都不需要秦始皇關心，他最關心的就是由誰來繼承皇位。最終，秦始皇給在抗擊匈奴前線領兵的大兒子扶蘇寫了一道詔書，蓋上玉璽。詔書只有短短的一行字：「以兵屬蒙恬，與喪會咸陽而葬。」（你把軍隊交給蒙恬將軍，趕回咸陽與我相會，主持我的葬禮。）皇帝的葬禮只有新皇帝才能主持。秦始皇寫下的這份詔書，意思很清楚，他要傳位給公子扶蘇。

公子扶蘇何許人也？

扶蘇是秦始皇的嫡長子。從王權繼承順序來看，扶蘇是理論上的第一順位繼承人。秦朝沒有留下朝代史，加上秦二世時期的清洗和戰亂的破壞，有關扶蘇的史料很少。秦始皇有二十多個兒子，除了扶蘇和胡亥，其他皇子留下的史料更少。從史料記載來看，扶蘇可算是秦始皇眾多兒子中最出色的一位。秦始皇很欣賞扶蘇這個嫡長子。當然，秦始皇也很喜歡胡亥。但他對幼子胡亥是父親對兒子的喜愛，而不是政治上的欣賞。因此，現在扶蘇最終戰勝眾多的兄弟，被秦始皇確定為接班人，一點都不奇怪。這從日後其他人的反應也可以間接證明。

可能是扶蘇能力出眾的緣故，他在政治上也有許多獨立的想法。比如，扶蘇就不贊同父皇秦始皇強化思想專制，尤其是迫害儒生的做法。扶蘇本人就接受了儒學思想，曾拜大儒、博士淳于越為師。閱讀了眾多的儒學典籍後，他對秦始皇的專制治國頗有看法，經常給父親上書，議論時政。

扶蘇的老師淳于越在秦始皇三十四年（西元前二一三年）的咸陽宮酒會上「翻了船」。他迂腐地從周禮周制出發，對秦始皇推行郡縣制大不以為然，而建議實行分封制。淳于越宣稱：「事不師古而能長久者，非所聞也。」丞相李斯當場駁斥了淳于越復古尊禮的做法，堅決要求強化對全國的控制，反對分封。秦始皇採納了李斯的觀點，罷黜了淳于越。漸漸的，秦始皇對那些老是抨擊執政當局的儒生們異常反感，乾脆挖了一個大坑，把他們都給活埋了。這就是大名鼎鼎的「坑儒事件」。扶蘇強烈反對秦始皇這麼做：「現在天下剛剛平定，遠方百姓還沒有歸附，儒生們都誦讀孔子經書。如果皇上一律用重刑制裁他們，將會影響天下的安定，請父皇明察。」扶蘇和秦始皇兩人的做法都有道理，只是執政思路的不同而已。但當時，秦始皇正在氣頭上，見兒子公開反對自己，怒火攻心，把扶蘇派到北方上郡（今陝西省榆林縣一帶）去給大將蒙恬的軍隊做監軍去了。扶蘇一賭氣，去就去，收拾行裝，去陝北體驗生活去了。

秦始皇內心對扶蘇這個孩子還是滿意的，臨終前將權力轉移給了他。如果扶蘇能夠順利繼位，秦朝的命運可能會朝著另外的方向發展。可惜，事情總不會那麼美滿。

三

秦始皇寫下傳位詔書後，交給中車府令趙高。因為趙高管理著宮廷的符璽，詔書需要經過他的手裡再交給使者，最後由使者傳達。

但是秦始皇確定後事太晚了，掙扎著寫完詔書沒一會，就死了。

當時是始皇三十七年（西元前二一〇年）七月丙寅日，地點在沙丘平台（今河北廣宗北）。秦始皇享年五十歲。

秦始皇升天了，管不了扶蘇，自然也掌控不了尚未發出的詔書了。

因為秦始皇是在旅途中突然死亡的，皇帝駕崩的消息只有身邊少數幾個人知道。這些人包括：丞相李斯、中車府令趙高、秦始皇第十八子胡亥和五六個近侍太監。其他大臣都不知道。丞相李斯老成持重，怕皇帝突然駕崩引起政局動盪，嚴令大家封鎖消息，不得走漏半個字，同時催促出巡隊伍，快馬加鞭，早日趕回首都咸陽。等趕回首都，事情就好解決了，局勢也容易穩定了。

沙丘政變

一

知道秦始皇的死訊後，中車府令趙高的心裡活動開了。

準確地說，趙高心裡一直在等待這麼一個機會。

別看趙高是秦朝的一個太監，出身卻相當高貴。《史記》說趙高是「諸趙疏遠屬也」。有人就據此說趙高是趙國的群公子之一。實際上，趙高和幾個弟弟都是出生在秦朝宮廷中的。雖然是趙國的公族出身，但因為國家滅亡，父母都成了俘虜，做了秦朝的宮奴，趙高根本就沒有享受過公子待遇。有痛恨趙高的人指出：趙高的父親受到了宮刑，做了秦朝的宮奴，母親也被刑僇，入宮為奴，怎麼可能再生下趙高這個兒子呢？所以，他們認為趙高是其母在秦國和其他人「野合」私生的。不管情況是否屬實，趙高的早年生活無疑非常不幸。

在這樣卑賤困苦的環境中長大的孩子，要麼自暴自棄，要麼產生強烈的報復社會、出人頭地的欲望。趙高就屬於後者。

趙高一生下來就被閹割，「繼承父業」做了太監。他非常幸運地被秦始皇給看上了。秦始皇聽說趙高長得高大有力（這在太監中很少見），而且還精通獄法（可能是從出身貴族的父母那學的），破格提拔趙高擔任中車府令。而且，秦始皇還讓趙高做小兒子胡亥的家庭教師，教胡亥刑法判獄。趙高教學工作做得很好，胡亥很喜歡這個太監老師，兩人很快就走到了一起，無話不談。趙高的太監生涯也不是一帆風順的，曾經犯下了大罪，被秦朝的貴族蒙毅抓住了把柄，要依法制裁，給趙高定了一個死罪，而且還要把趙高一家去除宦籍（連太監也不讓他們當了）。最後還是秦始皇出來扮好人，說趙高辦事勤快認真，這回就赦免了死罪，以觀後效，希望他能將功贖罪。所以秦始皇恢復了趙高中車府令的官職。

後世的趙翼、章太炎、郭沫若等人仔細分析過趙高這個人，傾向於認為趙高在內心深處始終懷著對秦國的刻骨仇恨的，祖國趙國被秦國滅了，趙高日夜思念著為祖國報仇。郭沫若的話劇《高漸離》對趙高的這種情緒進行了渲染，說趙高在秦宮中也沒有好好教導胡亥，而是抓住小孩子貪玩的心理，老引誘胡亥瞎跑亂玩，讓秦始皇心愛的孩子不學無術。在話劇中，陰謀刺殺秦始皇的高漸離還得到過趙高的幫助。我們不排除趙高有可能是在秦朝內部潛伏很深的趙國愛國主義者，但是權欲可能是促使趙高決心在秦始皇死後發動政變的更重要的原因。趙高在秦始皇病重時找個藉口，把隨駕的將軍蒙毅給遣走了。蒙毅是大將蒙恬的弟弟，是監軍扶蘇一邊的人。趙高讓蒙毅趕回哥哥蒙恬軍中，無形間斬斷了扶蘇、蒙恬等人安插在秦始皇身邊的耳目眼線。現在，秦始皇死了，沒有幾個人知道，傳位詔書和玉璽都在自己手中，任何人處在趙高的位置上，都會很自然地將這看作是為自己謀取利益的大好機會，弄好了還能竊取朝廷大權、威震天下呢。趙高壓抑已久的權力欲，這時候很快地膨脹了起來。

二

趙高截留住秦始皇傳位扶蘇的璽書，跑去做公子胡亥的思想工作。

趙高和胡亥的關係很好，而且胡亥不學無術，趙高很願意擁戴這樣的角色取代扶蘇。

只聽趙高對胡亥說：「皇上駕崩了，沒有留下詔書分封諸位公子，單單給長子扶蘇留下傳位詔書。扶蘇回來後，就會成為皇帝，那時候還有公子您的立足之地嗎？不知道公子有什麼想法？」

胡亥本來沒什麼想法，現在也被趙高挑逗出想法來了。他無奈地對趙高說：「你說的都有道理。但是我聽說，明君知臣，明父知子。父皇生前就這麼決定了，不封諸子，我能說什麼呢？」

趙高神秘地說：「不一定。方今天下大權，就操控在公子您、趙高我和丞相手中。希望公子好好謀劃一下。臣服於別人和讓別人臣服於自己，控制別人和受別人控制，那可是不能同日而語的啊！」

胡亥有點明白趙高的意思了，為難地說：「扶蘇是大哥，我是幼弟，廢長立幼，這是不義；抗拒父皇的遺詔而懼怕死亡，這是不孝；我才能淺薄，僅僅依靠你們的幫助而勉強登基，這是無能。這三件事都是大逆不道的事，天下人知道了不會服從我的。這不是把我放在火上烤嗎，對國家有什麼好處？」

由此看來，胡亥這個公子還不算完全的不學無術，頭腦很清醒，大道理說得一套一套的。

趙高只好繼續勸說：「商湯、周武王起兵殺其主，天下稱讚他們的道義，都不說他們不忠。

衛君殺其父，衛國人都稱讚他的品德，孔子見了也不說他不孝。所以，大行不小謹，盛德不辭讓，具體情況要具體分析。現在老看著細枝末節而忘記了大事，會貽害無窮；猶豫畏縮不前，會懊悔終生。斷而敢行，鬼神避之，後有成功。公子要把握住機會啊！」

胡亥內心邪惡的一面在趙高的勸說下，占據了主導地位，點頭同意。終於，胡亥心甘情願地被趙高當槍使了。

趙高啃下一塊硬骨頭，高興地大喊大叫：「時乎時乎，間不及謀！贏糧躍馬，唯恐後時！」

三

趙高下一個必須啃下來的硬骨頭是丞相李斯。

胡亥畢竟年輕，決定搞陰謀詭計後，撩起衣袖就要上陣。趙高拉住他說：「這樣的大事如果不與丞相商量，沒有丞相的合作，恐怕辦不成。請公子允許我以您的名義與丞相接洽。」

丞相李斯，是秦國引進的優秀人才。他本來是楚國上蔡的一個郡小吏，後來跟隨大學問家荀子學習帝王之術。學成以後，李斯想想自己空有一身本領卻得不到楚王的重視，而且他對自己的祖國楚國很不看好，認為東方六國都積貧積弱，沒有辦法實現自己的抱負，於是收拾行裝西入秦國，開始了政治生涯。在秦國，李斯平步青雲，最後做到了丞相，被封為通侯，得到了秦朝二十等爵中的最高爵位。李斯不僅自己功成名就，而且李家也成了秦國顯赫的官宦人家。李斯的大兒子李由擔任了秦朝的三川太守，所有兒子都娶了秦朝的公主當上了駙馬，所有的女兒分別嫁給了秦朝的諸位公子。一次，李由從地方回咸陽述職。李斯在家裡舉行家宴招待兒子。沒想到，朝廷的百官都來祝賀，送禮的送禮，捧場的捧場。李家門口的車乘和馬匹數以千數，引起了咸陽的交通堵塞。李家的顯赫，可見一斑。

如此顯赫了，李斯卻一點都高興不起來，還常常唉聲歎氣，對親友說：「之前，我的老師荀子曾說『物禁大盛』。事情最怕物極必反。我李斯出身上蔡的普通人家，本來一生都可能只是小巷裡的普通百姓。皇上不嫌棄我愚蠢無知，將我擢升到如今的地位。我已經達到了人臣所能達到的最高的地位了，可謂富貴至極。盛極則衰，我只怕這樣的顯赫不會持續太久了。」

可見，李斯也是個明白人。他很清楚人生不能永保富貴，最怕李家從權勢的頂峰跌落谷底。

現在，趙高找到李斯，說：「皇上駕崩了，留下詔書讓長子扶蘇趕回咸陽，傳位給他。詔書至今還沒發出去，沒有多餘的人知道。皇上的詔書、符璽都在公子胡亥那裡。現在，定誰為太子，由誰繼位，就由君侯您和趙高我們兩個人說了算了。君侯意向如何？」

李斯的第一反應是震驚，第二反應是堅決反對：「你怎麼能說出這樣的亡國之言！這些事情不是我們這些做臣子的應該討論的！」

趙高受到訓斥，一點也不驚慌。因為他看透了李斯的心理，知道李斯的愛恨擔憂。

趙高繼續誘導李斯說：「君侯和蒙恬將軍相比，誰的能力更高，誰的功勞更大，誰的謀略更遠，誰在天下人的心裡聲望更響亮，誰又和未來的皇帝扶蘇的關係更密切？」李斯不得不承認：「我在這五個方面都比不過蒙恬將軍。你是要責備我嗎？」

趙高笑笑說：「趙高我就是內宮的一個奴才，因為認識幾個字僥倖獲得了一官半職。我在內宮管事二十多年了，還從來沒有看到過有被秦王罷免的丞相、功臣能封及第二代的。那些被罷免的丞相都被秦王殺了，不得好死。君侯也知道，當今皇上有二十多個兒子。長子扶蘇剛毅而武勇，即位後，肯定任命蒙恬為丞相取代你，君侯也不會安安穩穩地懷揣著通侯之印歸於鄉里，這是很明白的事情。」

趙高的話一下子打中了李斯的要害，說得李斯心慌意亂。趙高接著誇起公子胡亥來：「我曾經受命教習胡亥，教育公子學習刑法判獄，從沒發現公子有什麼過失。公子胡亥仁慈篤厚，輕財重士，盡禮敬士。你別看他表現得木訥，其實內心精明強幹，只是不善於表達而已。在諸公子中，胡亥是最優秀的，可以作為新君。我們就擁戴公子胡亥繼承皇位吧。」

談到實質問題，李斯還是沒有下定決心：「趙高，你們這是謀反！我李斯奉皇上遺詔，聽天命，有什麼可以憂慮的？」

趙高淡淡地回了一句：「安可危也，危可安也，安危不定。」

李斯感歎道：「我原本是上蔡閭巷布衣，僥倖做了丞相，被封為通侯，子孫也都尊位重祿。皇上生前將社稷的存亡安危託付給了我，我怎麼忍心辜負皇上啊！我們要各守其職，你不要再多言了，多言獲罪！」

趙高不愧為心思縝密、口才絕倫，他在這樣的情況下還侃侃而談：「聖人做事不拘一格，常根據形勢的發展和現實的變化決定自己的對策。人世間沒有什麼固定不變的規律、法則。現在，天下之權命懸於胡亥，我們跟從他就能夠得志。大臣引誘君主那才是惑，以下犯上的人才是賊，我們這又怎麼算是謀逆亂國呢？」巧言強辯後，趙高點題了：「秋霜降，草花落；水搖動，萬物作，君侯要為自己的將來和子孫考慮啊。」

李斯還是心存顧慮：「春秋時，晉國頻繁更換太子，導致三代人不得安寧；齊桓公時，兄弟爭位，骨肉相殘；商紂王殺親戚，不聽諫，導致社稷敗亡。這三個都是擅自更換太子，導致國家社稷不穩的例子：李斯我怎麼敢謀逆啊！」

「上下合同，可以長久；中外若一，事無表裡。只要君侯聽我的勸，事成之後，長有封侯，世世稱孤，必有喬松之壽，孔、墨之智。如果君侯今天不聽從，將會禍及子孫，令人寒心啊。識時務者為俊傑，你何去何從？」

李斯終究還是有私心，仰天長歎，垂著淚說：「為什麼我會遇到這樣的亂世，既不能死，只有認命了！」他聽從了趙高的話。

丞相李斯的參與壯大了政變小團體的力量，保證了最後的成功。趙高趕緊回去報告胡亥，順便拍馬屁說：「臣把太子您的命令告訴了丞相，李斯哪敢不奉令行事！」政變的準備工作就此完成。

四

李斯當時已經七十歲高齡了，經驗豐富，雖然沒參加過政變，但對具體操作非常熟練。

李斯擔心秦始皇駕崩的消息貿然宣布會引起諸皇子爭位，於是確定了「秘之不發喪」的對策，等趕回咸陽，把胡亥扶上寶座，生米煮成了熟飯再公布秦始皇的死訊。

可當時一行人離咸陽還有十萬八千里路，要封閉秦始皇的死訊就必須「造出」一個活的秦始皇來。幸好，秦始皇生平疑心病重，出巡的時候護衛重重，整天坐在大車裡，不怎麼露面。李斯將一切事情都依照秦始皇活著的時候的樣子繼續進行。

首先，政變小團體把秦始皇的屍體放在一輛轀輬車❶中，只安排趙高等極親近的太監「陪乘」。一路之上，「秦始皇」喝什麼、吃什麼、用什麼，繼續一樣一樣地往車上送。其次，「秦始皇」要像平時一樣處理政事。李斯命令百官奏事如故，由太監隔著轀輬車上下傳遞奏章。而公子胡亥坐在車中，批閱那些遞進來的奏章。趙高之前教過胡亥律令法事，胡亥現在都用在了奏章的處理上了。所以，乍看起來，秦始皇還真的像沒有死一樣。

政變最大的難題是如何處置扶蘇。當時，扶蘇在前線蒙恬的軍中，控制了秦朝精銳的三十多萬大軍，力量舉足輕重。弄不好，扶蘇知道胡亥謀奪了自己的皇位，發狠，率領三十萬大軍回來爭奪，即使不能馬上將胡亥、趙高等人碎屍萬段，也是兩敗俱傷的結果。

這道難題就要交給趙高處理了。趙高替胡亥和李斯分析了一番，覺得自己陣營握有兩大有利

❶轀輬車也叫溫車，車身寬大豪華，可坐可臥。史載：「如衣車，有窗牖，閉之則溫，開之則涼，故名之『轀輬車』也。」

條件。第一，「皇帝」還在自己手裡，詔書和玉璽也在自己手裡；第二，公子扶蘇這個人對父皇愚忠，也就是缺心眼，父皇說什麼、讓他做什麼，他都信。趙高找胡亥、李斯兩人一碰頭，商定以秦始皇的名義讓公子扶蘇、蒙恬二人自殺。於是，趙高擬了一道詔書，蓋上秦始皇的玉璽，派自己的親信賓客送往上郡。

這道偽造的詔書是篇「奇文」，它是這麼寫的：「朕巡天下，禱祠名山諸神以延壽命。」先說父皇我活得好好的，祈禱神仙後還能活好多年呢。「今扶蘇與將軍蒙恬將師數十萬以屯邊，十有餘年矣，不能進而前，士卒多秏，無尺寸之功」接著說扶蘇和蒙恬兩個人，長期在前線指揮軍隊，卻只知道浪費糧草，一點功勞也沒有，簡直就是飯桶。「乃反數上書直言誹謗我所為，以不得罷歸為太子，日夜怨望。扶蘇為人子不孝，其賜劍以自裁！」更可惡的是，扶蘇竟然因為沒有被冊立為太子，心懷怨恨，為人不孝，多次上書誹謗我。現在我派人送一把劍給你，你乾脆自殺算了。「將軍恬與扶蘇居外，不匡正，宜知其謀。為人臣不忠，其賜死，以兵屬裨將王離。」而你，蒙恬將軍，和扶蘇狼狽為奸，也不是什麼好東西，你也自殺吧，把軍隊交給將軍王離——王離與趙高關係很好。

使者到了前線，向扶蘇和蒙恬宣讀了詔書。

扶蘇一聽父皇罵自己是飯桶，不孝順，還讓自己自盡，當場就痛哭流涕。哭完，他進入臥室，準備自殺。

蒙恬家世世代代都為秦將，政治經驗豐富，覺得事情肯定沒有這麼簡單。他趕緊衝進臥室，拉住扶蘇，勸他：「皇上現在在外面，不在咸陽，太子地位也沒有定，情況有些微妙。之前，皇上派我率領三十萬大軍戍邊，讓公子為監軍，就是將天下的重任託付給我們了。現在僅憑一個使者過來，要讓我們自殺，我們怎麼知道其中是否有詐？請公子當面向皇上申訴一次，等核對了再自殺也不遲。」

扶蘇覺得有道理，就向使者表示要向父皇申訴，不準備馬上就死。使者是趙高的親信，哪裡會讓扶蘇申訴，只是說這是皇上的意旨，再三催促扶蘇趕緊去死。

扶蘇這個人忠厚老實，只好對蒙恬說：「父賜子死，做兒子的哪裡還敢申辯啊？」說完，真的拿起寶劍自殺了。

蒙恬就是不肯死。使者沒辦法，只好指揮人把他抓起來，押送到陽周關押起來。

後來，胡亥聽說扶蘇已經死了，想釋放了蒙恬。結果趙高在其中使壞，他怕蒙氏家族重掌實權後，怨恨自己，對自己不利，就再三勸諫胡亥殺死蒙恬等人。胡亥同意了。蒙恬還是不想死，又對前來催命的胡亥使者說希望胡亥看在自己功勞的份上饒了自己。使者照樣不答應。蒙恬喟然歎息道：「我何罪之有，竟然要無過而死？」也許是為自己的死找一個理由，蒙恬想了好久，才慢慢地說：「也許我負責修建西起臨洮東到遼東的萬里長城，驚動了地脈？嗯，我就為這條罪名而死吧。」想清楚了，蒙恬吞毒藥自殺了。趙高還殺死了蒙恬的弟弟蒙毅等人，剷除了蒙家這個政敵。

五

秦朝的交通速度不能和現在相比，胡亥一行人緊趕慢趕了好多天後還沒趕回咸陽。天熱，時間長，秦始皇的屍體在車上開始腐爛發臭了。趙高等人趕緊傳聖旨，要求往車上送一石鮑魚，供皇帝「欣賞」。生鮑魚很臭，一石鮑魚就更臭了。隨行的人都對車上鮑魚的臭味苦不堪言，但都以為是皇上的特殊「愛好」，沒人留意臭味到底是從什麼地方來的了。

好不容易回到咸陽，李斯這才公布秦始皇的死訊，為他發喪。秦始皇被安葬在驪山腳下龐大的陵墓之中。趙高則公布秦始皇的「遺詔」，宣布由公子胡亥襲位。胡亥登基，就是二世皇帝。

這場從沙丘開始萌芽的政變，到此就結束了，得名為「沙丘政變」。

王朝夭折

一

胡亥果然是不學無術，而且個人品行也不太好，上台後胡作非為，將國家搞得一團糟。

胡亥的皇位是政變得來的。他時時擔心兄弟們追究，更害怕有人不滿而擁戴某個兄弟取代自己，所以，他上台不久就對骨肉同胞痛下殺手。趙高也有同樣的擔心，就慫恿胡亥這麼做，兩人緊密配合。胡亥動不動就說某個大臣或者公子有罪，交給趙高審理治罪。秦始皇的十二個公子全部在咸陽鬧市被公開處斬，十位公主在杜縣被集體屠殺。他們的財產全部充公。胡亥和趙高還借此案株連殺戮平時看不順眼的人，死者不可勝數。

秦始皇的兒子公子高不想死，打算逃跑，又怕株連到家人。思前想後，公子高決定犧牲自己，給胡亥上書說：「先帝沒有生病的時候，臣入則賜食，出則乘輿。御府的華麗衣服，先帝賜給了我；黃璜馬廄中的寶馬，先帝也賜給了我。現在，我不能跟從先帝而死，真是為人子不孝，為人臣不忠。不忠者沒有辦法立於人世，因此我請求為先帝殉葬，希望能葬在酈山腳下陪伴先帝。希望皇上可憐我，准許我的要求。」

胡亥接到公子高的上書，非常高興。自己正琢磨著怎麼殺掉兄弟，兄弟卻主動請求殉葬，省得自己動手了。他把奏書給趙高看。趙高看著其中的道理好像都在嘲笑自己，可又找不出破綻來。最後，公子高的「願望」被胡亥批准了，還領到了金錢十萬作為胡亥的「奠儀」。

消除政敵後，胡亥覺得高枕無憂了，大肆享受起來。史載「胡亥極愚，酈山未畢，復作阿房，以遂前策。」本來秦始皇時期的刑罰和賦稅就已經很重了，胡亥還繼續大興土木，加重賦斂，無窮無盡地徵發戍傜。法令誅罰日益深刻，群臣人人自危，出現了騷亂叛變的苗頭。終於，在一個小雨夜，戍卒陳勝、吳廣在大澤鄉發動了起義，引起了天下的響應。

二

在咸陽，趙高和李斯也出現了矛盾。我們分析過，趙高發動政變的主要原因還是為了炙手的權勢。扶持胡亥成了皇帝後，趙高深得胡亥信任，「常侍中用事，事皆決於趙高」。

因為趙高是太監，可以居住在深宮大內，朝野內外就尊稱他為「中丞相」。趙高這個中丞相的權力很快就超過了李斯。而李斯參與政變，就是為了保全手中的權勢，現在目的沒有達到，自然對趙高心懷不滿了。兩人開始對立了起來。

李斯還算是一個希望有所作為的政治家。當全國各地造反的烽火回饋到咸陽的時候，李斯非常重視，多次在朝堂上提出這個問題的嚴重性。胡亥就不高興了。他享受還來不及呢，哪管得了鎮壓起義的事情。趙高也不管這些事情。他非但不管，也不許李斯管，生怕李斯通過指揮鎮壓農民起義威脅自己的權力。李斯一而再再而三地拿起義說事，趙高於是決心除掉李斯。恰好李斯的兒子李由在鎮壓起義問題上表現不力，被趙高抓住了把柄。趙高很快就抓李斯全家入獄。

胡亥對李斯很有感情，不願意加害李斯這個功臣。

趙高則一心要李斯承認憑空捏造的造反謀逆等罪名，私設刑法嚴加拷問，可李斯就是不承認。趙高就想出了一個辦法，派親信冒充胡亥派來的審案官員和李斯接觸。李斯就向這些人傾訴，希望向胡亥申訴。結果李斯說一回實話，就被趙高痛打一頓。慢慢的，李斯怕了苦刑拷打，也不相信審案官員了，把那些栽贓陷害的罪名都給認了。等胡亥接到報告，真派人來複審的時候，李斯也把罪名一概承認了下來。於是，李斯全家被送上了斷頭台。

李斯想通過沙丘政變保全權勢，結果落得了如此下場。如果當初知道會有今日，不知李斯作何感想。

李斯已死，秦朝大大小小的事情就全都由趙高做主了。

我們再回過頭來談趙高是心懷趙國，潛伏在秦朝內部搞破壞的問題。即便趙高真的是愛國者，對故國念念不忘，「從堡壘內部攻破」，那麼趙高做得也太過分了。秦朝的確被趙高給搞垮了，但是天下大亂，生靈塗炭，社會倒退。趙高是以「為國復仇」為幌子，行個人享受和濫用權勢之名，根本沒有為天下百姓著想。這樣的愛國者，其實是最壞的「賣國者」。

三

沒過幾年，劉邦率領的起義軍就逼近咸陽，秦朝的最後時刻到來了。

當時，秦朝軍隊的主力已經被消滅，咸陽城裡眾叛親離。胡亥這個不知死活的皇帝，還在日夜享樂。趙高的心裡活動開了。他決定殺死胡亥這個皇帝，向起義軍投降。殺胡亥特別簡單，趙高的手下一舉手就完成了。之後，趙高扶立宗室子嬰為新皇帝，作為與劉邦起義軍接洽投降的傀儡。

子嬰對趙高不滿已經很多年了。他對趙高肆意敗壞祖宗基業的做法尤為痛心。現在子嬰有機會接觸趙高了，便設了一個局，很輕易就把趙高騙來，砍下了腦袋。趙高的三族都被誅滅。趙高的黨羽死的死，散的散，無影無蹤了。

秦朝末日該來的還是來了，子嬰沒有回天之力，三個月後向劉邦投降。秦朝滅亡。

如果當初忠厚、能幹的扶蘇順利繼承了秦始皇的皇位，秦朝的命運又會如何呢？

3

巫蠱禍後冤難雪

戾太子劉據與巫蠱

漢武帝的太子劉據從各方面來說都是優秀的接班人，又有外戚衛青家族的庇護，地位看似不可動搖。但他始終生活在漢武帝巨大成就和人格魅力的陰影之下，父子間存在巨大的性格差異。當父子間這種差異用刀光劍影、屍橫遍野的極端形式表現出來後，整個漢王朝都震驚了，數年之間都難以承受政變的血腥後果。

皇帝家事

一

元朔六年（西元前一二三年），大將軍、長平侯衛青送給一戶姓王的人家五百斤黃金。

這件事情讓京城長安的臣民都目瞪口呆。按說，這是衛青自願饋贈的，合情合理，不值得大驚小怪。但問題在於，衛青是權傾朝野的大將軍、國舅，屢次大破匈奴，為國家建立了不世功勞。衛青的姐姐衛子夫是當朝皇后，衛青的部將親信遍布朝野，掌握實權。而那個王家是出身卑微的普通人家。衛青為什麼降低身分，主動結好王家，送上厚禮呢？

如果把整個送禮事件和皇室的家庭關係結合起來觀察，就不會讓人吃驚了。

衛青的確是大將軍，可卻是離開了軍隊在長安閒居的大將軍。他縱橫漠北，橫掃匈奴，反而讓自己功高震主。衛青和漢武帝劉徹不僅是君臣，而且還曾是私交甚密的好友、親戚。但現在兩人之間的話越來越少。衛子夫的確是皇后，無奈隨著歲月的推移，美貌不再。越來越多的美女進入了劉徹的床榻。在眾多新進的美女中，劉徹最喜歡趙國王夫人。王夫人為劉徹生下了齊王劉閎。劉徹寵愛王夫人，但王夫人出身卑微，又找不出一兩個拿得出手的親戚來。劉徹想提拔王家，都找不到合適的提拔對象。王家依然生活在窮困之中。友人寧乘就勸衛青說，衛家現在雖然一戶多侯，後宮又有衛皇后支撐，但月盈必虧、波高必跌，衛家遲早也會走向衰落。現在皇帝寵愛王夫人，如果衛家主動結好王家，就能贏得漢武帝的好感。這其實是一筆很划算的買賣。衛青於是主動結好王夫人的家人。

王夫人果然心花怒放，興沖沖地告訴了劉徹。

劉徹沒有高興。他了解衛青，知道衛青個性耿直、頭腦簡單，不太可能主動這樣做。劉徹就找了一個機會，向衛青問起送金子的事情。衛青果然是個老實人，一五一十地將來龍去脈告訴了劉徹。劉徹這才鬆了一口氣，也高興起來。一來，寧乘幫他間接照顧了新寵王家。劉徹隨即任命寧乘為東海都尉。二來，衛青果然是一個厚道正直的人，沒有威脅皇家權威的意思。劉徹對第二點尤其感到高興，對衛青和衛家的防範之心放鬆了好多。

第二年（元狩元年，西元前一二二年）四月，劉徹冊立衛子夫所生的皇長子、年僅七歲的劉據為太子。

衛家出了太子，掀起了又一股尊崇衛家的熱潮。這時，劉徹的胞姐、平陽公主已經守寡多年，想要再嫁。她召集家臣門客商議到底嫁給哪個王公顯貴比較好。大家想都沒想，異口同聲地說：「衛青！」平陽公主也有此心，但心裡有一個顧慮。衛家在發達之前是平陽公主的家奴。衛青曾是公主的家奴，衛子夫是公主的歌女。平陽公主怕自己嫁給家奴會引來非議。家臣門客們勸道：「衛青是大將軍，姐姐是皇后，外甥是太子。衛青自己擁有萬戶侯的爵位，就連三個兒子都封了侯，如果加上另一個外甥霍去病在內，衛家一門五侯。這樣的人不嫁，還有誰值得嫁呢？」平陽公主覺得很有道理，就將這個想法告訴了衛子夫，希望漢武帝劉徹為兩人賜婚。漢武帝也認可這門親事，為兩人舉辦了浩大豪華的婚禮。這就出現了一個有趣的現象：漢武帝劉徹和大將軍衛青互相娶了對方的姐姐。平陽公主還讓自己和前夫生的兒子平陽侯曹襄娶了衛子夫和劉徹生的女兒衛長公主，算是死心塌地地要和衛家拴在一起。衛青的權勢算是被連續上了多重保險，讓一般人看得頭暈目眩。

漢朝開國以來，還從來沒有一個家族獲得如此尊榮。衛家的富貴榮華此時達到了頂點。

二

衛家權勢熏天，最擔心的人就是漢武帝劉徹。

因為劉徹是一個權力欲望特別敏感和強烈的皇帝。

寧乘指出的「月盈則虧」的危險終於到來了。對衛青產生疑慮的劉徹，將衛青更加高高掛起，轉而重用霍去病。霍去病雖然是衛青的外甥，畢竟不是衛家人，而且頭腦比衛青更加簡單，只知道率軍打仗。霍去病被授予軍權，得到劉徹有目的的禮遇厚待，而衛青卻被綁住了手腳。霍去病的聲望很快就超過了舅舅衛青。許多奔走於衛家門下的官僚和小人見勢紛紛轉投霍去病的門下。衛青門前頓時冷清起來。幸好衛青是一個厚道恬靜的人，將這一切看得很開。他一聲不響地過著恬淡平靜的「寓公」生活，毫無怨言，依然對劉徹畢恭畢敬。衛青的謙恭退讓救了他一命，劉徹見狀也沒有再為難他。

霍去病不久便英年早逝。之後，許多軍事行動中，劉徹寧願「所用非人」，也不願讓衛青重掌軍權。元鼎元年（西元前一一六年），衛青的兒子宜春侯犯法被奪去封爵。五年後九月，劉徹大規模剝奪侯爵，限制貴族。他以列侯助祭金（贊助皇帝祭祀的金子）的分量或成色不夠為由一口氣廢黜了上百名侯爵，其中就包括衛青的另兩個兒子陰安侯和發干侯。至此，衛家「一門五侯」只剩下衛青一個長平侯了。西元前一〇六年，一代名將衛青去世。朝廷為衛青舉辦了隆重的葬禮，衛青的兒子衛伉繼承了長平侯的爵位，但衛家的權勢完全不能與十多年前相提並論了。

當然了，衛子夫的皇后位置一直巍然不動。衛子夫的姐夫公孫賀也當上了丞相。衛家仍然可算是權勢最旺盛的大家族。

三

衛家權勢的穩固，也就是劉據太子地位的鞏固。

太子劉據是位相當不錯的太子，具備成為一代明主的潛質。

劉據是劉徹的長子。劉徹在二十九歲時才生下劉據。西漢時期，人均壽命都可能不到二十九歲。許多人不滿二十歲就有了子嗣。因此，劉徹格外珍惜劉據，努力將劉據培養成合格的接班人。劉據到了讀書的年紀，漢武帝就給他組織了當時最好的師資陣容，教授他《公羊春秋》、《穀梁春秋》。劉據加冠後，漢武帝還專門為劉據建了博望苑，讓他有交通賓客的場所，希望他多長見識，多學習。

劉據沒有辜負劉徹的期望，精通儒家知識，性格仁恕溫謹。而劉徹雖然推崇儒學，卻只將其作為統治工具。劉徹真正奉行的是「外儒內法」，崇尚權威和強法，儒學有用則用，無用則棄。而劉據沒能真正體會父親的苦心，反而沉迷於儒家的說教之中。儘管劉據嚴格按照儒家理論孝順父親劉徹，父子倆在政治理念上卻存在不可調和的矛盾。漢武帝連年用兵、對外征戰，運用強權削藩罷侯，徵收繁重的賦稅。劉據在這些問題上都不贊同父皇的做法。隨著太子越來越接近繼位的時間，漢武帝越來越嫌棄太子缺乏帝王才能，認為兒子「不類己」。

劉徹對劉據的不滿還有一層原因。太子劉據與衛家勢力存在千絲萬縷的聯繫。衛家勢力隨著衛子夫的失寵和衛青、霍去病的逝世而大為衰落，但只要太子劉據存在，衛家勢力都不會受到實質性的動搖。劉徹終生致力於鞏固皇權，對於外戚家族與太子的緊密聯繫打心底裡沒有好感。

隨著漢武帝晚年寵愛的趙婕妤生下愛子劉弗陵後，劉徹和皇后衛子夫、太子劉據見面的時間越來越少了。劉據開始出現不安的情緒。對於接班人來說，最後階段常常是最煎熬的時刻。漢武帝也察覺了兒子情緒的變化，就對衛青說：「太子敦重好靜，必能安天下，不使朕憂。欲求守文之主，安有賢於太子者乎！」可見，劉徹對劉據基本上還是滿意的，更沒有廢太子的意思。但劉徹也說：「聞皇后與太子有不安之意，豈有之邪？可以意曉之。」劉徹叫衛青去安撫太子，衛青就去勸外甥劉據隱藏一下真實的想法，別和皇上爆發直接衝突，那樣對大家都不好。母親衛子夫也常常勸劉據要善於揣摩漢武帝的心思，而不要干涉朝廷大事，更不要涉及人事問題。可惜，劉據沉溺於儒家說教太深，沒有聽進去。他還是經常勸諫漢武帝減少與周邊民族的戰事。漢武帝最後急了，語重心長地告訴劉據說：「我這樣做是為了你將來能夠安享太平啊。」

衛青死後，劉據失去了重要的外朝屏障。劉據「身陷」儒學說教，中毒太深，依然在若干問題上與父皇唱對台戲。

四

時間進入了西元前一世紀。西元前一五七年出生的劉徹漸漸步入了老年。

西漢時期的生活條件和醫療條件，在現代人看來是相當惡劣的。劉徹就飽受疾病困擾。他的絕大部分時間沒有住在長安城內的未央宮，而偏愛城外的甘泉宮（今陝西省咸陽市淳化縣城北甘泉山南麓）。劉徹和長安城的聯繫變得間接起來。劉徹年紀大了，心理問題也多了起來。他本來就對手中的權力特別敏感，現在更加疑神疑鬼。年紀越大，劉徹越感覺自己的權威正面臨潛在的威脅，變得不自信了；他不能確認威脅潛在於何處，但下決心要不惜代價將威脅掐死在搖籃裡。

權力結構的變化和劉徹心理的變化導致了一批「直升機幹部」的出現。江充就是其中的代表人物。江充的崛起帶有很強的流氓性。這和他的出身有關。江充本名江齊，貧民家庭出身。江充有著強烈的權力欲望和發達欲望，不惜將善鼓琴歌舞的妹妹獻給趙國太子丹作為自己前進的台階，因此一度和太子丹走得很近。太子丹和姐姐及王后通姦淫亂、勾結郡國豪猾、攻剽為奸。後來太子丹怕江充將自己的醜事揭發出去，先下手為強，對江家舉起屠刀。江充的父親、兄長都被殺了。江充逃了出來，來長安告御狀，揭發趙國的醜聞，從此進入了漢武帝的視野。

為了加深皇帝對自己的印象，江充覲見時別出心裁地穿著紗袍，圍著裙裾，戴著插著羽毛的步搖冠。加上他身材魁梧，相貌堂堂，漢武帝大為驚喜，對左右說：「燕、趙固多奇士。」通過談話，劉徹發現這個出身卑微的年輕人思維清晰、回答乾脆，很欣賞。之後，江充志願出使匈奴。漢武帝問他如何應對強悍的匈奴人。江充回答說：「因變制宜，以敵為師，事不可豫圖」。的確，外交錯綜複雜，難以預測，最管用也最核心的原則就是見機行事、因變制宜了。江充歸來後，拜為直指繡衣使者❶，負責抓捕三輔地區的盜賊，查禁逾侈行為。

江充崛起後的表現照樣吸引人的眼球。後人常批評江充「賣直邀寵」，大致是說他這個人立功心切，不按常規出牌，做事不講情面，專找顯貴大官的麻煩。當時貴戚近臣多奢侈，江充一一揭露彈劾，奏請收繳這些人的逾制物品，削減這些人的待遇。江充將許多達官顯貴列入出擊匈奴立功贖罪的黑名單。漢武帝都同意了。江充立即按照名單逮捕近臣侍眾，送到北軍中去。這些貴戚子弟怕了，忙叩頭哀求，表示願意花錢贖罪。劉徹剛好為朝廷的軍費拮据發愁，江充逼貴戚們花錢贖罪一下子就為北軍聚攏了數千萬的財物。還有一次，江充跟從漢武帝去甘泉宮。恰逢太子的家臣乘車馬在馳道中行進。按制，馳道是皇帝專用的。江充鐵面無私地將太子的家臣送到官府懲處。太子劉據知道後，慌忙派人向江充求情：「我並不是愛惜車馬，而是不希望父皇知道這件事。父皇年紀大了，就不讓他老人家操心了。希望江君能夠寬容一次！」江充不肯通融，將整件

❶直指繡衣使者也叫繡衣直指御使，是西漢侍御史的一種。之所以得名，是因為使者出使時持節杖，穿繡衣，以示特別和尊崇，表示這是皇帝派出的專使。繡衣使者的權力很大，可以調動地方郡國的軍隊，獨行賞罰甚至可以誅殺一定級別的官員。它的設立是漢武帝為懲治地方奸猾、辦理大案而特事特辦的，一般情況下並不常置。

事情告訴了漢武帝。劉徹專門嘉獎江充說：「江充給做臣子的做出了表率。」

江充連續辦了幾件很合劉徹心思的事情，劉徹決定重用江充。江充的迅速竄紅，不是因為他刻意表現出來的忠誠正直和奉法不阿，而在於他敢辦事、會辦事。在明哲保身、爭權奪利的宮廷中，能夠找到敢辦事的人是相當困難的事情。在渾渾噩噩的狀態下，江充這樣的異常分子最容易出位。當時，憑江充這樣的出身，他也只能靠對政治形勢和漢武帝的心理狀態的充分把握，採取這樣的異常手段。

不管怎麼樣，晚年劉徹最親信的近臣就是江充。期間，除了短期出任地方官外，江充一直能夠輕易接近劉徹。雖然沒有高官顯位，但這樣的人是最危險的。

巫蠱之禍

一

漢武帝後期，西漢的京城長安聚集了許多方士和巫師。

中國從遠古開始就流行巫蠱來加害仇敵。中國式的巫蠱主要有詛咒、射偶人和毒蠱三種形式。詛咒是指用言語咒罵仇敵，使其遭受禍害；射偶人是用木、土或紙做成仇家偶像，暗藏於某處，每日詛咒之，或用箭射之，用針刺之。人們相信這樣可以讓仇人得病身亡；毒蠱指用毒蟲害人。歷代法律都嚴禁巫蠱害人。西漢時期，蠱人和詛咒術十分盛行。漢朝法律規定對詛咒者和蠱人者可以處以死刑。

雖然法律嚴禁，但西漢的巫蠱風氣始終存在。到漢武帝後期，這種風氣開始旺盛起來。長安的百姓紛紛求助巫蠱來排解煩惱，安撫心靈。有許多女巫公開在宮中來來往往，教宮中的嬪妃們念咒。嬪妃們雖然錦衣玉食，卻生活壓抑，承擔著巨大的心理壓力和各種明槍暗箭，也許是長安城中最需要巫師幫助的人群了。

西元前九十二年，劉徹恰好在巫蠱之風盛行的時候病情加重了。江充就奏言，皇帝的疾病根源於有人利用巫蠱暗算皇上。

劉徹不一定信江充的話，但他敏銳發現了其中包含著針對自己的威脅因素。早在元光年間，劉徹的第一位皇后陳阿嬌失寵後，就曾使用巫蠱之術詛咒受寵的衛子夫。漢武帝知道後，乾脆廢黜陳阿嬌，並牽連女巫楚服及宮人三百餘人，盡行誅殺。幾十年後再次接觸巫蠱，漢武帝不及細想就任命江充為使者治巫蠱。朝廷先是在皇家的上林苑大張搜捕之網，隨即迅速蔓延到整個長安城。江充關閉長安城門，在城裡進行地毯式搜查。他帶著許多少數民族的巫師、巫婆們在長安城裡這邊看看，那邊轉轉，一有風吹草動就掘地三尺搜索偶人。誰敢有半句怨言，就被銬上鎖鏈押送監牢。江充一行人抓捕了許多參與巫蠱的人，也抓捕了許多在夜裡祭祀的人。所有被捕的人看起來都證據確鑿。巫師們每當聲稱看到「鬼」的時候，他們指證的地方就會相應出現污染和巫蠱的痕跡（事先做好的）。如果有人上前理論，就被抓到監牢中「驗證」，燒鐵鉗灼，屈打成招。在酷刑之下，百姓們相互誣告指認，導致被捕的人越來越多。這些人都被冠以「大逆亡道」的罪名遭到屠殺。在這段時間裡，受到巫蠱株連而死的人前後有數萬人。

搜查行動持續了十幾天，才告一段落。

二

巫蠱的風氣在長安城中愈演愈烈，第二年正月，丞相公孫賀牽連下獄。

給表現欲和權力欲都異常強烈的漢武帝劉徹做丞相是一件危險的事情。先前，朝廷都任命貴族顯貴出任丞相。但劉徹覺得權貴丞相很礙事，不利於自己施展拳腳，於是從任命七十多歲的儒家讀書人公孫弘為宰相開始，專門挑選一些看起來中庸儒弱的人做丞相。公孫弘沒做幾年就被滿門抄斬，之後的丞相李蔡、嚴青翟、趙周等人既非顯貴，也都不得善終，慘遭屠戮。只有石慶戰戰兢兢，小心辦事才避免了覆轍。可石慶依然多次受到劉徹的公開譴責，死於家中。所以公孫賀知道自己被拜為丞相後，嚇得不敢接受印綬，頓首涕泣乞求說：「臣本邊鄙小人，以鞍馬騎射之功為官，實在不是擔任宰相的材料。請皇上開恩啊。」漢武帝也被他悲涼的說辭給感動得流淚，讓人扶起公孫賀。公孫賀跪著不肯起來，最後鬧得漢武帝拂袖而去。公孫賀這才不得已接受任命。出來後，同僚們都問他為什麼這麼做。公孫賀說：「現在主上賢明，我不能相配，恐怕辜負了丞相的重責，從此進入多事之秋了啊。」

其實，公孫賀也算是個達官顯貴。他是皇后衛子夫的姐夫，和漢武帝算是連襟。在朝廷中，公孫賀得到了衛家勢力的支持。兒子公孫敬聲也擔任太僕，父子並居公卿之位。在常人看來，公孫賀這樣的丞相肯定會避免落得幾位前任的下場。

公孫賀也希望能夠善終，丞相當得戰戰兢兢，不敢有一絲馬虎。公孫敬聲卻自恃是漢武帝的外甥，驕奢不奉法，竟然大膽到擅自挪用禁軍北軍的軍費一千九百萬。事情敗露後，公孫敬聲被抓進大牢，按律當斬。

公孫賀救子心切，將之前的謹小慎微拋到了九霄雲外，開始四處活動營救愛子。剛好當時朝廷在大肆搜捕通緝犯、陽陵大俠朱安世，抓了好多年都沒抓到。漢武帝一天多次催逼早日逮到朱安世。公孫賀於是自請逐捕朱安世，請求能以功贖兒子公孫敬聲的罪過，得到了漢武帝的同意。後來，公孫賀果然抓到了朱安世。

朱安世也不是浪得虛名的大俠。他很快就得知公孫賀是用自己來贖出兒子，笑道：「公孫賀他自己就要大禍臨頭了。南山之行不足受我辭，斜谷之木不足為我械。大不了，大家同歸於盡。」朱安世於是從獄中上書，告發公孫敬聲與陽石公主私通，告發公孫敬聲派巫師祭祠詛咒皇上，並且在皇帝前往甘泉的馳道上埋下偶人，詛有惡言。有關私通的事情並不能置公孫家於死地，但是有關巫蠱詛咒皇帝的告發將公孫賀父子推向了死亡的深淵。漢武帝很快命令有關部門處理公孫敬聲巫蠱案。漢武帝的命令中有「窮治所犯」四個字，事實上給整件案子定下了基調。公孫賀父子最終死在獄中，公孫家被族誅。還有多位朝中重臣受到株連致死，包括衛皇后的女兒諸邑公主、陽石公主和衛青的兒子衛伉。

整個巫蠱案子開始通過衛家，引向了太子劉據。

三

負責巫蠱案子的江充決定以此入手，置劉據於死地。

有人說江充是因為之前得罪了劉據，擔心劉徹死後新皇帝劉據饒不了自己，所以鋌而走險，與劉據為敵。這可能是原因之一。再考慮到江充的發家過程，他需要通過掀起政治大風浪來謀取更大的私利。他也清楚，當公孫家族和衛家被牽涉進巫蠱事件後，漢武帝劉徹很自然會對太子劉據起疑心。

西元前九十一年的夏天，漢武帝劉徹依然在甘泉宮休養。他常常做惡夢。在夢中，有許多人拿著大棒朝自己砸過來。劉徹認定巫蠱詛咒的陰謀依然存在。江充就趁機進諫說，宮廷左右有人從事巫蠱，必須窮治其事。

漢武帝又一次授權江充在宮廷中追查巫蠱之事。

七月，負責追查宮廷巫蠱案「真凶」的專案組正式組成。組長就是江充，成員有按道侯韓說、御史章贛、黃門蘇文三人。江充是劉徹信任的、敢辦事的人；韓說是侯爵，代表貴族顯貴；章贛是負責監察的專門官員，代表朝臣。宦官蘇文的進入是個值得關注的細節。蘇文向來和太子劉據不和。他曾向漢武帝進讒言說，經常去皇后宮中的劉據長時間停留在皇后宮中，是為了和宮人行淫穢之事。漢武帝在個人道德上對劉據還是放心的，沒有相信蘇文的誣告，反將服侍太子的宮女增加到二百多人。現在，漢武帝將明知與太子不和的蘇文安排進專案組，其實是在心靈深處已經懷疑太子與巫蠱，與自己的重病有所關係了。

江充負責查辦巫蠱後，稟報說長安宮中有蠱氣，得到漢武帝允許後，入宮大挖特挖。江充連漢武帝的寶座周圍都掘地三尺，先是在後宮希幸夫人住的地方發現有巫蠱的痕跡，後來又進入皇后宮中和太子的東宮四處挖掘。在太子宮的挖掘有「重大發現」。江充等專案組成員和胡巫們挖到了桐木人和一卷帛書。帛書中寫著一些亂七八糟的符號。經過江充和胡巫的指認，「翻譯」出帛書上的內容是詛咒漢武帝劉徹早死。江充收起挖掘到的成果，聲稱要出城稟告皇上。

這下子，劉據的地位乃至性命都危在旦夕。

劉據百口莫辯，忙向太子少傅石德詢問應該怎麼辦。石德作為太子師傅，與劉據休戚與共。石德建議劉據說：「前丞相公孫賀父子、兩位公主及衛氏皆被以巫蠱的名義處死。現在巫師與使者在東宮掘地得到驗證，根本說不清楚到底是有人故意放在東宮栽贓給我們，還是本來就埋在那裡。太子殿下無以自明。殿下不如假傳聖旨，收捕江充等人，懲處他們的奸詐之罪。」石德的膽子很大，繼續說：「反正皇上現在病重，在甘泉宮休養。皇后和宮中屬吏都是擁護太子殿下的。殿下完全可以起兵自衛。」劉據聽到師傅造反的建議後，瞠目結舌，不知所措。石德的進一步勸說幫他下定了決心：「現在皇上是否在世，我們根本不知道。當年秦太子扶蘇就是在父皇秦始皇死後，被趙高、李斯等人矯旨殺死的。太子不能不明查啊！」

劉據在情勢緊迫之下，同意了石德的建議，邁出了造反的步伐。

四

就在江充興高采烈地要將「證據」拿去向城外的漢武帝稟報時，宮中突然來了使者。當時天色已晚，辦案組的蘇文還在深宮繼續挖掘，在場的江充、韓說、章贛三人不辨真假，就跪接了聖旨。

使者宣讀聖旨：「將江充、韓說、章贛、蘇文四人就地斬首！」

接聖旨的三人猝不及防，大驚失色。江充最先束手就擒；韓說久經官場，懷疑使者有詐，不肯受詔，結果因為「抗旨」被使者帶來的武士當場殺死；章贛慌忙抽出佩劍，瘋了似地衝出武士包圍，遍體鱗傷而逃。蘇文在深宮聽到消息後，慌忙溜走，向甘泉宮逃去。

另一邊，太子舍人無且率領一隊武士，持皇帝的純赤色符節於當天夜裡進入未央宮，與皇后衛子夫聯繫。衛子夫事先並沒有參與造反的謀劃，如今面對兒子派來的武士，知道箭在弦上，不得不發了。她對丈夫的不滿和對兒子的關愛全都轉化為對冒險的積極配合。衛子夫將皇后中宮的侍衛車馬和長樂宮的侍衛車馬全都交給了兒子，並打開了武器庫。劉據分發眾人武器，真正地踏上了武裝叛亂的道路。

劉據通告留在長安城中的百官，說江充造反，太子替皇上除害，命令百官協助除奸。劉據命令將江充帶出來，痛罵說：「趙虜！你禍亂趙王父子還不夠，竟然來挑撥我們父子關係！」政治投機分子江充最終投機失敗，被斬首示眾。那些與江充聯合的胡巫都被綁在上林苑的樹上活活燒死。劉據很快就控制住了皇宮的局面。

當時，接替公孫賀的新丞相劉屈氂留在長安城中。

劉屈氂成為丞相也是出於專制的需要。劉屈氂就是劉徹的哥哥中山靖王劉勝的兒子，是自己的親姪子；同時劉勝是庶出，又有幾十個兒子，劉屈氂在宗法上對劉徹這一支沒有任何威脅。之前，劉屈氂很深地插入了劉徹的家事。他偏愛劉據的弟弟、昌邑王劉髆，又和劉髆的舅舅、將軍李廣利結成了兒女親家，和李廣利一起暗地謀劃扶立劉髆取代劉據的太子位置。儘管沒有參與江充策劃的巫蠱之禍，劉屈氂對江充的表演心知肚明。出於推翻劉據的共同目標，劉屈氂也沒有出來阻止江充主導的鬧劇。江充突然被殺，劉屈氂一下子被推上了前台。

現在，劉屈氂是唯一可能與劉據爭奪長安城的人。

劉據搶先發兵攻入丞相府。劉屈氂拔腿就逃，連丞相印綬都來不及拿。

五

現在是考驗劉徹和劉據父子感情的關鍵時刻了。

劉據迫不得已的造反帶有「兵諫」的味道，希望父皇能夠認清事實，相信自己。劉徹對太子還是了解的，所以當逃回來的蘇文哭訴了太子謀反的消息，他的第一個反應是不相信。劉徹說：「太子不會造反的。一定是江充等人把太子逼急了，太子才鋌而走險。來人，回長安宣召太子來甘泉宮問話。」

漢武帝閱盡了人情世故，在處理太子造反事件上務實穩重。劉徹認為要先把事情調查清楚，和劉據展開對話，無疑有助於整個事態朝著圓滿的方向發展。但是之後發生的兩件事情讓劉徹相信了太子造反的事實。

首先是劉徹派去徵召太子的使者是個膽小鬼。他徘徊在長安城周圍，許久都不敢進去宣召太子。最後，使者乾脆回報漢武帝說：「太子的確謀反，不但不應召，還想殺了下臣。臣是僥倖逃脫回來的。」劉徹不禁懷疑劉據是否真的造反了。

其次是劉屈氂派人來報告「太子造反」。劉屈氂逃出丞相府後，並沒有調集軍隊與政敵劉據作戰，而是找了一個安全的地方藏了起來。劉屈氂捉摸不透漢武帝的真實意思，怕輕舉妄動招來殺身之禍。劉屈氂決定先通過施加影響讓漢武帝相信太子造反。於是他派遣丞相長史趕赴甘泉宮，報告漢武帝太子起兵謀反，已經占領了包括丞相府和皇宮在內的大部分城市。劉徹這才終於相信兒子的確是造反了。

大怒的劉徹喝問：「丞相現在在幹什麼？」

丞相長史回答說：「丞相正在對外封鎖消息，不敢發兵。」

劉徹憤怒地說：「事情都已經到了這一步了，還有什麼秘密可言？我看是丞相沒有匡扶國事之心吧？」

劉徹將劉據的行動定位為叛亂，給劉屈氂頒發了一道璽書。在書中，劉徹親自籌劃了對兒子劉據的鎮壓方案：「捕斬反者，自有賞罰。以牛車為櫓，毋接短兵，多殺傷士眾。堅閉城門，毋令反者得出。」這個計劃主要有三條措施：對叛軍開出賞格，殺賊有賞；用牛車等物品構築障礙，儘量避免短兵相接，防止擴大傷亡；緊閉城門，防止叛亂者逃出長安。為了加大勝算，劉徹拖著病體，從甘泉宮移駕前往城西臨近長安的建章宮，以便就近指揮。

六

長安城內頓時成為了血腥的戰場。

太子劉據發兵後，宣布漢武帝在甘泉宮病危，太子恐怕社稷有變，所以起兵。他赦免了長安城中的囚犯和刑徒，用武庫的兵器武裝起來，分別由太子少傅石德、太子賓客張光等人率領控制長安，建立了實際的武裝力量。漢武帝劉徹從甘泉宮來到了城西的建章宮，向周邊各縣發下詔書徵兵入長安平叛；又下詔書曉諭朝廷重臣，任命丞相劉屈氂負責討伐太子。漢武帝調動的軍隊漸漸超過了太子指揮的軍隊。

為了壯大兵力，劉據破格提拔長安的囚犯如侯持節杖，假冒聖旨徵發長水及宣曲的少數民族騎兵，提供武裝。剛好，侍郎莽通從皇帝身邊出使長安，見狀當機立斷逮捕了如侯。莽通對胡人們說：「如侯的節杖有詐，你們不要聽他的。」莽通將如侯斬首，反過來率領少數民族的騎兵進入長安交給大鴻臚商丘城指揮。之前，漢朝宮廷的節杖都是純赤的，太子也持赤節，所以才會出現如侯這樣的陰謀。事後，皇帝將節杖改為黃旄，和太子的節杖相區別。依律，太子可以調動直屬皇帝指揮的北軍。因此劉據派人持太子節杖去命令監北軍使者、曾是衛青門客的任安出兵協助自己。任安不得不接受太子節杖，但他知道清官難斷皇帝家務事，皇帝和太子哪頭都不能得罪。

所以他收下節杖後，一轉身就下令緊閉軍門，嚴禁官兵外出。北軍這支捍衛皇室最主要的軍事力量，在這次動亂中採取了觀望態度，既不應太子，也沒有向丞相劉屈氂方面靠攏。

沒有辦法了，劉據只好率軍裹挾著長安四市的數萬名百姓勇敢地迎戰四面八方湧過來的鎮壓軍隊。雙方大戰了五天，死者數萬人，鮮血流滿了長安的溝渠和街道，浸染著雙方的屍體。整個長安城彌漫著刺鼻的腥臭味。日益寡不敵眾的太子軍最後戰敗。

太子劉據帶著兩個兒子南奔覆盎城門，逃亡。戰鬥剛開始，劉屈氂就選派官員駐守長安各個城門。分配駐守南門的是司直田仁。田仁認為劉據畢竟是漢武帝的親生兒子，虎毒不食子，漢武帝終不會對兒子斬盡殺絕。於是他沒關城門，眼睜睜看著太子和兩個皇孫從身邊逃出城去。

長安男子景通抓住了太子少傅石德，因功封德侯；大鴻臚商丘城抓住了太子賓客張光，因功封秺侯；侍郎莽通殺了如侯，因功封重合侯。而各個太子賓客，只要出入過宮門都被誅殺；其中跟隨太子發兵的，一概族誅；趁亂劫掠長安的士兵和官吏全部發配邊遠的敦煌郡。監北軍使者任安，雖然沒有參與叛亂，但接受了太子節杖；司直田仁放跑太子，兩人都被腰斬。漢武帝派人入宮收回衛子夫的皇后印璽，廢黜皇后。衛子夫不願受辱，自殺身亡。蘇文等人將衛皇后用小棺材葬在城南桐柏山。衛氏一族外戚被徹底誅滅。

為了防止逃亡在外的太子回長安搗亂，長安諸城門屯駐士兵防備太子回城。長安城展開了緊張的清洗工作，幸虧下起了雨，街道上的血污沖洗起來簡單多了。

眞相大白

追捕逃亡的劉據成為了劉徹關注的焦點問題。

劉徹似乎失去了理智，一再強令朝臣和各地郡縣抓捕劉據及兩個孫子。看到皇帝暴跳如雷，群臣無不膽戰心驚，不敢開口。

劉據帶著兩個兒子向東逃到了湖縣的泉鳩里（今河南靈寶西部與陝西交界處的泉里村），在一戶農家藏匿了起來。收留太子父子三人的農夫家非常窮，一家人連溫飽都解決不了。現在平白多了三張吃飯的嘴，所有人都只好餓著肚子。但即使如此，好心的主人家還是慷慨地收留了逃難的劉據三人。農夫忙完農活，還夜以繼日地做草鞋拿到市場上去賣，補貼家用。劉據父子三人看到主人家如此辛勞，過意不去，就躲在屋裡幫著一起編織草鞋。好在當地官府沒有想到太子會隱藏在貧窮的農家，一直沒有到泉鳩里搜查。

即便如此，農夫家最後還是粒米不存，生活難以為繼了。劉據突然想起有一個故人在隔壁的新安縣（今河南澠池附近），家境富裕，就想找他接濟一下。劉據深受儒家思想的教導，卻忽視了那些與他交往的人看中的是太子的光輝，並非個個都是真正的摯友。劉據把人心想得太單純了。那個故人接到太子的求助信後馬上向本縣官府告發。

新安縣令李壽得知太子的下落後，立馬帶人將農家團團圍住，圍捕太子。農家主人為了掩護劉據，上前與官兵搏鬥，兩位皇孫為了掩護父親也上去搏鬥，都被官兵殺害。劉據自己不能逃脫，在房中懸樑自盡。縣卒張富昌一腳踹開門；李壽上去抱下劉據。可惜遲了，劉據已經死了。

漢武帝得到死訊後，略有傷感。李壽和張富昌二人因為擒拿有功，分別被封為邘侯和題侯。劉據死時，年近四十，生育有三男一女。劉據敗後，他的四個子女都同時遇害。

二

慢慢的，越來越多的真相暴露出來，表明劉據根本就沒有用桐木子詛咒皇上。人們越來越相信劉據是無辜的，坊間的輿論開始朝著有利於劉據的方向發展。

劉徹冷靜下來後，漸漸明白兒子劉據起兵是惶恐自衛，並沒有謀害自己的意圖。關鍵時刻，負責守護西漢開國皇帝陵墓的小官，高寢郎車千秋上書為劉據犯顏直諫，扭轉了整個局勢。他寫道：「兒子對著父親舞刀弄槍，應該受到鞭笞。如果皇帝過失殺死了太子，那又應該做何處理呢？」劉徹對車千秋的上書大為感慨，非常重視。平地一聲雷，車千秋竟然因為這次上書而被擢升為丞相。

之後，巫蠱禍亂的處置完全被顛倒了過來。先是江充被滿門抄斬，接著是宦官蘇文在橫橋被公開燒死；在泉鳩里加兵刃於太子的人都被族誅，包括李壽、張富昌等人。劉徹可憐兒子的無辜遇害，在湖縣修建了思子宮，在宮殿中修建了歸來望思台。他希望通過這些宏偉的建築能夠挽回兒子的生命，彌補自己的過錯。天下人聽說後，無不感到傷感悲哀。早知今日，為何當初不三思而後行呢？

一年後（征和三年，西元前九十年），有個叫郭穰的人告密說劉屈氂的夫人詛咒皇上，貳師將軍李廣利也參加了禱祠活動。這才是真正的巫蠱罪行。劉李兩家的目的是要讓昌邑王劉髆早日為帝，證據確鑿。劉屈氂被腰斬於長安東市，其妻則在華陽街被梟首示眾；當時貳師將軍李廣利正率軍與北方匈奴作戰，漢武帝也沒放過他，將他留在後方的妻子兒女全部逮捕入獄。前方的李廣利害怕了，乾脆率軍投降了匈奴。他的妻子兒女隨即被斬首。

至此，巫蠱之禍中的各個人物都有了自己的結局。

三

劉據的太子生涯以徹底的悲劇結束，原因就在於他始終生活在漢武帝的光芒之下。漢武帝的文治武功，本朝沒有一個皇帝可以企及。漢朝在漢武帝劉徹的統治下，達到了鼎盛。而劉徹是通過不斷地加強中央集權，強化皇帝的權威和奴役天下才實現了豐功偉績。偉大的成功讓他的個性非常自負。而太子劉據卻是在儒家學說的教化下成長起來的，又和權勢熏天的外戚衛家緊密聯繫在一起。與謹小慎微才得以善終的舅舅衛青不同，劉據深受儒家入世的人生態度影響，將父子倆的矛盾糾紛自動暴露出來。當這些光芒中的瑕疵被個別奸臣挑撥，無限擴大的時候，父子之間的衝突就變得難以避免了。

當然了，在劉據看似平穩的接班人生涯中還存在許多導致失敗的因素。比如，劉據沒有很好地與父親劉徹交流。當年老生病的劉徹在甘泉宮養病的時候，即使劉據和劉徹有重大政治分歧，劉據為了自己的地位也應該經常在甘泉宮伺候著。又比如，劉據沒有事先防範那些對自己的地位虎視眈眈的政敵。在一手把持朝政的情況下，劉據即使沒有太大的政治空間，也應該抓住一切機會暗中凝聚自己的政治力量，以免一旦有事，無所依靠。

劉據的死將原先隱藏著的劉徹接班人之爭表面化了。除了劉據和早死的齊王劉閎外，劉徹還有四個兒子，分別是燕王劉旦，廣陵王劉胥，昌邑王劉髆和年幼的劉弗陵。廣陵王性情暴戾，很不受劉徹喜歡；昌邑王經過劉屈氂和李廣利一案後被徹底排除在候選人序列之外；剩下的燕王劉旦年長有才，最有希望繼位，也以未來的太子自居，上表請求入京隨侍父皇左右。不想劉徹雷霆大怒，下詔責罵燕王劉旦，還削弱了封給燕國的三個縣的土地。因為劉徹選定的接班人是年幼的劉弗陵，因為他覺得劉弗陵最像自己。不過一貫專權的劉徹也耍了個小心眼，在指定劉弗陵即位前，勒令他的生母趙婕妤自盡，以免日後出現幼主在位，太后垂簾的情況。

劉據的死留下了一個小尾巴。當時，劉據的孫子尚在襁褓之中。因為受到巫蠱之禍的株連，小嬰兒也被投入了死牢。好心的廷尉監丙吉將他秘密隱藏了下來，聯絡幾個善良的女囚，用自己微薄的收入盡可能地照顧這個可憐的孩子。這個孩子被丙吉取名為劉病已。這個劉病已就是日後的漢宣帝。西漢的皇室血脈最後還是回到了劉據這一系上來。

漢宣帝即位之初，下詔為祖父劉據平反。他採取的方式是「故皇太子」（指劉據）沒有諡號，自己年年祭祀他，「不太方便」。有關部門很快遵照皇帝的意思奏請給劉據上諡號「戾」❷，在他的墓地設立墓園，甚至派駐官兵和守墓的百姓。其他人的墓葬也都得到了隆重的改葬。故太子妃的墓地被設立了戾后園。劉病已的父親史皇孫也被追諡為「悼」，埋葬他的廣明成鄉則被稱為悼園。儘管「戾」是一個不太好聽的諡號，但有個諡號總比沒有強。劉據因此就被稱為「戾太子」。

八年後，有關部門再次上奏將悼園的主人史皇孫改稱尊號為皇考，立廟，將園林修建為陵寢。守陵的居民增加到一千六百戶，單獨設立奉明縣。劉據沒辦法上尊號為「帝」，戾夫人卻背上尊號為「后」。劉據雖然身前沒有做過皇帝，身後卻享受到了皇帝的待遇，也算是「遲到的平反」了。

---

❷戾，就是惡的意思。

4

退求其次的選擇

孫權晚年選立太子風波

每位皇帝心目中總有一位最佳的太子人選。孫登就是孫權認為的最佳接班人。孫登將太子和皇帝的關係處理得非常好，可惜死在了孫權的前面。孫登死後，孫權面臨著艱難的選擇：新太子不盡如人意，其他兒子更不成器。遲疑間，諸子爭位，在東吳政壇掀起了腥風血雨。

最佳人選

一

三國梟雄、東吳大帝孫權一共有七個兒子，分別是：長子孫登、次子孫慮、三子孫和、四子孫霸、五子孫奮、六子孫休、七子孫亮。孫權的接班人就要從這七個兒子中來挑選。

孫權家有一個特殊情況。孫權在做皇帝前一直沒有宣布哪一位夫人是正妻，做了皇帝以後也沒有冊立皇后，因此在理論上，孫權沒有「嫡子」。所有的七個兒子在血緣上都沒有嫡庶之分，也沒有高低貴賤，只有長幼之別。而在實際上，孫權七個兒子之間的年齡相差懸殊。長子孫登就比弟弟孫亮大三十四歲。孫登首先在年齡上就把六個弟弟給比了下去。

建安二十五年（西元二二〇年），孫權受曹魏之封為吳王。因為年齡的優勢，長子孫登很快就被立為吳王太子。

孫權對太子非常重視，選置師傅，挑選名人作為太子賓友，一心要把孫登培養好。孫權給孫登精選的師傅和賓友都是三國時期的名臣名家，比如，名儒程秉和征崇，先後成為太子師傅，諸葛恪、張休、顧譚和陳表號為「太子四友」，謝景、范慎、刁玄和羊衜等「皆為賓客」。孫登居住的東宮幾乎網羅了東吳政權的所有名家人才。孫權又一度命令江東世族代表陸遜「領宮輔留事」，輔佐孫登。在孫權的悉心栽培和良師益友的熏陶下，孫登文武全才，為人處事和行政交際各方面都表現突出。孫登接受的主要是儒家思想的教育，身邊聚集的也主要是江東有頭有臉的大家族的代表人物。他們希望孫登日後能成為一位儒雅清明、公正有為的好皇帝。看起來，孫登也沒有讓他們失望。孫登的太子地位漸漸穩固了，他的優勢也不只停留在年齡上了。

孫權稱帝之後，吳王太子孫登順理成章升格成了東吳的皇太子。

二

孫登成為皇太子之後，品德高尚，待人友善，贏得了很高的聲望。人心大附。

太子孫登一次乘馬出行，耳邊忽然飛過一顆彈丸。孫登嚇了一跳，左右侍從也嚇了一大跳，以為遇到了刺客。大家趕緊進行搜查，恰巧看見路邊有個人手持彈弓，身佩彈丸。侍從們二話不說，馬上抓住了手持彈弓的那個人。那個人百般申辯，高喊冤枉，說自己沒有向太子射擊。左右侍從哪裡相信，認為這個人「不嚴刑拷打是不會招供的」，擺開架勢就要動刑。孫登擺擺手，不同意。他叫人找到剛才擦臉而過的彈丸，和那個人身上佩的彈丸相比較，發現不是同一種彈丸。孫登於是下令放人。旁邊有隨從勸諫說，即使表明不是那個倒楣的路人射的彈丸，但是為了顯示帝王威嚴，也要懲罰路人，殺一儆百。結果，孫登狠狠地訓斥了提建議的隨從，贏得百姓的一片歡呼。

還有一次，孫登發現日常用來盛水的一個金馬盂不見了，覺得蹊蹺，下令追查。結果發現是身邊的一個侍從偷走了容器。孫登不忍心處罰他，只是口頭訓責了他幾句，將他遣散回家而已。

為了防止此事被人小題大做，孫登特地囑咐其他侍從不要聲張此事。如此一來，宮中上下的屬員、侍從們也都說孫登的好話。

孫登不僅是一個心地善良、忠厚老實的孩子，還是一個有原則、講原則的人，有時會暴露出一股子硬氣。孫登的生母出身卑賤，他從小由徐夫人撫養長大。後來，徐夫人被廢黜，搬到吳郡居住。孫權雖然長期沒有冊立皇后，但最中意步夫人。步夫人是臨淮淮陰人，與大臣步騭同族，貌美而且溫柔，「以美麗得幸孫權，寵冠後庭」。步夫人得到孫權長期寵愛有一個重要原因就是她沒有嫉妒心，對孫權寵愛其他嬪妃沒有半句閒話，因此孫權很想立步夫人為皇后。孫登對待步夫人的態度很恰當。步夫人經常賞賜孫登一些東西，孫登都很恭敬地接受，從不推辭。遠在吳地的徐夫人也派人大老遠地送來衣物，但孫登每次都要沐浴之後才更換上徐夫人送來的衣物。誰親誰近，明眼人一眼就看出來了。

孫權要立孫登為太子時，孫登起先是推辭的。他嚴肅地說：「萬事有本源，本源確立了才能產生其他道義。要立太子，應當先冊立王后。」

孫權以為孫登擁戴的王后人選是步夫人，心中暗暗歡喜，問道：「那麼誰才是王后呢？」

孫登回答：「我的母親在吳郡。」他指的是避居在吳郡的徐夫人。

孫權大失所望，也就不再提立后的事情了。他沒有想到孫登對養育自己的徐夫人感情這麼深，會將太子之位和徐夫人的待遇聯繫起來。在鬥爭激烈的宮廷政治中，孫登能有這樣的感情和勇氣，難能可貴。孫權雖然心中不高興，但對孫登的品行還是相當滿意的，依然定他為接班人。

關於王后或皇后之爭，東吳群臣都傾向擁立徐夫人。儘管孫權始終不立皇后，宮內大小人等都稱徐夫人為皇后，親戚上書也都稱徐夫人為中宮。徐夫人其實個性好妒，在品行上並不比步夫人高，但儒學思想教育出來的群臣出於維護孫登太子地位的考慮，擁戴徐氏。徐氏一旦成為皇后，孫登就是嫡子，就給太子之位上了一個雙保險。

三

孫登不僅品德高尚，還表現出了較高的政治素質，得到了孫權的肯定。

赤壁之戰後，東吳政權的重心在武昌。東吳王朝穩定後，孫權決定遷都建業，而在武昌周圍留下重兵強將。武昌是東吳政權穩定長江中游地區，對抗曹魏和蜀漢的重鎮，需要留得力幹將駐守。孫權就留太子孫登守武昌，將王朝的一半江山託付給他；同時，徵召大將軍陸遜輔佐孫登鎮守武昌，兼任宮府留事。孫登年紀輕輕就承擔起了家國重任。客觀地說，當時天下三分，進入了對峙局面。孫登在武昌沒有遇到任何風險，自然沒有表現的記錄。當然了，武昌方面也沒有出現任何問題。孫登保境安民，名聲愈發響亮了。孫登經常外出打獵。為了避免踐踏農家的莊稼地，他常常繞遠路；如果百獸飛禽跑到農田中，他也不去追趕，以免耽誤了農民的耕種。

孫登鎮守武昌時，二弟孫慮病逝了。孫權中年喪子，非常悲痛，連飲食都荒廢了。孫登得知此事後，晝夜兼程趕回來奔喪。他勸父皇孫權說：「二弟孫慮英年早逝，這是天命。現在天下紛爭，四海分離，上天擁戴父皇。現在父皇為了一己之心，廢寢忘食，與禮不符，兒臣私下裡很擔憂。」孫權這才恢復了飲食，心理調適過來。十幾天後，孫權走出了傷痛，計劃讓孫登回武昌駐防。孫登卻不願意回去，懇求說：「兒子不能天天陪伴在父皇身邊，是不孝的表現。武昌有陸遜防守，難道父親還不放心嗎？兒臣想陪伴在父皇身邊。」孫權想了想，就把他留了下來。

孫登主動放棄鎮守武昌的重任是一個具有先見之明的舉措。接班人在等待接班的過程中，要避免攬權過多、聲望過高，不然可能讓皇帝產生猜忌。權力場中是不講父子親情的。即使是孫權，首先考慮的也是皇權的鞏固，考慮是否存在挑戰權威的潛在威脅。孫登在武昌掌握了東吳王朝一半的精兵強將，防衛著超過一半的國家領土，不利於身為太子的他自保。如果聲望繼續高漲，說不定孫權就會心生猜忌。到時候，孫登再怎麼主動請辭，回來孝敬父皇，都是另外一種滋味了。

再對照之後武昌的事態發展，孫登的主動請辭怎麼看都是英明睿智的。陸遜接替孫登主掌武昌後，治理得非常好，但很快就功高震主，被明升暗降，調回了建業。之後，武昌這個「大軍區」被分割成「西陵」（在三峽地區，負責防衛蜀漢）和「武昌」（依然在武昌，負責防衛曹魏）兩個「小軍區」。幸虧孫登沒有蹚這灘渾水。

嘉禾三年（西元二三四年），孫權渡江征討新城，留孫登防守後方。孫權讓孫登「總知留事」，等於讓太子代理了國事，說明他對太子孫登之前的表現是滿意的。而孫登留守後方的表現也不錯。當年收成不好，普遍的饑荒導致各地出現盜賊。孫登主持制定了剿匪的法律條例，布置敵方防禦事項，處理得有理有節，各方面都兼顧到了。

四

孫登是東吳太子的最佳人選，更主要是因為他成功地處理了與父皇孫權的關係。

孫權是古代非常長壽的皇帝，整整活了七十一歲。人一老，頭腦就不好使，也就容易產生這樣那樣的問題。老人不像年輕人那樣充滿朝氣，缺乏奮鬥精神，常常沉溺於回憶往昔的輝煌中。他們會顯得固執於往日經驗，甚至自負，而且喜歡聽奉承話。孫權就是一個成功的老人，也是一個擁有無限權力的老人。老人的心理問題他都有，而且身邊還有一群奸佞小人時刻想著利用他的問題獲取個人利益。和這樣的老人處理好關係，的確是一件不容易的事情。

孫登是在儒家思想體系中熏陶出來的太子。他對孫權晚年好大喜功，橫徵暴斂的許多行為看不下去。孫權晚年為了控制權力，監視百官，公然進行「特務統治」。他任命呂壹等出身貧寒、官職低微的人執掌「校事」，監視並懲罰百官的言行。呂壹專挑功勳卓著的重臣和根基深厚的世族大家動手，得罪了許多人。最後呂壹因為本人行為不端，被大臣們抓住了把柄，窮追不捨。孫權關鍵時刻棄車保帥，殺掉了呂壹。但呂壹的行為多少幫孫權完成了抑制大臣權力的目的。孫登在「校事」問題上是站在群臣的立場上的。此外，孫權晚年勞師動眾，從海上與遼東的公孫政權勾勾搭搭，企圖獲得公孫政權的稱臣納貢，結果竹籃打水一場空。孫登也反對父皇不切實際的行為，認為要愛惜民力，與民休息。但是，孫登不能將這些反對意見明白地表露出來，更不能引起父子間的直接衝突。這該是多難的事情啊。

事實上，歷經風雨的孫權多多少少看出了太子與自己在政治思想與實踐上的差異。父子倆並不是同一條心的。但孫登的高明之處就在於沒有將這些矛盾表面化，沒有揭露出來。即使相互存在矛盾，接班人能夠維持住和皇帝的良好關係，這本身就是一項高超的本領。

孫權沒有當過太子，因為他是打江山打下來的開國君主。所以他不知道太子這個角色的艱難之處，不知道太子和皇帝之間、太子和其他皇子之間的微妙關係。除了步夫人，孫權最寵愛的就是王夫人了。王夫人不僅長得漂亮，而且還生下了孫權的第三子孫和。孫權對孫和也非常寵愛，常常將孫和帶在身邊。孫權賞賜給孫和的衣服禮秩雕玩珍異等東西，都是最好的，不僅在數量上和品質上都超過了諸位弟弟，而且比作為皇太子的孫登得到的賞賜還要好。朝野上下都看在眼裡，孫登的心裡就不好受了。可孫登的心理素質好，主動和弟弟孫和搞好關係，兩人顯得親密無間。只有孫登知道自己的委屈，他像對待兄長一樣對待弟弟孫和，才止住了外界的不恰當猜疑。《三國志》說孫登對孫和「常有欲讓之心」。孫登是否有將太子之位讓給孫和的考慮和舉動，後人不得而知。我們只知道，孫權相信自己的兩個兒子關係很好，覺得孫登這個太子很稱職。

孫登當了二十一年太子，不幸在赤烏四年（西元二四一年）病逝了，年僅三十三歲。孫權傷心欲絕，給孫登定諡號為「宣」。孫登也就被稱為東吳宣太子。

孫登臨死前上疏孫權：「皇子孫和仁孝聰哲，德行清茂，希望父皇早立孫和為太子，以繫民望」，明確建議立競爭對手孫和為太子。

我們不知道這是孫登的真實想法，還是臨死也要迎合父皇孫權的意思。總之，孫權對長子孫登的太子生涯非常滿意，孫登也可以解脫了。

二子爭位

一

因為皇次子孫慮已死，三子孫和是剩下的最長的皇子。加上孫權喜歡，孫登推薦，孫和在孫登死後的第二年（赤烏五年，西元二四二年）正月被冊立為新太子。

孫和也是個很出色的小伙子，《吳書》上說他喜好文學，善於騎射，承師涉學，精識聰敏，尊敬師傅，結交名士。孫權一直就很喜歡，也很重視這個兒子。孫和剛剛十四歲的時候，孫權就單獨為他設置守衛，讓中書令闞澤教他學習書藝。孫和好學肯問，學習成績很好。成為太子時，孫和才十九歲。孫權給他配備了強大的輔佐班底：闞澤為太子太傅，薛綜為太子少傅，蔡穎、張純、封俌、嚴維等人為太子侍從，可見也寄予了厚望。

孫和雖然能力很強，但心思不像死去的哥哥孫登那樣縝密，政治上不像孫登那樣成熟。套用時髦的話來說，孫和的智商很高，但是情商並不高，綜合素質不強。孫和的內在缺陷注定他不會成為像孫登那樣的成功太子，甚至還為自己帶來了不幸。

孫和是孫權寵愛的王夫人的兒子。王夫人和步夫人爭寵。步夫人沒有兒子，也不像王夫人那樣有心計，處於爭寵的下風。但是步夫人有兩個非常厲害的女兒。長女孫魯班，字大虎，先是嫁給了周瑜的兒子周循，周循死後改嫁全琮，因此被稱為「全公主」或「全主」；小女兒孫魯育，字小虎，先嫁給朱據，後改嫁劉纂，故稱「朱主」。孫權特別寵愛信任這兩個女兒，常常聽取她們的意見，也讓她們插手許多事情，因此兩位公主地位特殊，影響甚至超過了諸位兄弟。兩位公主之中，全公主工於心計，野心勃勃，非常熱衷於宮廷鬥爭。她看到母親步夫人爭寵失敗，自然心懷不滿，對新太子孫和懷恨在心。全公主於是常常在孫權耳邊詆毀孫和。遇到這樣的對手，太子孫和最明智的做法是小事上不和她糾纏，大事上要有主見，有證據，站穩腳跟據理力爭。但是孫和卻採取針鋒相對的對策，事事和全公主作對。兩人你一招，我一招，打得不亦樂乎。

一次，孫權生病了，讓太子孫和替自己去宗廟祭祀，保佑身體康健。孫和的太子妃張氏的叔叔、大臣張休就住在宗廟附近。張休見太子來祭祀，就邀請孫和來自己家——估計是兩人商量謀劃鞏固地位、對付全公主的計策。孫和竟然拋下祭祀，去了張休家。那一邊，全公主派來終日暗中監視太子的探子馬上把消息告訴了全公主。全公主就告訴孫權說，太子不去廟中祭祀，而是專門去了妃子家進行密謀活動，對父皇的疾病一點都不上心。她接著造謠說，王夫人看到皇上臥病在床，面露喜色。孫權聞訊自然是很生氣，憤怒地再也不寵信王夫人了。王夫人因此憂鬱而死。對於太子孫和，孫權沒有明確的表現，但心裡埋下了深深的不滿和偏見。

孫和被立為太子的同年八月，孫權封皇四子孫霸為魯王。當時其他皇子都沒有封王，孫霸的地位一下子突出出來。而且孫權對他的寵愛、賞賜和其他待遇，都和太子孫和沒有差別。不知道孫權是刻意抬升孫霸來壓制不滿意的太子孫和，還是單純的喜歡孫霸。孫登在世時，孫權寵愛孫和，現在又寵愛了非太子的孫霸。宮中的下人一度很為難，因為按禮孫霸不能和太子孫和享受同等禮遇，現在他們不清楚具體怎麼區別對待太子和魯王。

孫權對孫和和孫霸的「無區別對待」導致了一場內訌。

二

孫霸即使原本對太子之位沒有「非分之想」，現在也被孫權的刻意提拔給勾引出來了。作為皇子，誰不想嘗試一下端坐龍椅的滋味。孫權對孫和表露出來的不滿和對自己的關心寵信，被孫霸理解為是一種政治暗示。魯王孫霸覺得這是父皇有意廢黜太子，改立自己為新太子。即使父皇現在沒有這樣的想法，自己離太子之位也很接近了，完全可以「奮鬥」一下，爭取「進步」。孫霸爭奪嗣位的野心滋生了。孫和將這一切看在眼中，心中充滿了不安。他頭腦中那根保住太子之位的弦繃得更緊了。

東吳的滿朝文武不能不對此有所反應。許多人出於「立嫡立長」的宗法思想考慮，或者認可孫和的能力和品行，擁護太子孫和；部分人看到孫權對孫和的不滿和孫霸咄咄逼人的態勢，非常現實地支持魯王孫霸。於是，群臣根據擁護對象的不同，赫然分為了兩派。丞相陸遜、大將軍諸葛恪、太常顧譚、驃騎將軍朱據、會稽太守滕胤、大都督朱績、尚書丁密、新太子太傅吾粲等擁護孫和；驃騎將軍步騭、鎮南將軍呂岱、大司馬全琮、左將軍呂據、中書令孫弘等人擁護孫霸。朝堂之上，太子之爭儼然成為了東吳最主要的政務。

這場紛爭史稱「二宮構爭」。

全公主陷害了王夫人後，要進一步廢黜太子孫和。現在魯王孫霸冒出頭來，和全公主一拍即合。兩人達成統一戰線，共同對付孫和。全公主更起勁地在孫權耳邊說孫和的壞話，稱讚孫霸的優點，還把全琮姪子全尚的女兒嫁給孫霸為妻。全公主還去拉攏妹妹孫魯育，但是妹妹支持孫和，不聽姐姐的拉攏。姐妹兩人竟然因此產生了仇隙，形同陌路。當時江東的世族大家一般都支持太子孫和，但全琮是極少數支持孫霸的江東本土人物之一。因為他是全公主的駙馬。全家的二公子全寄還依附孫霸，為孫霸爭位出謀劃策。作為江東世族大家代表人物的陸遜反對全琮父子依附孫霸，上門來勸告。全琮一點同鄉和前輩的面子都不給，斷然拒絕陸遜的勸說，與江東同鄉們的關係都搞僵了。

兩派在朝廷上為太子之位展開了激烈較量。魯王孫霸覬覦之心日漸增長。陸遜、吾粲、顧譚等人多次向孫權表示「嫡庶之義，理不可奪」，全寄、楊竺等孫霸一邊則鼓吹更換太子。最緊張的一次，孫權與楊竺暗中策劃立魯王孫霸為太子，孫和指使的密探就潛伏在孫權議事的床下（三國時，人們都坐在類似於床的榻上議事）。當日兩派鬥爭的激烈程度可見一斑。孫和為了自保，也沒閒著。陸胤要去武昌，去向孫和告辭。孫和表面上為避免嫌疑，沒有接見他，私下裡更換服裝來到陸胤的車上，與他密談。孫和讓陸胤去武昌設法讓陸遜上表勸諫孫權不要更換太子，企圖借重臣和京外實力派來影響孫權的決策。太子太傅吾粲等人也多次傳消息給陸遜。陸遜在前線連續不斷地上表勸諫孫權不要更換太子。

內訌讓孫權頭痛。支持孫和的一派人多勢眾，叫囂得也最厲害。孫權為了壓制內訌，首先拿孫和一派下手。陸遜上表上得多，得到孫權的訓斥也最多；吾粲被抓起來殺了；顧譚大家族出身，不想殺死，就流放到比天涯海角還遠的交州。最可憐的是張純。張純是吳郡吳縣人，出身名門，擔任過太子孫和的輔都尉，極力反對孫權以魯王孫霸代替孫和。張純勸諫的言辭最為激烈，態度最為堅定，被孫權當作殺給猴子看的那隻雞，公開斬首了。

孫權不明白，暴力手段從來都不是解決家族權力紛爭的最好方法。

三

二宮構爭的內訌持續了八九年時間，弄得孫權心力交瘁，最後只得採取了極端的做法。

孫權宣布廢黜太子孫和！消息還沒傳出，驃騎將軍朱據、尚書僕射屈晃率領許多官員把臉弄得灰灰的、自己綁著自己，跪在宮中求情。孫權理都不理。兩個外地的將領無難督陳正和五營督陳象上書孫權，用春秋時期晉獻公殺太子申生，立愛子奚齊導致晉國連年內亂的例子，反對廢黜太子孫和。朱據、屈晃見了，勸諫得更厲害了。孫權勃然大怒，將陳正、陳象兩人族誅，把朱據、屈晃抓到宮殿中來各打一百杖屁股。廢太子孫和被流放故鄣。群臣又一次勸諫，因此被孫權誅殺或者流放的多達數十人。

魯王孫霸則更悲慘，直接被賜死。依附孫霸的一方，不是處死就是流放。比如鼓吹更換太子的楊竺命運悲慘，被砍了腦袋後，屍體拋到江上，任其漂流。至此，太子孫和和魯王孫霸兩黨以同歸於盡的結果收場。大批參與「二宮構爭」的文臣武將們也受到懲處。東吳的朝堂上一下子空了許多，當初輔助孫權打下江山的重臣大將們幾乎全都被送上了斷頭台。

這樣的結果是誰都不希望看到的。

無奈的選擇

一

孫權為什麼要採取如此極端的做法呢？因為他老了，也因為他對太子之位沒有引起足夠的重視。

兩個兒子爭位爭得你死我活，孫權對情況是了解的。但是他不知道怎麼處理。孫權可以裁減孫霸的待遇，公開支持太子孫和，或者乾脆廢黜孫和，改立孫霸為太子。這兩種選擇都是正常的，都可以避免災難性的後果。但孫權採取了對兩個兒子「各打五十大板」的做法，禁絕他們同外界來往，要他們好好待著，認真學習，天天向上。孫權的訓戒等於是一紙空文。

有人將二宮構爭的慘痛結果歸咎於孫權晚年的糊塗。晚年的孫權既糊塗，又不糊塗。在政治上，孫權依然保持著清醒的頭腦，做出精確的判斷。就在「二宮構爭」進入高潮的赤烏七年（西元二四四年），蜀漢政權將軍事重心由漢中南移至涪縣，在此多作舟船，意欲順漢水而下，襲取曹魏的上庸、西城等三郡。東吳的許多人則認為蜀漢的行動是針對東吳的，擔心蜀漢背棄吳蜀聯盟與曹魏聯合。恰好當時蜀漢丞相蔣琬鎮守漢中，當東吳面臨曹魏軍事壓力時不出兵支援，反而多作舟船，繕治城郭。針對國內的猜忌情緒，年過花甲的孫權卻認為消息有誤，吳蜀長期同盟是既定方針，不能因為雙方缺乏溝通而心生疑慮。孫權最後親自向群臣擔保蜀漢不會背盟。東吳朝野對蜀漢的懷疑之聲嘎然而止。蜀漢事實上也沒有背棄與曹魏來往的「私情」。可就是在政治上清醒果斷的孫權卻在家族內部的權力爭鬥中判若兩人，做事拖泥帶水，任由事態惡化，最後又武斷地廢黜一子、殺死一子，導致了家族悲劇。

可見，圍繞太子寶座產生的權力漩渦，既是對各位皇子的一大考驗，也是對皇帝本人的一大考驗。孫權也意識到自己的失敗之處，在二宮構爭最激烈的時候對大臣感慨地說：「子弟不睦，臣下分部，將有袁氏之敗❶，為天下笑！」他知道骨肉對立導致朝堂分裂，是非常丟臉的「家醜」，可就是不知道該怎麼處理。

二

孫霸被賜死後，孫權其他三個兒子都沒有成年。孫權挑選了最喜歡的、年僅七歲的幼子孫亮為新的太子。

當時東吳政權處於非常危險的境地。最上面是年老的皇帝，下面的精英幾乎被蕩滌一空，而後面是一個尚未懂事的接班人。萬一孫權死了，幼子空朝，如何抵禦政治風浪。孫權在人生的最後歲月中，也意識到了孫亮幼弱，日後難以掌管大局，有意恢復廢太子孫和的地位。他想從流放地召回孫和，託付後事。關鍵時刻，全公主和宗室孫峻、孫弘等人強烈反對。孫權見家人和朝臣反對，最後放棄了召回孫和的想法。太元二年（西元二五二年）正月，孫和表面上的待遇有所提升，被封為南陽王。但是被押送到長沙去居住。

孫和被徹底邊緣化暗示著東吳「後孫權時代」的權力結構調整已經開始。陰險的全公主在其中占據了核心地位。即使是在擁護孫霸爭奪太子地位的時候，全公主也留了一手。一方面，她沒有拋頭露面，而是讓全家子弟出面執行自己的意志；另一方面看到孫權喜歡幼子孫亮，又將全家的另一個後輩女子嫁給孫亮，接了一門娃娃親，給自己留條後路。孫霸倒台了，全公主安然無事。之後，全公主和算是遠房親戚的孫峻勾搭成奸，暗中插手東吳的權力格局。她反對孫和復位，就是看中了日後孫亮年幼可欺的特點。

對家庭內部爭鬥不甚明瞭的孫權自然也沒有看透愛女的險惡用心。

三

太元二年（西元二五二年）四月，孫權逝世。孫亮繼位，諸葛恪秉政。

諸葛恪是個各方面都能接受的人物，卻不是強權人物。東吳的真正掌權者是全公主。

❶這裡說的是東漢末年河北大軍閥袁紹家內訌的事情。袁紹死後，兒子袁譚和袁尚爭奪繼承人之位，相互征伐，導致曹操坐收漁利。袁氏一家最終灰飛煙滅。孫權是旁觀者，因此印象深刻。

諸葛恪是孫和的妃子張氏的舅舅。諸葛恪上台後，張妃希望能夠改變自己和丈夫的處境，就派太監陳遷去建業上書，「順便」問候諸葛恪。兩人「嘀咕」後，諸葛恪對陳遷說：「替我告訴張妃，我一定讓她過得比別人好。」這句話不小心洩露了出去，引起了全公主等人的反感和防範。加上諸葛恪有遷徙首都的意思，將首都從建業遷到武昌去。諸葛恪都開始修繕武昌的宮殿了，民間紛紛傳說諸葛恪有迎接擁戴孫和為君的意思。全公主一幫人敏感的神經被觸動了，決心推翻諸葛恪的主政。後來諸葛恪在政變中被殺。孫和的末日也來臨了。孫峻奪走了孫和的南陽王璽綬，貶居他到新都去，又派遣使者「賜死」孫和。孫和自殺前與張妃辭別。張妃哭著說：「夫妻不論吉凶都應當相隨，我不會獨自苟活的。」她也自殺了。孫和夫婦的自殺引起了相當規模的哀悼。

孫亮時期的東吳政治是全公主的幕後政治，孫亮很快就被廢為「會稽王」。孫峻和全公主等推出了孫權的第六個兒子孫休為皇帝。孫休在位僅七年就死了，孫峻和全公主等人也在政治鬥爭中被「幹掉」了，群臣推舉了廢太子孫和的兒子孫皓繼承了皇位。孫和時來運轉，兒子登基的頭年就被追謚為文皇帝，改葬明陵。東吳朝廷在孫和陵墓設置了園邑二百家，任命了官吏常年奉守。

孫和總算是得到了遲到了的帝號。

5

王朝何堪家族淚

西晉弱智太子司馬衷

從東漢覆滅到隋唐建立的漫長亂世中，有過一次短暫的統一。西晉王朝平定三國亂世，維持了二十多年的天下一統。但是西晉到了第二代晉惠帝的時候，就迅速衰亡了。晉惠帝是弱智。他的低智商對王朝的衰敗有不可推脫的責任，而晉武帝的選擇失誤也負有一定責任。

開國君王家事愁

一

晉惠帝司馬衷是中國古代最著名的弱智皇帝。

後人常常用兩件事情來說明司馬衷的弱智模樣。

第一件事是說有一年夏天，司馬衷帶著隨從到華林園遊玩。走到一個池塘邊，一行人聽到池塘裡傳出呱呱的青蛙叫聲。司馬衷覺得很奇怪，於是便問隨從：「這些咕呱亂叫的東西，是為官呢還是為私？」隨從們聽到皇帝提出這樣的問題，心裡覺得好笑，可嘴上又不知道怎麼回答才好。也許是其中一個隨從對司馬衷的弱智問題習慣了，急中生智說道：「在官家裡叫的，就是為官的；若在私家裡叫的，就是為私的。」司馬衷覺得很有道理，頻頻點頭。

第二件事情說的是一年天下災荒，餓殍遍野；百姓流離失所。很多人走著走著，就死在半道上了。在朝廷上，自然有大臣議論百姓餓死的事情。坐在龍椅上的司馬衷突然發問：「為什麼有人餓死啊？」大臣回答：「他們沒有飯吃。」司馬衷又問：「這些人沒有飯吃，為什麼不去吃肉粥呢？」大臣們哭笑不得，無言以對。但對於司馬衷來說，米飯和肉粥都是他日常吃的，現在沒有飯吃了，為什麼不去吃肉粥呢？

晉惠帝司馬衷是西晉開國皇帝、晉武帝司馬炎與楊皇后的次子。司馬衷的弱智是先天性的，並不是受後天刺激而造成的。司馬衷在年少時就顯露出不正常的樣子，快十歲了仍口齒不清，五穀不辨，更談不上讀書寫字了。朝野上下、宮廷民間都知道司馬衷是弱智。

問題是：這麼一個明顯弱智、缺乏政治能力的人怎麼就成為太子，進而做了皇帝了呢？首先是因為司馬衷的哥哥司馬軌早夭。司馬衷就成了事實上的嫡系最長子，很自然地成為了皇位的第一順位繼承人。他被立為太子時，只有九歲。史書上沒有任何有關司馬衷立太子引起爭議的記載。也許對於一個九歲的孩子來說，還沒有接觸過朝廷大臣；而且太子年紀尚小，反應遲鈍一點也並不被視為大事情，所以群臣沒有就司馬衷被立為太子一事提出質疑。同時，司馬衷的生母是皇后，正得到司馬炎的寵愛，大臣們沒有人敢公開反對。

但是隨著司馬衷日漸長大，難以掩飾的智力缺陷就暴露出來了。人們不禁在心中發問：太子將來能否勝任天子寶座？是不是應該及時更換太子？

二

咸寧元年（西元二七五年），司馬衷到了出居東宮的年紀，開始接觸外廷大臣。隨著太子獨立建立東宮，朝野對其能否治理國家的疑問越來越多。

史載：「惠帝之為太子也，朝臣咸謂鈍質，不能親政事。」

最先對司馬衷的能力提出質疑的是他的父親晉武帝司馬炎。司馬炎認為自己的這個兒子勝任不了統治天下的重任，因此悄悄的和皇后透露了想更換太子的意思。但是楊皇后非常袒護司馬衷，勸丈夫說：「自古以來，立嫡長子，而不考慮其能力高低。這樣的老規矩怎麼能更改呢？」晉武帝的另一個寵妃趙氏受了楊皇后的好處，也為司馬衷說好話：「太子司馬衷只不過是幼時貪玩，不長進。小時候就顯露出超常能力的人畢竟是少數。太子將來必大器晚成，繼承大統。」耳根子軟的司馬炎被枕邊風一吹，也就打消了更換太子的念頭。

咸寧二年（西元二七六年），晉武帝司馬炎患病，病情還挺嚴重。朝野一度開始考慮最高權力轉移的問題。多數人屬意於司馬炎的弟弟、齊王司馬攸，希望以司馬攸來取代弱智的司馬炎。大臣賈充把長女嫁給了司馬攸做王妃，又把另一個女兒嫁給司馬衷做太子妃。河南尹夏侯和就對賈充說：「你的兩個女婿親疏相等。但是『立人當立德』，希望你能夠參與更立太子的行動。」賈充默默不答。後來晉武帝病癒了，聽說這件事，將夏侯和調任為有名無實的光祿勳（原來的河南尹掌握首都及周邊地區的政權），並奪去了賈充的兵權，待遇不變，顯示自己對太子司馬衷的支持。司馬炎如此處理，一時間朝野上下不敢再提太子能力的問題。

就在大多數朝臣明哲保身，對太子一事默不做聲的時候，少數幾位重臣卻以自己的方式進行勸諫，試圖讓司馬炎相信司馬衷能力太差，實在不是做皇帝的料。有著滅蜀大功的衛瓘就是其中之一。衛瓘很想勸司馬炎廢掉太子，但都苦於找不到合適的時機和話語。後來有一次司馬炎在陵雲台舉辦君臣宴會，衛瓘裝著大醉的樣子，就勢跪在晉武帝的榻前說：「臣有些話想啟奏皇上。」晉武帝就說：「你想說什麼呢？」衛瓘欲言而止，最後只是用手撫著晉武帝的座位說：「此座可惜了啊！」晉武帝非常聰明，一下子就明白了。他怒斥道：「你真的是喝得大醉了。」衛瓘從此閉嘴，不再就太子廢立一事說話。

擔任侍中的和嶠是另一位勇敢提出太子廢立意見的大臣，只是他採取的方式非常直接。和嶠覺得太子就是一個弱智，就趁自己經常陪侍皇帝左右的時候說：「皇太子有淳古之風，這是好事；但是現實是非常複雜的。恐怕將來不僅只是陛下的家事。」晉武帝默然不答。

大臣們的勸諫多少還是對晉武帝產生了影響。他對群臣的意見雖然可以置若罔聞，或者用間接的手段打壓下去，但他本人是一個有作為的開國君主。晉武帝不可能在關係到子孫後代、帝王萬世之業的事情上馬虎從事。沒有比他這個父親兼皇帝更明白司馬衷的實際情況。司馬炎覺得有必要再測試一下已經長大的太子的實際能力。

晉武帝測試方法就是派遣幾位朝臣去考察太子，看太子能否承擔統治大任。他選中的朝臣是和嶠、荀顗、荀勖三位侍從近臣。晉武帝說：「太子近日入朝，我看他有所長進，你們三人可以一起去拜訪太子，談論世事，看看太子的反應。」三個人就按照皇帝的吩咐去做了，回來的時候，顗、勖兩個人都稱太子明識弘雅，誠如明詔，沒有問題。和嶠勸說：「聖質如初耳！」（還是和以前一樣弱智）晉武帝很不高興，拂袖而去。

晉武帝對太子的能力始終抱有懷疑，加上朝臣和嶠等人多次上奏，所以決定親自檢驗一下太子處理政務的能力。一次，晉武帝將東宮大小官屬都召到身邊來，為他們舉辦宴會。暗地裡，晉武帝寫了封有關幾件疑難的政務的密函，讓人送去給太子處理。皇帝的想法是：我已經將太子身邊所有的人都支走了，現在就只能由太子自己來處理這幾件疑難問題了。如果處理得好，就證明了太子的能力沒有問題。如果處理不好，就是太子無能了。

司馬衷連一般的政務都不懂，哪能處理疑難政務，只能呆呆地看著父親送來的文件。正在要將空白紙送還給父親的時候，賈充的女兒、太子妃賈南風既著急又害怕，忙找了外人來幫太子作答。估計她請來的是迂腐的學者，在回答的時候旁徵博引，義正詞嚴，慷慨激昂。賈南風看了回答，非常滿意。但是給使（宮中的侍從）張泓在旁邊看了以後，提醒說：「太子不學無術，這是皇上非常清楚的事情。現在的答詔廣泛引用，文才飛揚，皇上肯定懷疑是否是太子親自寫的，並且追究作弊的人，根本過不了關。還不如直接用大白話把問題給說清楚呢。」賈南風大喜，忙對張泓說：「來，你幫我好好回答，成功了與你共享富貴。」張泓平素就有些小才，現在用大白話把所有疑難都說清楚了，再讓太子抄寫一份。

晉武帝拿到太子抄的答案，覺得雖然用語簡陋粗淺，但還是將所有問題都談到，談清楚了，很高興。他先將太子「處理」的政務交給太子少傅衛瓘看。衛瓘先是非常吃驚，進而異常惶恐。大家都知道衛瓘先前有廢太子的意思，現在見此，忙稱萬歲。事後，賈充曾暗地裡派人告訴女兒賈南風：「衛瓘老奴，幾破汝家。」從此，司馬炎對司馬衷基本感到滿意。廢太子的風潮再也沒有出現過。

三

司馬衷太子的位置得以確立的另一個原因可能是他生了一個好兒子司馬遹。

據說司馬炎非常喜歡司馬遹，這為司馬衷鞏固太子之位出力不少。

一切得從司馬遹的生母謝玖說起。謝氏容貌清秀，美麗大方，很小就被選入晉武帝後庭作才人。司馬衷九歲被立為太子的時候，朝廷就開始準備挑選太子妃的人選了。晉武帝司馬炎很有意思，怕自己的弱智兒子不知道男女之事，決定先派個人給司馬衷進行性啟蒙。司馬炎挑選的就是自己身邊的才人謝氏。謝才人陪伴司馬衷一晚，就懷孕了。性情殘忍嫉妒的賈南風成為太子妃後對東宮的嬪妃隨意殺戮，獨獨對謝才人不敢胡來。謝才人也知道自己的處境，請求回到了司馬炎身邊，然後生下了司馬遹。也有傳聞說謝玖肚子裡的孩子是司馬炎的，因此司馬炎對謝玖和司馬遹特別照顧留意。這種傳聞「查無實據」，權當又一個歷史疑案。

司馬炎對司馬遹非常寵愛。幾年後，司馬衷進宮朝見父皇，看到一個三四歲的小孩子和自己的幾個弟弟一起玩耍，非常可愛，便走過去拉著那個小孩傻笑起來。晉武帝遠遠望見，走到司馬衷跟前，對司馬衷說：「這是你的兒子啊。」司馬衷和司馬遹父子這才相認。

太子司馬衷的兒子司馬遹乖巧聰慧，深得司馬炎的喜歡。司馬炎一度想將皇位傳給司馬遹，因此易換太子的想法也就更加淡薄了。如果傳聞是真的，司馬遹的確是司馬炎的私生子，那麼司馬炎特別喜歡司馬遹也可能是為了掩飾自己的過錯。為了傳位給私生子，司馬炎就必須先鞏固弱智兒子司馬衷的太子之位。

司馬炎既然確定了弱智司馬衷的繼承人地位，就真心實意地扶持太子。他一改曹魏後期太子制度荒廢，只有空頭太子沒有手下的薄弱情況，給司馬衷配齊了官屬，而且對太子屬官精挑細選。司馬炎挑選的既有荀顗、司馬攸、楊珧、司馬亮、山濤、衛瓘、賈充等元老重臣、宗室近支，也有王衍、樂廣、傅祗、鄭默、郭奕、盧浮、華嶠、衛恒、夏侯湛、李重、魏混、華譚、阮渾等新銳志士。這一份東宮官員名單幾乎囊括了西晉政權各個時期、各個領域的精兵強將❶。司馬炎對司馬衷算是仁至義盡了。

傳位不及兄弟

一

除了司馬衷這個弱智外，難道司馬家族就沒有其他智商正常、能力出眾的政治繼承人了嗎？有。那就是司馬炎「明德至親」的胞弟——齊王司馬攸。司馬攸為人「清和平允，親賢好施，愛經籍，能屬文，善尺牘」，名聲良好，「才望出武帝（司馬炎）之右」，不論血統還是能力都有繼位的資格。

司馬炎的兒子不行了，為什麼不能傳位給弟弟呢？

齊王司馬攸是晉武帝司馬炎同父同母的弟弟。當年，司馬昭見哥哥司馬師沒有兒子，就把自己的二兒子司馬攸過繼給了兄長做兒子。所以司馬攸在名義上算是司馬昭的姪子。後來，司馬師

❶劉馳：〈晉惠帝弱智辨——兼析其能繼位的原因〉，載於《中國歷史大辭典通訊》一九八四年第四期。

逝世了，將權力轉移給了弟弟司馬昭。司馬昭掌權成為晉王，期間多次想把二兒子司馬攸立為世子。當時司馬昭每次見到司馬攸，都拍著自己的座位親昵地用小名招呼二兒子說：「桃符，這是你的座位啊。」史載司馬攸「幾為太子者數矣」。

司馬昭老的時候，的確想把自己的權力重新轉移給哥哥司馬師一系，也就是傳給司馬攸。其實，傳給司馬攸也就是傳位給自己的親生兒子，司馬昭非常希望能夠見到這樣的結果。但是左右親信何曾、賈充等人死死勸諫司馬昭說：「中撫軍（指在魏國擔任中撫軍，新昌鄉侯的司馬炎）聰明神武，有超世之才。他髮委地，手過膝，此非人臣之相也。」他們堅決反對將權力轉移回司馬師一邊。司馬昭見親信反對，加上司馬炎畢竟是嫡長子，能力也不錯，最終打消了以司馬攸為繼承人的念頭。但是在司馬昭臨死的時候，他還掙扎著向司馬炎、司馬攸兄弟講解漢朝淮南王、魏朝陳思王與當皇帝的兄長之間不相容的故事，勸誡二人友愛相扶。司馬昭更是拉著司馬攸的手讓司馬炎好好對待弟弟。

司馬炎的母親王太后臨死的時候，也流淚對司馬炎說：「桃符性急，而你又不慈愛。我死後，恐怕你們兄弟不能相容。希望你這個當哥哥的能夠友愛自己的弟弟，勿忘我言。」

司馬炎成為晉武帝後，封齊王司馬攸「總統軍士，撫寧內外」。司馬攸在政治實踐中立了許多功勞，對晉朝以及自己封地內的官吏、人民恩養有加，威望越來越高。到了司馬炎的晚年，各位皇子年弱無力，而太子司馬衷又是明擺的弱智。朝臣內外，都屬意於齊王司馬攸繼位。

二

司馬炎的確像父母擔心的那樣，對人不夠寬容，即使是對親弟弟也一樣。司馬攸的功勞和威望的增長讓司馬炎覺得是對自己的威脅。他並不希望將皇位傳給弟弟。當時晉武帝左右的一些反對司馬攸的大臣則抓住皇帝的心思，進行迫害司馬攸的活動。中書監荀勖、侍中馮紞等人害怕晉武帝死後司馬攸繼位，對自己不利，就老在晉武帝耳邊說司馬攸的壞話。他們說：「陛下萬歲之後，太子不得立也。」晉武帝大驚，問：「為什麼？」荀勖就乘機說：「朝內朝外官員都歸心於齊王，太子又怎麼能得立呢？陛下如果不信，可以假裝下詔書讓齊王回到封地去，肯定會出現舉朝以為不可的局面。」馮紞也進一步說：「陛下讓諸侯歸國，這是國家制度。親人理應遵守。皇上至親莫如齊王，他應該首先響應命令離開京城回自己的封地。」晉武帝對弟弟的猜忌被這幾個人挑逗起來，認為他們的話很有道理，於是下詔，先是把濟南郡劃入齊國封地，增加了弟弟的封地，再是封姪子、司馬攸兒子司馬蹇為北海王，又贈六佾之舞、黃絨朝車等儀物，最後才是命齊王司馬攸回封地就藩。

詔書下達後，朝中王渾、王駿、羊琇、王濟等一幫大臣紛紛進諫。大家認為齊王是皇上至親，應該留京輔政。一些大臣還抬出司馬昭、皇太后的遺命，舉典論舊，勸晉武帝收回成命。武帝不聽，認為「兄弟至親，今出齊王，是朕家事。」王渾、王濟等人還被貶放外任。

齊王司馬攸當時正在生病。他知道哥哥猜忌自己，也知道荀勖、馮紞等人與自己不利，就上書乞求去為死去的生母王太后守陵。晉武帝不允許，還連下詔書催促。眼見催促就藩的詔書一道比一道急，司馬攸急火攻心，病勢加劇了。晉武帝卻懷疑弟弟是在裝病。為了查明弟弟是否真的生病了，晉武帝不停地派宮中御醫到齊王府診視。御醫們久在皇帝身邊，自然知道晉武帝的心思。他們為了自身的利益，回宮後都稟告說齊王身體安康，並沒有生病。司馬炎自然是更加懷疑弟弟，對齊王越來越不滿了。

司馬攸的病情一天比一天沉重；司馬炎催促上路的詔書一天比一天多，一道比一道嚴厲，沒有絲毫迴旋的餘地。司馬昭夫婦生前擔心的事情終於發生了。司馬攸性情剛烈，見事情無法挽回，就掙扎著換上一身新朝服，梳洗冠帶停當，入宮面辭晉武帝。他雖然病得連路都走不穩了，精神疲憊到極點，卻還強撐著，舉止如常。晉武帝見了，更加認定弟弟是在裝病了。在宮中，兄弟二人例行公事，司馬攸辭行回封地去了。

沒幾天，病入膏肓的司馬攸在路上吐血身亡，年僅三十六歲。

晉武帝接到齊王的死訊，才知道司馬攸不是裝病，而且病得不輕，現在病死了。他不禁悲從中來，慟哭不已。畢竟齊王是自己的至親。馮紞卻開導司馬炎說：「齊王矯揉造作，聚攏天下人心。現在他暴病身亡，是社稷之福。陛下不必如此哀痛。」司馬炎想想，被說中了心思，也就停止了哭泣——權力就是讓人如此實際。

朝廷為齊王舉辦了隆重的葬禮。臨喪之時，司馬攸的兒子司馬冏伏地嚎哭，控訴御醫指證父親無病，耽延了診治。司馬炎臉面無光，也就順坡而下，處死了先後派去為齊王診病的御醫。一場皇位繼承的較量就以司馬攸的徹底失敗告終了。

在這場較量中，司馬炎是勝利者。但是沒有出場的司馬衷也是勝利者，而且是更大的勝利者。

三

回顧弱智司馬衷太子之位的確立和鞏固，我們會發現很多有趣的現象。許多原因的相互作用造成了一個弱智皇太子的出現。比如楊皇后對晉武帝的勸告，賈充及其黨羽對司馬衷的支持，太子妃賈南風的精明，皇孫司馬遹的聰慧，等等。但是晉武帝作為決策者本身構成了最大的原因，要為弱智皇帝的出現承擔主要的責任。晉武帝受主觀意願的影響，偏聽偏信。一方面，他堅持嫡長子繼承制度，即使看到了兒子的弱智，也下不了更換的決心（司馬炎還有其他兒子）。在後宮妃子的鼓動下，他從心理上鞏固了司馬衷的太子地位。另一方面，即使面臨著更優的選擇（齊王司馬攸），司馬炎也出於陰暗心理，排斥他人，只相信自己一脈的繼承者。

很奇怪的是，司馬衷自己卻毫無作為，輕易地成為太子並鞏固了地位。

在中國古代依據血統世襲的制度下，皇位繼承就是如此有趣。它看重的不是一個人的能力和威望，而完全是基於血緣的身分。如果先前的皇帝不願意改變繼承制度本身的話，沒有人能夠阻止像司馬衷這樣的弱智成為新的皇帝。

低智商貽害無窮

那麼，司馬衷這個弱智能做個正常的皇帝，正常地處理政務嗎？

一

肯定不行。司馬衷連米和肉的貴賤，什麼是大豆之類的問題都搞不清楚，更談不上君臨天下，日理萬機了。好在他娶了一個聰明、強幹的老婆，司馬衷就成了老婆手中的傀儡，「煞有介事」地處理起政務來了。

晉惠帝的皇后叫賈南風，平陽人，是西晉開國功臣賈充的女兒。剛開始的時候，晉武帝想為傻瓜太子娶另一個功臣衛瓘的女兒為妃子。但是楊皇后平時被賈氏及其黨羽包圍，收了很多好處，聽了很多好話，想娶賈氏的女兒做妃子。晉武帝就說：「衛公的女兒有五可，賈公的女兒有五不可。衛家種賢而多子，美而長白；賈家種妒而少子，醜而短黑。」只是楊皇后堅持自己的意見，荀顗、荀勖兩人又在外面一起稱賈充女兒的賢慧和美麗（事實證明完全是瞎扯），晉武帝這才定下婚來。本來司馬衷要娶的是賈充的小女兒賈午。賈午當時十二歲，比司馬衷小一歲。她實在是太小了，身材短小，甚至還穿不了大人的衣服。於是朝廷決定更換人選，娶賈午的姐姐賈南風。賈南風當時十五歲，比太子大兩歲。

泰始八年（西元二七二年），賈南風被冊封為太子妃。兩人結婚後，史載賈南風「妒忌多權詐，太子畏而惑之，嬪御罕有進幸者。」簡單說就是賈南風愛吃醋又有手段，將司馬衷弄得服服貼貼，其他宮妃都很難接觸到司馬衷，成為東宮一霸。

泰始八年的這場婚事，表面上看是在楊皇后的極力支持下締結的，實際上還有其他背景，那就是晉武帝時期的朝廷黨爭。太子婚前，得到武帝信任的是侍中任愷等人。任愷等人對賈充的為人很厭惡，一心要將其排擠出朝。恰好當時氐、羌各族起義造反。任愷就乘機推薦了賈充出鎮關中。賈充不想做外鎮，就聯絡黨羽反抗。荀勖建議賈充借女兒與太子大婚的機會留在京師，並繼續與任愷等人鬥爭。於是朝廷出現了庾純、張華、溫顒、向秀、和嶠圍繞在任愷周圍的一派和楊珧、王恂、華廙等人圍繞在賈充周圍的一派，朋黨爭端出現。司馬衷和賈南風的婚姻是很深的派系鬥爭的結果。司馬衷日後太子地位的鞏固也離不開岳父家一派的鼎立支持。

但是賈南風在東宮鬧得太過分了。她不僅其貌不揚，而且生性殘酷。當時東宮中有一些宮女已經懷了太子司馬衷的孩子，賈南風就用戟投擲孕婦的腹部，懷孕的嬰兒就隨著刀刃墮地。據說賈南風還親手殺掉左右侍女數人。晉武帝知道情況後，開始覺得賈南風不宜做太子妃。

當時的皇后是司馬衷生母楊皇后的堂妹楊氏。楊皇后死前曾請晉武帝迎娶她的堂妹。晉武帝流著眼淚答應。於是出現了新的楊皇后。這位新的楊皇后繼承了堂姐對晉武帝的掌控能力，也繼承了堂姐與賈家的良好關係。晉武帝又是先將有意廢除賈南風太子妃地位的想法告訴了楊皇后。新的楊皇后忙勸晉武帝：「賈充有大功於社稷，是朝廷重臣，其家即使有罪也應再三寬赦，更別說他的親生女兒了。太子妃現在還太年輕，正是嫉妒任性的時候，皇上不該以其小過掩其父大德。」晉武帝的毛病就是很容易被枕邊風吹倒，這次又很輕易地打消了廢賈南風的主意。外戚楊珧在這件事情上也起到了巨大作用。他提醒晉武帝不要忘記賈家在幫助司馬家篡奪曹魏政權上的功勞。最後廢太子妃之事不了了之。

二

賈南風因為晉武帝的優柔寡斷和父親賈充在西晉政權中的顯赫權勢坐穩了太子妃的位子。於是司馬衷繼續害怕她，又受她的誘惑，離不開她。太熙元年（西元二九〇年）四月，晉武帝去世，太子司馬衷即皇帝位，是為晉惠帝。賈南風順理成章被冊封為皇后。很自然的，晉惠帝依然黯弱無能，國家政事都由賈南風干預。

賈南風成為幕後的皇帝以後，人性的醜陋全都暴露出來，將新成立的西晉王朝搞得烏煙瘴氣，一團糟。

洛南有個盜尉部小吏，容貌俊美，可惜只是衙門的廝役而已。突然有一天，這個小吏突然披金戴銀，出手闊綽起來。這在官場中是很顯眼和招人嫉妒的事情。於是很多人就懷疑這個人是盜竊了財物，主管的尉官也懷疑這個小吏是盜賊，將他捉拿起來。剛好賈南風的疏親家被盜了，聽說抓了盜賊，就過來旁聽審訊，希望能挽回損失。審訊的時候，小吏坦白說：「之前我在路上遇到一個老嫗。她說家裡有人得了疾病，占卜師說要找一個城南的少年來驅病，所以她想暫時麻煩我去幫忙治病，還說必有重報。於是我就跟著去了，上車下帷，藏在簏箱中，大概走了十幾里路，過了六七道門，簏箱才被打開。忽然我看到樓闕好屋，華麗壯觀。我就問這是什麼地方，旁邊有人說是天上，還用香湯給我洗浴，供應我好衣美食。我又見到一個年紀大約有三十五六歲的婦人，身材短小，皮膚青黑色，眉後有痣。她挽留了我好幾個晚上，共寢歡宴。臨走的時候，是這個婦人送我這些東西的。」審訊的官員和賈南風的親戚聽了這些坦白，都知道是賈后招這個少年去宮中偷歡了，慚笑而去。尉官也了解其中玄妙，將這個小吏釋放了事。這個小吏還算是幸運的。當時賈南風在外面找了很多男人入宮，完事後就將這些姦夫殺死，只有這個小吏，因為賈南風很喜歡他，才活著放他出去。

除了個人品行骯髒下流外，賈南風還在政治上獨斷專行，大權獨攬。《晉書》說她是「及居大位，政出群下，綱紀大壞，貨賂公行，勢位之家，以貴陵物，忠賢路絕，讒邪得志，更相薦舉，天下謂之互市焉。」整個朝廷像菜市場一樣，買官賣官，喧囂吵鬧，還陷害忠良，做事沒有章法。賈南風為將朝廷完全置於自己控制之下，大肆委用親信、黨羽出任要職。賈南風的族兄賈模和從舅郭彰，分掌朝政，後母廣城君養孫賈謐干預國事。賈南風一直沒有生育皇子。為了有男性繼承人以便長期有效地控制朝政，賈南風詐稱自己懷孕，在衣服裡填充上東西偽裝懷孕跡象。她深居內宮，不見外人，暗地裡把妹夫韓壽的兒子韓慰祖收養起來，作為所謂的「皇子」。元康九年（西元二九九年）賈南風陰謀廢掉太子司馬遹，並在次年殺了他，以養子為太子。

慢慢的，賈南風玩得越來越過火。外戚楊家是保住賈南風太子妃地位的關鍵力量。現在，成了皇后的賈南風覺得昔日的恩人權力太大，妨礙自己獨斷專行，決心殺了楊家人。賈南風在亂搞男女關係和政治陰謀上是高手，但不擅長殺人。她為了誅殺外戚楊氏，運用了外藩各王爺的力量。在這裡插述一下西晉的藩王制度。西晉建立後，晉武帝司馬炎認為曹魏滅亡的重要原因就是沒有廣樹藩王。藩王力量不強，導致皇室沒人捍衛。於是西晉大封宗室，並且給予這些宗室實權。受封的諸王並沒有去藩鎮，而是留在京師；有些藩王還掌握有相當的兵權。司馬家的藩王們本來就對賈南風這個醜婆娘和惡婆娘不滿，現在有了干政的機會，馬上拉來兵馬到洛陽開打。參加群毆的藩王主要是八位，所以這場內訌被稱為「八王之亂」。八王之亂持續了十六年。這些藩王相繼敗亡，賈南風也被殺了，西晉統治集團的力量消耗殆盡。短暫統一後，西晉王朝出現了分裂的趨勢。原來隱伏著的民族矛盾迅速爆發。最後是漢化歸附的匈奴民族起兵滅亡了西晉。

賈南風的胡作非為，讓中國歷史揭開了五胡十六國的黑暗一頁。

三

在整個八王之亂過程中，作為皇帝的司馬衷反倒是一個旁觀者。他成了造反謀逆者的鬥爭目標和軍中俘虜，幾度易手，顛沛流離，受盡驚嚇。

在成都王司馬穎與東海王司馬越混戰的過程中，司馬衷一直被裹脅在軍中。他的處境極其危險。在一次大戰中，司馬衷的臉被砍了一刀，身中三箭，周圍的侍從都跑光了，只有侍中嵇紹用自己的身軀護衛了司馬衷。兩個人被亂兵包圍，士兵們上來就要殺嵇紹。晉惠帝這時候大喊：「侍中是忠臣，你們不許害他。」亂兵卻說：「我等奉命只不傷害陛下一人。」結果嵇紹被亂刀砍死，鮮血濺到了晉惠帝的衣服上。司馬衷後來安全了，依然穿著被鮮血染汙的衣服。侍從們要他把衣服換下來清洗。晉惠帝卻說：「這是嵇侍中的血，為什麼要洗呢？」這話聽起來傻乎乎的，其實包含著亂世難得的正義光芒，成了司馬衷留在歷史上的正面名言。南宋的文天祥在〈正氣歌〉裡還特地提出「為嵇侍中血」。

藩王司馬越的軍隊攻入長安，大肆搶劫，二萬多人被殺。這年十一月，晉惠帝於長安顯陽殿去世。司馬衷極可能是被司馬越毒死的，據說他在死前吃下了一塊毒餅。晉惠帝死後葬太陽陵。

在中國古代政治中，皇帝的個人能力和王朝命運有著重要關係。皇帝掌握著最高權力，是天下的「大當家」。如果大當家是個弱智，那這個家肯定是當不好的。即便輔助皇帝的大臣再忠誠、再有才，也改變不了弱智當不好家的事實。晉惠帝司馬衷就是最好的例子。

《晉書・惠帝紀》評論這位弱智皇帝說：「不才之子，則天稱大，權非帝出，政邇宵人……物號忠良，於茲拔本，人稱袄孽，自此疏源。長樂不祥，承華非命，生靈版蕩，社稷丘墟。古者敗國亡身，分鑣共軫，不有亂常，則多庸暗。豈明神喪其精魄，武皇不知其子也！」司馬衷的弱智給剛建立的西晉王朝帶來了極大的危害。這責任在司馬衷，更在他的父親司馬炎。

6

江山未動名已成

南梁昭明太子蕭統

南朝梁時的昭明太子蕭統是一位近乎完美、令人無可挑剔的皇位接班人。他道德高尚、孝敬父母、名聲在外，得到了朝野的一致稱讚。只可惜，這位似乎將要毫無懸念地繼位的太子卻在三十歲的時候辭別人世。昭明太子的死，與一樁墓地「蠟鵝事件」有關，更與和諧的表象下的父子性格與思路差異有關。

完美的接班人

一

蕭統是南梁開國皇帝、梁武帝蕭衍的長子，母親是丁貴嬪。

南齊中興元年（西元五〇一年）九月，蕭統生於襄陽城。父親蕭衍是當時南齊的實權人物，正在率領軍隊鎮壓政敵，做爭奪天下的最後努力。兒子降生的時候，蕭衍正在京師建康城下鏖戰，準備最後的總攻。不久，建康東府城守將徐元瑜就投降了，荊州的敵人蕭穎胄暴病而亡。蕭統的降生似乎給父親蕭衍帶來了一連串的好消息。蕭衍將蕭統的出世和前兩大勝利合稱為「三慶」。

蕭衍對蕭統的誕生喜出望外，其深層原因是：蕭統是三十八歲的蕭衍的第一個兒子。對於古人來說，三十八歲了還沒有兒子是一件非常嚴重的事件。這可能意味著一個人面臨著絕後的危險。蕭衍之前就很擔心，因此收養了自己同父異母的哥哥蕭宏（日後的臨川靖惠王）的三兒子蕭正德作為兒子，並立為後嗣。蕭正德過繼給叔叔後，很不討人喜歡。蕭衍雖然不滿意，但也沒有替代人選。現在好了，蕭統出生了，一切問題都可以迎刃而解了。而《梁書》說蕭統則是「美姿貌，善舉止……生而聰睿，讀書數行並下，過目皆憶。」蕭衍很自然地要改立蕭統為嗣子了。

二

蕭統不到一周歲，父親就逼南齊的末代君主東昏侯把皇位「禪讓」給了自己。蕭衍當了皇帝後，有關部門就提出皇帝要立儲的大事。蕭衍假惺惺地以天下始定，事務紛繁為理由，開始並沒有批准。群臣又走了一遍程序，堅決要求皇帝確定皇位的繼承人。於是在天監元年（西元五〇二年）十一月，襁褓中的蕭統被立為皇太子。蕭正德降封為西豐侯。

蕭衍一開始就對太子非常珍視，努力培養。蕭統因為年紀實在太小，作為太子的前五年都還和父母居住在一起，直到天監五年（西元五〇六年）五月才出居東宮。幾個月後，蕭衍任命臨川王蕭宏為太子太傅，尚書令沈約為太子少傅。這樣的搭配充分證明了蕭衍對培養兒子的重視。這個沈約是經歷了三個朝代的重要人物。南齊末年，他積極輔助蕭衍代齊篡位，親手起草了蕭衍的即位詔書。梁朝建立後，沈約被任命為尚書令、領太子少傅，封建昌侯。沈約不僅耆年碩望，深於世故，政治地位很高，而且著作豐富，是《晉書》和《齊書》的作者，是當時公認的文壇領袖。蕭宏屬於皇族長輩，任太子太傅的時間很短，象徵意義大於實際意義。而沈約則對蕭統產生了重要的影響。蕭統日後走上文學之路，可能與沈約這位太子少傅有密切的關係。

小小太子蕭統出宮獨處後，表現得也很不錯。他日夜思念父母。蕭衍知道後，稱讚兒子有仁孝之心，讓他每五日一朝。父子相見後，蕭統常常在內宮住個三五天再回去。除了孝順的一面，蕭統還表現出好學的一面。天監八年（西元五〇九年）九月，他聽講《孝經》竟然就基本知道了經書的大義；聽講完畢，還親臨國學進一步求知解惑。第二年，九歲的蕭統正式入國子學就讀。梁武帝很重視兒子的入學，把儀式搞得很大。皇帝車駕親臨國子學，賞賜國子祭酒以下的教職員工，並正式下詔：「皇太子及王侯之子，年在從師者，可令入學。」天監十四年（西元五一五年）正月，蕭衍親自在太極殿給太子行成人冠禮，對兒子寄予了厚望。

在蕭統的兒童和少年時期，他和父皇的關係十分和諧、融洽。

三

太子蕭統這個時期的個人表現也無懈可擊。

南朝的社會風氣講究奢華，一些世族大家競相攀比。蕭統在物質方面卻非常樸素，不穿華麗的服裝，也很少吃肉。在思想道德上，蕭統也堪稱表率，非常孝順。梁武帝晚年大興佛教，親自講經說法。太子蕭統也跟著崇信佛教，遍覽佛經。他的信佛並不是投父親所好的表面文章，而是實實在在的信佛、學佛。蕭統在宮中設立了慧義殿，作為做佛事的專門場所，還招攬東南名僧，講經論道。太子常常能挖掘出佛學中的新意。除了緊隨父親信佛外，蕭統在朝廷上也不敢懈怠。他每天準時參加早朝。天還沒到五鼓，蕭統就守在宮外等待城門打開。有的時候，父皇要在晚上召見太子，蕭統就穿戴整齊、正襟危坐，隨時準備入見，甚至為此坐到天明。

普通元年（西元五二〇年）四月，慧義殿出現甘露祥瑞，群臣一致認為這是太子至德感動上天的結果。蕭衍也肯定了這個解釋。可見朝野上下對太子蕭統都是滿意的。

普通七年（西元五二六年）十一月，太子生母丁貴嬪病重。蕭統趕往內省，朝夕服侍母親，衣不解帶。生母死後，蕭統「步從喪還宮，至殯，水漿不入口，每哭輒慟絕。」他簡直是痛不欲生，日漸消瘦。父皇蕭衍看不下去了，派中書舍人顧協宣旨說：「毀不滅性，聖人之制。因為喪事毀了自己的身體就是不孝。我還在，你怎麼能夠這樣自毀呢！你應該立即壓制悲痛，恢復飲食。」蕭統這才吃了點東西，從此直到母親入葬，都是麥粥為食。蕭衍又傳話來說：「聽說你吃的過少，身體非常虛弱。我本來並沒有什麼病，見你這樣折磨自己，我也快抑鬱成疾了。因此你應該強加饘粥，不要讓我為你再擔心了。」這次，儘管父親苦口婆心地勸逼，蕭統還是每天只喝一碗粥。蕭統原本是個胖子，腰帶有十圍，等辦完丁貴嬪的喪事，他的腰帶就降到了五圍。喪事完後，蕭統入朝，群臣百姓看到他消瘦憔悴的樣子，紛紛感動得掉下了眼淚。

父皇蕭衍雖然覺得太子的孝心有點「過」了，但也不得不大加稱讚。

四

自從蕭統懂事開始，蕭衍就允許他參與一些朝政。內外臣工和奏事的人也將太子參與決策看作是正常的事情。

天監十一年（西元五一二年），十一歲的蕭統在宮內看到一些獄官在忙碌，就問左右隨從：「那些穿著皂衣的是什麼人啊？」隨從回答說：「他們是廷尉的官屬。」

蕭統就把這些官員叫過來問：「你們手中的這些案子，我能審判嗎？」

這些官員看太子還只是十一歲的孩子，半開玩笑地回答：「可以。」結果蕭統拿過案卷真的判了起來，而且把所有的罪犯的懲罰都改為了杖五十。這些官員這下子進退兩難了，不知該怎麼辦，只好把情況彙報給蕭衍。蕭衍笑著追認了兒子的判決結果。

從此，父皇蕭衍和司法系統凡是對某些案子或者罪犯想從輕處理，就都把案子交給太子審判。蕭統的判決都非常仁慈。直到有一次，建康縣有人誣告他人拐賣人口，真相大白後，縣令將犯誣告罪的犯人從輕發落，只判決了杖責四十。然後，縣令將案卷交給蕭統，希望蕭統能夠確認縣裡的輕判。想不到這一次蕭統並沒有從輕發落，反而判了犯人十年勞役。人們這才知道太子雖然仁慈，但也並非無原則的寬縱。

吳興郡常常爆發水災，嚴重影響農業收成。有關部門就奏請整修浙江，大興水利，得到了蕭衍的同意。中大通二年（西元五三〇年）春，朝廷下詔派遣前交州刺史王弁假節，徵發吳郡、吳興、義興三郡的民丁參加這個浩大的水利工程。蕭統則上疏反對大興水利：「王弁等人徵發三郡民丁，開漕溝渠，導泄震澤，是可以使吳興一地不再受水災困擾，暫勞永逸，必獲後利。但我聽說吳興常年失收，百姓流離失所，缺乏可以參加勞役的人口；東部各郡現在穀稼昂貴，劫盜屢起，而有關部門並沒有如實上報。現在我們征成百姓，因為強壯人口不多，徵發不到足夠的合格民工。這還是小事，我就怕官吏挨家挨戶強行攤派，變利民為擾民。同時，徵發的民工來自不同的地方，遠近不一，等大家都集合到工地，已經妨礙了農事。去年的收成還算可以，公私尚且不能足食；現在農民失業，我怕今年的情況可能會惡化。最可怕的是，草寇反賊大多伺候民間虛實。

如果良民都去服勞役了，民間治安就會惡化。到時候，吳興未必會受益，而內地已經為此承擔代價了。我建議還不如暫緩興修水利，等基礎具備的時候再動工。」《梁書》完整保存了蕭統的這份奏摺，讓後人看到了一個腳踏實地、思維縝密、行事穩重的太子形象。蕭衍接受了兒子的意見，暫停了吳興的水利工程。

除了上述兩件事情外，蕭統處理的其他政事也得體有理，受到朝野讚譽。

儘管身居深宮，蕭統對現實保持了難得的清醒，史載「太子明於庶事，纖毫必曉」。每當他發現奏摺中有謬誤或者巧詞詭辯的地方，都一一指出，讓有關人員改正，但太子並沒有因此彈糾任何一個人。普通年間，朝廷發動了對北魏的北討。戰爭導致京師建康的穀價飛漲。蕭統就下令東宮減膳，改常饌為小食，節約糧食。每當霖雨積雪天氣，蕭統就派遣心腹左右，周行閭巷，探視貧困家庭的生活，遇到有流落街頭的人，就暗地裡加以賑濟。蕭統還收集宮中多餘的衣物在寒冬臘月施捨給窮人。如果遇到沒錢收斂的屍體，太子就自己掏錢準備棺槨和喪事。每當蕭統聽到百姓賦役勤苦的情況，都非常嚴肅的傾聽。凡此種種，為蕭統獲得了巨大的聲望，「天下皆稱仁」。

蕭統作為太子，能力出眾、道德高尚、聲望遠播，實際上也參預了朝政，在朝野上下具備相當的基礎。應該說，這個太子是近乎完美的，照此發展下去，在繼位的道路上不會有障礙。

文選留名

一

蕭統不僅是一位好太子，還是一位成就斐然的文學家。

蕭統從小就顯露出了超常的學習能力和文學天賦。他三歲開始學習《孝經》、《論語》，五歲就遍讀五經，並且能背誦下來，很有神童的風範。蕭統每次參加宮廷遊宴，賦詩至十數韻；有時接到父皇的命題作文，他略一思考就能成文吟出，品質都還不錯。在東宮，蕭統引納才學之士，給予學士們非常好的待遇，因此在身邊聚攏了一批文人騷客。蕭統經常與這些人討論文章字句，或者商榷古今。如果有空閒，蕭統就寫文章著述，習以為常。據說，東宮有藏書三萬卷，而且文豪匯聚，被豔稱為「文學之盛，晉、宋以來未之有也」。除了仁孝太子的美譽外，蕭統還是個文人太子。

大凡文人，都有一些文人的特質。蕭統和多數文人一樣，喜歡山水，追求一種淡雅恬靜的境界。他下令在東宮中修建亭台樓榭，穿山築湖，與朝士名人暢遊其中。有一次，蕭統與眾人泛舟池上，番禺侯蕭軌建議：「如此美景，應該增加女樂助興。」太子也不回答，吟誦了左思的〈招隱詩〉：「何必絲與竹，山水有清音。」一句話就體現了精神境界的高低，說得蕭軌慚愧得隱身而去。蕭統獨處東宮二十餘年，都不畜聲樂。之前，父皇蕭衍曾賜給太子太樂女妓一部，但是蕭統很少動用。正是有這樣的太子，東宮才能成為南梁時的文學中心。

二

天監十七年（西元五一八年），以文學評論見長的一代文豪劉勰來到了十七歲的蕭統身邊。劉勰是以步兵校尉的本職兼任東宮通事舍人，很快就成為蕭統最為親近的文學侍從。宦海沉浮的劉勰當時已經年近六旬。劉勰作為官員來說，他的一生是坎坷的，是不得意的。然而在自己的晚年，因為文采引起了太子蕭統的注意和厚待。蕭統給晚年的劉勰提供了政治和生活上的庇護，與劉勰結下了良好的友誼。幾年之後，劉勰完成了不朽的巨著《文心雕龍》，為後人所牢記。實際上，《文心雕龍》只是劉勰兩大成就之一，他的另一個成就是培養了一位優秀的弟子——蕭統。蕭統在劉勰的影響下，對文學理論和作品批評產生了濃厚的興趣，開始從創作和討論轉向了作品收集和評論。

蕭統「好士愛文」的名聲傳開後，當時負有盛名的劉孝綽、殷芸、陸倕，王筠等人相繼進入了東宮的幕賓行列，得到太子的禮遇。蕭統經常與這些天下名士討論文章詩詞。

歷朝歷代通過結交文人和參與文壇活動來獲取聲望的太子不少，但真心實意融入文壇，將空閒時間和精力都傾注其中的太子卻只有蕭統一個。簡單地說，蕭統除了太子的身分外，還是當時南梁的一位文學名士。

三

蕭統高潔的品行和愛文禮士的特性一經結合，產生了許多傳頌至今的文壇佳話。

隨著文學興趣的轉移，蕭統在東宮新置學士，專門負責選文。所謂的選文，說白了就是將東宮變為一個類似現代編輯部的文學機構，遴選、編輯浩如煙海的作品，力圖以一種文章總匯的形式刊印出版。這是一件對已有的文學作品的總結和編輯的大好事。蕭統挑選了「編輯部主任」明山賓。

明山賓之前擔任散騎常侍、領青冀二州大中正。因為要出任東宮新置的選文學士，明山賓以本官兼國子祭酒。別看他官當了很久，而且職位也不算低，卻是個窮光蛋，在首都建康連個住處都沒有。原來明山賓在北兗州做地方官的時候，轄下的平陸縣發生饑荒，他就開啟官倉賑濟災民。辦事的時候非常不小心把帳簿給丟失了。事後審計，明山賓是有口說不清。追究起來，官府抄沒了他的財產和住宅。幾乎是赤貧的明山賓來到了物價水準不低的首都，生活的窘迫就可想而知了。蕭統聽說明山賓連個住處都沒有，自己掏錢給他置辦了家產，還寫了一首詩相送：「平仲古稱奇，夷吾昔擅美．令則挺伊賢，東秦固多士。築室非道傍，置宅歸仁里。庚桑方有系，原生今易擬。必來三逕人，將招五經士。」明山賓可不是凡人，他「老儒碩學」，《顏氏家訓》稱之為「兼通文史，不徒講說」的大才之人。蕭統的知遇之恩和物質上的厚待，讓明山賓為太子的選文事業盡心盡力。遺憾的是，明山賓在東宮只有五六年時間，於普通八年（西元五二七年）逝世。蕭統以優厚的禮節辦理了他的喪事，後來又與友人誇獎他的優點。可見，明山賓在東宮的工作卓有成就，和太子相處得也不錯。

普通三年（西元五二二年），蕭統的個人文章已經非常豐富。這一年，太子僕劉孝綽收集了太子文章，編輯成文集並作了序。「太子文章繁富，群才咸欲撰錄，太子獨使孝綽集而序之。」文集編成後，湘東王蕭繹寫條子，希望能贈送給他一本。蕭統謙虛地給湘東王寫了一封回信，婉拒了索書要求。蕭統評價自己的文集是「集乃不工，而並作多麗」。因為身分的關係，蕭統的文章多數是交際唱和的作品，數量也不太多。與編輯領域的成就相比，蕭統創作方面的成就要小得多。

不管怎麼說，即使除去太子的光環，文學成就和文壇言行也足以讓蕭統流光史冊了。

四

可歎的是，歷史並沒有讓蕭統沿著理想的軌道順利地繼位稱帝，沒有讓蕭統的光芒繼續增強。因為我們不能忽視蕭統的父親梁武帝蕭衍對太子的期望和態度。

梁武帝蕭衍是個非常複雜的人物，做了許多驚天動地的事情，也有許多匪夷所思的舉動。如果僅僅從才能上來說，蕭衍無愧是南朝諸帝中的翹楚。他多才多藝、學識廣博、文武全才，史書稱他：「六藝備閑，棋登逸品，陰陽緯候，卜筮占決，並悉稱善。……草隸尺牘，騎射弓馬，莫不奇妙。」即使是在繁忙的政治生涯中，蕭衍依然能夠「卷不輟手，燃燭側光，常至午夜」。我們從中可以發現兩點。第一，蕭衍本人才智超常，絕非泛泛而談的庸君；第二，蕭統或多或少繼承了父親聰明勤奮的特點，有其父必有其子。

蕭衍文才出眾，但同時也是一個「狠角色」。我們不能忘了，他是王朝的開國皇帝。開國皇帝可不是多愁善感、優柔寡斷的文人騷客可以勝任的。蕭衍就是靠赫赫戰功和凶狠的政治手腕逐步坐上皇位的，對待政敵從不留情。

登基後，蕭衍和多數皇帝一樣，疑心很重。他害怕他人染指手中的權杖，時刻緊盯著身邊重臣的言行舉止。長期居於相位的沈約是輔佐蕭衍登上皇帝寶座的大功臣，同時又是太子少傅。但是蕭衍並不完全信任沈約，始終架空沈約的權力。沈約的權力有名無實，處境既尷尬又危險，最後抑鬱得病。天監十二年（西元五一三年），病中的沈約不知道出於什麼考慮（有人說是前朝南齊的皇帝變成厲鬼來找他報仇），讓道士給上天寫了一封「奏摺」說自己推翻齊朝、參與禪代等事並不是出於本意——言下之意是說這一切都是蕭衍幹的，沈約自己只是個從犯。沈約想以此來緩解自己的病情，誰知他的所作所為早就被梁武帝蕭衍安插的密探給洩露了。蕭衍龍顏大怒，數次命人譴責沈約的所作所為。沈約重病加上害怕，沒幾天就死了。有關部門按照慣例給沈約上諡號為「文」，蕭衍親自改諡為「隱」。「隱」是個惡諡，是評價一個人道德低劣、言行不一的意思。打小就和沈約認識並且接受沈約督導的蕭統對這一切都看在眼裡。他猛然發現，自己和父親有著重要的差別。那就是父親堅決捍衛權力，不惜對任何潛在威脅採取強硬措施，其中包括血腥鎮壓。

蕭統可能非常重視仁孝、清修，但對於父皇蕭衍來說，這些東西是虛的，權力才是實的。

沒有經歷過權力爭奪和鐵血戰爭，一生下來就被立為太子的蕭統很難明白這一點。

目睹了越多政治變故，蕭統想不通的地方就越多。臨川王蕭宏曾經是蕭統的太子太傅。這位王爺打仗是個外行，損兵折將，喪權辱國；貪婪斂財卻是行家，把家中的房間都裝滿了金銀珠寶，而且吝嗇到不讓他人觀看的地步。蕭衍對兄弟的這些缺點都忍受了。但當聽說蕭宏牽涉到一起刺殺自己的案子時，蕭衍就翻臉不認人了。蕭宏最後驚懼而亡。蕭綜是蕭衍的次子，蕭統的弟弟。蕭綜的母親吳淑媛原來是南齊東昏侯的妃子，成為蕭衍妃子七個月後就生下了蕭綜。儘管蕭綜極可能是東昏侯的遺腹子，蕭衍依然封他為王，還授予軍權。蕭綜長大後老覺得自己不是蕭衍的兒子，不僅和蕭衍感情疏遠，而且還在前線領兵作戰的時候，公開投奔了北魏。蕭衍聞訊，剝奪了蕭綜的封號，還將吳淑媛廢成庶人。後來，出於招降蕭綜的需要，蕭衍又恢復了他的封號。這些事情，在太子蕭統的世界觀中可能都是驚天動地、無法理解的。蕭統能夠做的，只是繼續孝順仁恕的老路。在宮中，他發現飯菜裡有蠅蟲也不指出，以免廚師受罰；對於賭博嬉戲的下人們，他也只是簡單訓誡而已（按照南梁律法應當流配）。

蕭衍對太子的所作所為雖然找不到可以教訓或者警告的地方，但從心底是不認同的。蕭統和父親心目中的帝王形象有相當的距離——儘管臣民們都稱讚太子。太子料理生母喪事的時候，孝行太過。蕭衍曾經委婉地給兒子點了一下，還要求兒子多看看自己的言行，可惜蕭統沒有讀懂父皇的話。

儒家的道德要求也好，臣子們的認同與讚譽也好，這些雖然是影響太子能夠順利繼位的重要因素，但並不是最重要的因素。最後的決定權還是在皇帝本人手中。從這個角度來說，做太子的，符合儒家和輿論的要求固然重要，但最要緊的還是與皇帝保持高度一致。這種一致不僅是個人能力上的一致，更是性格秉性和執政思路的一致。蕭統雖然表面上做得盡善盡美，盛名在外，但並沒有與父親蕭衍保持真正的、深度的一致。蕭衍並沒有從內心深處認同太子。這就為父子之間可能的分歧和決裂埋下了伏筆。

蠟鵝事件

一

大通三年（西元五二九年），梁武帝蕭衍和太子蕭統之間的矛盾終於爆發了出來。當年發生了一件讓蕭統「慚憤終身」的蠟鵝事件。事情的前因後果是這樣的。

生母丁貴嬪死的時候，蕭統派人給母親找了一塊好墓地，當時都已經開始除草和平整土地了。有一個賣地的人想把自己的土地賣給朝廷作為丁貴嬪的墓地，從中獲利。因此他就去找了太監俞三副，說只要俞三副能把自己的土地「忽悠」給朝廷，就可以從地價中拿走三分之一的提成。賣地人的報價是三百萬。俞三副心動了，秘密啟奏蕭衍說太子找到的土地並不如自己知道的一塊土地風水好。他著重向皇帝介紹了那塊地是如何的有利於皇家的運氣。蕭衍的疑心本來就重，俞三副的話很自然牽動了他頭腦深處那根對太子不滿意的神經，馬上下令重新買地預備丁貴嬪的葬事。蕭統沒有辦法，只好買了俞三副推薦的土地安葬母親。俞三副也就輕易獲得了一百萬的好處。

葬事完畢後，有個真正懂風水的道士就對蕭統說，丁貴嬪的墓地風水其實並不好。蕭統忙問怎麼個不好法。那個道士說這塊地不利於長子，也就是不利於太子蕭統的運道，如果用東西厭伏，也許可以克制。蕭統就按照道士的解釋，備齊蠟鵝❶等東西埋在墓側的長子位上。

東宮有兩個宮監鮑邈之、魏雅，都是蕭統的親信。慢慢的，魏雅在蕭統跟前更加得寵，鮑邈之則被疏遠了。鮑邈之心中憤恨，就向梁武帝誣告說魏雅勾結道士，以魘魔術詛咒蕭衍，盼著蕭衍早點死了好讓太子蕭統早登帝位。為了證明誣告的真實性，鮑邈之就說魏雅和太子在丁貴嬪的墓側埋下蠟鵝等物詛咒皇帝。在墓地一事上，蕭衍原本就對太子有所懷疑，接到舉報後忙秘密派人挖開墓地查看，果然發現了蠟鵝等東西。蕭衍瞬間就相信了鮑邈之的告發，之前兒子蕭統建立起來的美好形象頃刻倒塌。南北朝是一個政治道德敗壞的時代，父子兄弟相殘的事情頻頻發生，難道這樣的悲劇要發生在我蕭衍身上了嗎？即位前矯揉造作、沽名釣譽的太子很多，難道我的兒子蕭統也是那樣內外不一的人嗎？蕭衍震驚、憤怒，要深入追究這件事情。事情牽涉到太子，追究下去勢必動搖蕭統的政治地位。一些同情太子的大臣（徐勉等）慌忙勸諫蕭衍，反對將此事發展成血腥大案。蕭衍不愧為開國君主，很快就抑制了衝動，最後只殺掉那個風水道士。

事情雖然化解了，但是蕭衍對蕭統積累的不滿第一次表現了出來，沖塌了父子信任的堤防。蕭統在這個時候表現出了幼稚的政治素質。對整件事情，他選擇了沉默，沒有辯白，也沒有補救措施。蕭統就好像此事沒有發生過一樣，繼續過著先前仁孝文雅的生活，繼續和文人學士們選文。在內心，他知道自己的太子地位開始動搖了，但是他不知道怎麼辦。憂鬱的蕭統對於「蠟鵝事件」終生「不能自明」。

就在蕭統終日惶恐的時候，長期出鎮外地的三弟晉安王蕭綱突然被父皇徵召入朝。這是一個危險的信號。一天，蕭統對左右人說：「昨天我夢見與晉安王對弈，我把班劍送給了他。晉安王近日來到京師，難道是來接替我的地位的嗎？」班劍並不是普通的佩劍，而是有著嚴格標準規定，證明個人身分的寶劍。蕭統的夢境和擔憂說明他也意識到了自己的地位岌岌可危。

梁武帝蕭衍在對待父子親情的問題上並不能像處理政治鬥爭一樣明快快刀斬亂麻。他苦苦思索，如何重新處理與兒子蕭統的關係。蕭衍思考的結果是找不到結果，只好在當年九月，在同泰寺出家，要做和尚。群臣趕緊湊錢把這個「皇帝和尚」從寺廟中贖了回來。十月，蕭衍改元「中大通」。

蕭衍保留了蕭統的太子地位，任命南平王蕭偉為空缺很久的太子太傅。南平王蕭偉是蕭衍的弟弟，以本宮領太子太傅並加鎮軍大將軍、開府儀同三司銜。《南史》說他是「朝廷得失，時有匡正。子姪邪僻，義方訓誘」，是個很嚴厲的皇族。選他為太子太傅，蕭衍的用心很明顯了。他覺得太子需要加強管教了。

❶蠟鵝可能是用蜜蠟製的鵝形物品，是殉葬的厭禳物。

那麼蕭統在做什麼呢？他還在忙自己的選文大事。選文是一件沒有經驗和標準可以遵循的大事。在「蠟鵝事件」發生前，蕭統雖然挑選了許多章賦詩文，但不夠精簡，而且編輯工作也沒有做好。編輯文集並不像想像得那麼簡單。閱讀、核對、通稿和校對是既費時又費力的事情。之前，東宮的選文事業因為北伐和多位學士的逝世一度受挫，但蕭統始終在堅持高標準的同時保證進度。「蠟鵝事件」發生後，蕭統似乎不想因為自己地位的可能動搖而影響到正在進展中的文化盛事。他更擔心自己的被廢而斷送選文大事，因此倉促選定文章，將文選殺青。一部被後人稱為《昭明文選》的宏偉大作正式成書了。《昭明文選》三十卷，是我國最早的一部詩文總集。

蕭統真可算是文學得意，政治失意。當然了，這要看他更加在意哪樣。

二

第二年，（中大通二年，西元五三〇年），蕭統的政治地位進一步下降。

這一年，吳興郡因為水災失收，所以詔發上東三郡民丁開渠洩水。蕭統上疏認為此舉弊多，請求暫停，得到了父皇的同意。這一事件表明，蕭統失去了幾年前已經具有的參與決策的地位。他只能像普通大臣一樣，事後對父皇的決策進行勸諫，而不是參與政策的制定了。是誰剝奪了蕭統參與政治的權力呢？只有蕭衍一個人能夠辦到。

這一年，蕭統越來越少地出現在政治場合。因為父親的猜忌和父子之間的巨大差異讓他抑鬱成疾，身體狀況惡化了。

大中通三年（西元五三一年）的一個春日，久病的蕭統乘舟採蓮，愉悅身心。糟糕的是，由於侍從的疏忽，船隻劇烈顛簸，將蕭統晃入了水中。病中的蕭統不僅溺水，而且傷到了髖骨。被人救起後，蕭統的傷勢日漸嚴重，最後發展到臥床不起的地步。三月，蕭統病重。

太子果然仁孝。遇到蕭衍來信詢問什麼事情，蕭統為了怕父皇知道自己的真實病情而擔心，都掙扎著親手給父親回信。東宮左右看到太子病情惡化，計劃向蕭衍報告實際情況，遭到蕭統的堅決制止。蕭統說：「為什麼要讓父皇知道我的重病呢？」蕭統的言行其中有孝順的一面，同時難免夾雜著一絲無奈、幽怨。父皇已經不信任我了，我和父皇還是存在重大差異的。病榻上的蕭統常常為此低聲哭泣。

熬到四月，蕭統在宮中逝世，時年三十歲。得到太子死訊後，蕭衍趕至東宮，放聲痛哭。蕭衍的哭聲中既有白髮人送黑髮人的悲傷，更有為自己先前對兒子的猜忌的懊悔。蕭衍詔令用皇帝禮節將蕭統入殮，上諡號為「昭明」。蕭統因此被尊稱為「昭明太子」。

三

蕭統死後，蕭衍面臨著挑選新繼承人的問題。

前太子蕭統是病死的，沒有被廢。因此按照封建宗法，第一順位的繼承人應該是蕭統的兒子。也就是說，蕭統的太子地位應該傳給他的兒子，皇位應該繼續保持在蕭統這一支血脈當中。蕭統八歲就結婚了，留下多位兒子。其中長子、出鎮南徐州的華容公蕭歡成為皇太孫，成為新的皇位繼承人的呼聲最高。蕭衍在兒子死後，也馬上就將蕭歡召回建康，派人陪蕭歡解髮哭靈。蕭歡作為嫡長孫，處在了嗣位的有利地位上。

蕭衍在確立新繼承人的問題上猶豫不決，拖延起來。他一度準備封蕭歡為皇太孫，但「蠟鵝」往事始終徘徊在腦海中，讓他難以釋懷。四月，蕭衍命令蕭歡回歸鎮所。雖然蕭歡的爵位被提升為了豫章王，但他已經在皇位繼承人的名單上被除名了。

五月，蕭衍選擇三子蕭綱為新太子。朝廷下詔說：「晉安王綱，文義生知，孝敬自然，威惠外宣，德行內敏，群後歸美，率土宅心。可立為皇太子。」可能為了消除朝野對於為什麼捨蕭歡而立蕭綱的疑惑，蕭衍專門解釋說：如今天下未安，擇嗣須重賢德能力，因此效仿周文王捨伯邑考而立武王的往事立蕭綱為太子。周文王在太子死後，曾捨棄了第一順位的伯邑考而立小兒子周武王為新太子。蕭衍抬出這兩個聖君給自己立論，實際上最主要的考慮還是前面四個字「天下未安」。身逢亂世，權力對人的要求是多方面的，最主要的就是政治能力，因此他挑選了年長並且政治經驗豐富的蕭綱。這從反面也透露出了蕭衍對昭明太子蕭統的委婉否定。

蕭統先前的夢境現在終於應驗了，新太子蕭綱就是日後的簡文帝。

四

如果不說政治結果，蕭統的死在其他方面都引發了積極正面的結果。

蕭統仁德的名聲遠播在外。他的死使朝野一片驚愕惋惜的聲音。「京師男女，奔走宮門，號泣滿路。四方氓庶，及疆徼之民，聞喪皆慟哭。」老百姓不知道深奧的政治運作和考慮，他們只懷念那位道德高尚、享有盛名的昭明太子。在充滿血光的亂世中，這樣的太子實在是太稀缺了。

就在蕭綱被立為新太子的五月，蕭統被葬在安寧陵。

蕭統至今仍被人所懷念。東南各省，處處留有昭明太子的遺跡。昭明太子的安寧陵在建康東北三十五里地。一些地方卻爭奪蕭統的陵墓所在地，比如，上元縣就說安寧陵在本縣東北五十四里查硎山；池州西南秀山也有昭明衣冠塚。原來昭明太子曾在秀山一帶旅遊，死後池州請求朝廷葬蕭統衣冠於當地。更多的地方則「考證」出諸多的昭明遺跡。筆者曾去著名的烏鎮旅遊，踏足過當地的「昭明書院」。據導遊說，蕭統曾隨沈約來烏鎮讀書，並建有書館一座。原來的書館塌毀，只殘存遺跡。後人修繕了遺跡，作為家鄉一景。烏鎮人茅盾就寫過「唐代銀杏宛在，昭明書室依稀」的佳句。這一切都表明了蕭統在天下人心中的形象。能夠獲得如此的懷念，蕭統無疑又是成功的。

五

宋朝徐鈞專門寫了一首〈昭明太子〉評價蕭統的一生，代表了後世主流的意見：

有德無年亦可矜，臘❷鵝興謗竟難明。

❷此處「臘」同「蠟」。

當時雖不為天子，文選猶傳萬世名。

從履歷上來說，蕭統的一生平淡無奇，本來可以順利地繼承皇位，但「蠟鵝事件」暴露出了蕭統政治生命中存在的根本缺陷，那就是仁德有餘，強硬不足。蕭統缺乏剛硬的政治手腕和殘酷的政治實踐，並不符合父親對帝王的要求。蕭統可能是一位為治世而生的優秀太子，但並不一定是治理亂世的合格太子。如果真的由他扛起南梁的統治重任，我們有理由擔心柔弱的太子在亂世中會將王朝帶往何方。蕭統死後，晚年的蕭衍和梁朝遇到了接二連三的挑戰，直到出現了幾乎血洗蕭氏皇族的侯景之亂。蕭統如果尚在，能應付這樣的挑戰嗎？

昭明太子蕭統千百年來依然為人懷念，還留下了一部《文選》。對於他來說，這也許是最好的結果了。

7

大明宮中的過客

唐中宗李顯的起伏人生

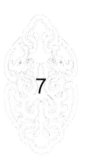

唐中宗李顯一生兩次被立為太子、一次被廢、兩次登基當皇帝，最後被妻子和女兒用枕頭悶死，命運跌宕起伏，散發著濃郁的悲劇色彩。凶狠強悍的母親，懦弱無能的個性和錯綜複雜的局勢，決定了李顯只能是唐朝大明宮中的一個匆匆過客而已。

三個苦命的哥哥

一

決定李顯一生命運的人是他的母親——武則天。

武則天的經歷比任何一個女人都複雜，都血腥，也更具有可看性。武則天第一次出現在大明宮中，還是唐太宗李世民的後宮女子。李世民賜給這個來自山西龍興之地的漂亮女孩「武媚」的稱號，所以當時人們都叫武則天「武媚娘」。武則天的外貌的確非常漂亮嫵媚，其實武則天這個人一點都不溫柔，也不嫵媚。簡單說吧，武則天從內心來看根本就不像個女人。她內心積聚著巨大的權力欲望，剛硬如鐵，陰險毒辣。她進入皇宮，就是沖著那高高在上的皇位而去的——儘管她是女兒身。李世民畢竟是一代聖君，和武則天接觸幾次後，就很不喜歡這個女孩子。因此在李世民時期，武則天停留在「才人」的稱號上，止步不前。

征服李世民是沒希望了，武則天就對準了唐太宗李世民的太子李治。李世民還在世的時候，武則天就用美貌征服了李治，和太子發生了「姦情」。

貞觀二十三年（西元六四九年），唐太宗李世民駕崩。李治繼位，是為唐高宗。

武則天的表演開始了。她先是出家做了一段時間尼姑，沒幾年就回到了皇宮，成為李治的嬪妃。武則天進宮之後，先後生下了四男二女。四個兒子分別是長子李弘、次子李賢、三子李顯和四子李旦。在地位鞏固後，武則天開始朝著金燦燦的皇位一步步邁進。

事實證明，武則天這樣的人，缺乏的就是政治舞台。如果獲得了表演的舞台，武則天能夠把內心邪惡的一面表現得淋漓盡致，無人可擋。西元六五四年，武則天第二胎生下了一個女兒，小模樣長得很討人喜歡。宮中的女眷都來看望小嬰兒。王皇后也過來捏了幾把小孩子粉嫩嫩的臉蛋。聽說皇帝李治馬上也要來看望孩子，王皇后就提前走開了。武則天趁王皇后剛走，連忙把親生女兒掐死在搖籃裡。等李治來看的時候，武則天假裝高興地掀開搖籃。所有人都看到了悲慘的一幕，小公主可愛的模樣僵硬在搖籃裡，剛死不久。武則天悲痛欲絕，哭得差點背過氣去，李治龍顏大怒，嚴令追查凶手。結果嫌疑最大的王皇后成了「真凶」。李治迅速作出了廢黜王皇后、改立武則天為皇后的決定。武則天做了皇后以後，將原來的競爭對手王皇后、蕭淑妃各責打了一百杖，再殘忍地砍去雙腳，泡在酒甕裡活活折磨死。她還下令將王皇后改姓為「蟒」，蕭淑妃改姓為「梟」，頗有當年呂后的風範。

按照現代心理學的觀點，母親在孩子小時候的言談舉止將對孩子產生終生的影響，塑造孩子成年後的性格稟性。武則天在李顯小時候的所作所為，無疑對李顯產生了消極的影響。如此殘忍的母親讓李顯感到非常害怕，進而畏懼，最終形成了軟弱、膽小、自閉的性格。

二

武則天雖然當了皇后，但離皇帝的位置還很遠。

李治很早就立長子李忠為皇太子。武則天先纏著李治廢黜了太子李忠，接著又指使黨羽誣告與自己過不去的宰相上官儀和太子李忠圖謀造反，將上官儀處死，賜死李忠。李忠年僅二十二歲。西元六五六年，武則天的長子李弘被立為皇太子。

李弘這個孩子忠厚老實，處事謙虛忍讓，政治能力也不錯，是做太子的好材料。父皇李治和群臣對李弘這個太子都很滿意。李治的身體情況很差，當了皇帝後身體狀況每況愈下，一度想把皇位禪讓給李弘。

武則天著急了。將自己的兒子扶上太子位置並不是武則天的目的。武則天是希望一個聽話的太子，一個聽話的皇帝，方便自己幕後掌權，最後實現登基稱帝的野心。但是，李弘顯然不是這樣的人選。李弘對母親武則天很尊重，但有自己的獨立思想，對武則天並非言聽計從。一次，李弘在掖庭牢室中看到兩個異母姐姐義陽公主、宣城公主被幽禁多年，無人過問，就奏請父皇放出這兩個姐姐嫁人。這兩個公主是武則天的政敵蕭淑妃的女兒，關押她們是武則天的意思。武則天認為李弘私自放人是對自己權威的挑戰，心中起了殺心。

上元二年（西元六七五年）四月，武則天毒死了年僅二十四歲的太子李弘。五月，次子李賢被立為太子。

武則天立李賢為太子後，馬上又後悔了。因為李賢和李弘一樣，不僅能力出眾，而且堅持主見，不附和武則天。更可怕的是，宮中一直流傳李賢實際是武則天姐姐韓國夫人的兒子的說法，李賢聽說以後，對自己的身世產生了懷疑。武則天一不做二不休，乾脆指使黨羽誣告太子李賢貪戀女色，荒廢政事。西元六八〇年八月，李賢被廢掉太子身分，貶為庶人，遷到巴州軟禁起來。

李賢被廢掉的第二天，李顯被立為太子。

武則天對李顯這個太子很滿意。因為李顯懦弱無能，事事退讓，而且對母親百依百順，小心伺候，正是武則天需要的太子類型。

三

西元六八四年，唐高宗李治駕崩了，太子李顯繼位，成為了唐中宗。

李顯當了皇帝以後，錯估了形勢。還是太子的時候，李顯為了能順利接班，所以刻意小心謹慎，百般討好父皇和母后。現在，李顯自認為已經是皇帝了，大權在握，生殺予奪都由自己做主，立即驕橫強硬起來。他不僅對身為皇太后的武則天冷淡了起來，而且在皇后韋氏的慫恿下，堅持要擢升岳父韋玄貞做侍中（宰相）。唐高宗留下的顧命大臣、宰相裴炎堅決不同意。李顯任性地大喊：「我是皇帝，就是把天下都給他，又能怎樣？」裴炎一聽話都說到這個份上了，難以繼續對話下去了，乾脆把難題報告給了武則天。武則天小題大做，立刻召集群臣來到大殿，斥責李顯要認清楚「天下到底是誰的天下」。李顯突然明白：這天下是太后武則天的天下，武則天在幕後掌握著實際權力。可惜，李顯的認識太晚了。武則天當眾廢李顯為廬陵王，幽禁在深宮之中。

李顯只當了一個月的皇帝，就成為階下囚。

廢黜唐中宗李顯後，武則天把小兒子李旦推上了皇位。李旦就是唐睿宗。唐睿宗即位後，朝廷大小事務都聽命於武則天。李旦完全成了「橡皮圖章」。武則天決心加快篡唐進程，杜絕所有權力隱患。李顯被廢後的第三天，她就派人趕到巴州將李賢殺死，杜絕後患。對於廢帝李顯，武則天也覺得不放心。沒幾天，李顯一家人就從深宮中被拎了出來，遷往均州，不久又遷到房陵軟禁。

李顯從此開始了顛沛流離的流亡生活。遷徙途中，妻子韋氏在車子上生下了一個女孩。李顯一家人處於最艱難的時刻，大人都缺衣少食的，小女兒的出生，讓李顯的困境雪上加霜。李顯只好親自動手，扯下自己的衣服把女嬰裹起來。夫妻倆給這個女孩起名叫「裹兒」（日後的安樂公主）。李旦看著虛弱的女兒和痛苦不堪的妻子，蒼涼和內疚之情不覺湧上心頭。

就在李顯顛沛流離的時候，武則天把登基沒幾個月的李旦也踢下了皇位，自己粉墨登場，做起了中國歷史上空前絕後的女皇帝，定國號為「周」。唐朝覆亡了。登基後，武則天對唐朝的皇室成員展開了有組織、有計劃的殺戮。唐高宗的兒子、蕭淑妃所生的許王李素節一次看到有人出殯，旁人哭得死去活來，感歎說：「現在能夠生病而死，是多難得的事情啊，有什麼可以悲傷的呢？」幾天後，李素節及其九個兒子就被武則天派人勒死了。史載：「自是宗室諸王相繼誅死者，殆將盡矣。」李顯與他們相比，還算幸運的。他身上畢竟流淌著武則天的血，武則天登基後沒有馬上把他「清洗」掉。

有三個哥哥的前車之鑒和叔伯兄弟們的慘痛教訓，李顯不能不終日生活在恐懼之中。

對比其他親人都是在流放地被賜死的。李顯認為，如果沒有意外，自己也會在流放地突然接到「死亡通知書」。可是使者倒是來了幾批，但都沒有賜死的命令。日日等死，死亡卻又不馬上到來。這樣拖著的感覺，是人世間最可怕的感覺。李顯多年來一直惶惶不安，常常在夜裡被噩夢驚醒，睜著驚恐的眼睛看著星星落下，旭日升起。有時李顯也想到了自殺。但他懦弱慣了，硬是找不到自殺的勇氣。

到後期，李顯一聽到有長安的使者前來，就間歇性精神失常，惶恐地到處找刀子自殺。陪伴他的妻子韋氏橫下一條心，總是勸丈夫說：「人生禍福無常，最後免不了一死。我們是皇室貴冑，何苦這樣呢？」在韋氏的安慰下，李顯才能回復正常人的思維。他感激韋氏，發誓說：「他日，我如果能夠有幸重見天日，一定由著你的性子來，不干涉你的行為。」

當然了，李顯和韋氏都相信自己是不會有他日的。

政變復位

一

世事難料，有關政治的事情更是難以預料。

武則天花費了畢生的心血，衝刺皇位。等實現高高在上，南向稱君的時候，武則天已經垂垂老矣。隨著武則天的病重，皇位繼承人問題成了朝野關注的焦點。

武則天是女性皇帝，但當時的社會還是男性社會。武則天必須要找一個男性繼承人——大臣們不接受武則天傳位給女兒太平公主的意圖。武則天的姪子武三思等人倒是有心思成為皇太子，可惜武則天不願意傳位給姪子們。大臣們也對武三思等弁州幫很反感。最後，新王朝的皇太子還是需要在武則天的兒子李顯和李旦兩個人中尋找。

流傳甚廣的《狄公案》中有武則天晚年的男寵、佞臣張易之向狄仁傑詢問自保之策的內容。狄仁傑就建議張易之去勸武則天迎立廬陵王李顯為繼承人，以擁戴新皇帝的功勞來為自己免禍。丞相狄仁傑是堅定的李顯支持者。當時武則天很有立武三思為太子的意思，詢問朝臣是否可行。大臣們面面相覷，不敢回答。狄仁傑卻說：「天下百姓依然思念唐朝。之前北方出現邊警，陛下派遣梁王武三思去民間招募勇士，一個多月時間召集了不到一千人；又讓廬陵王李顯去招募士兵，沒幾天就招募到了五萬人。如果要選擇繼承人，非廬陵王莫屬。」武則天大怒，拂袖而去。後來武則天又向大臣提問：「朕常常夢見雙陸不勝，做何解釋？」在場的狄仁傑和王方慶同時回答說：「雙陸不勝是無子的意思。這是天意在警告陛下！太子是天下的根本，根本動搖，天下就危險了。文皇帝身蹈鋒鏑，勤勞而有天下，傳之子孫。先帝彌留之際，詔令陛下監國。陛下登基，君臨四海已經有十多年了，現在想立武三思為太子。姑姪與母子關係，哪個更親？陛下立廬陵王為太子，則千秋萬歲之後常享宗廟；立武三思為太子，宗廟中就沒有陛下這位姑母了。」武則天終於感悟了。

武則天終於在長安元年（西元七〇一年）九月派遣徐彥伯迎廬陵王回長安。李顯到長安後，武則天將他藏匿在帳中，再召見狄仁傑，故意商量立太子的事情。狄仁傑敷請切至，涕淚俱下，請求迎立李顯。武則天這才將李顯召喚出來，說：「還給你太子！」狄仁傑下拜頓首，轉悲為喜，又說：「太子雖然回來了，可大家還不知道，人言紛紛，怎麼取信他人呢？」武則天就安排李顯公開出現，安排大禮迎還。朝野大悅。之前有許多人多次奏請武則天迎還太子，都沒有成功。只有狄仁傑通過母子天性勸說，使得武則天下定了決心。

《狄公案》的這個說法有很大文學加工的痕跡。但是基本史實是正確的：武則天在朝臣的勸說下，最終決定將廢帝、兒子李顯迎回長安，立為太子。

真實情況是聖曆元年（西元六九八年）秋天，使者快馬趕赴房陵，招李顯來接旨。這一次，李顯夫妻倆都覺得「末日審判」終於來臨了。他們反而心情坦然，手拉著手，昂然出去迎接使者，等待解脫。誰知道使者打開詔書宣讀說：「立廬陵王為太子，還於東都。」

二

李顯還是解脫不了，只得重回政治大染缸掙扎博弈。

李顯的第二次太子生涯所處的環境比第一次還要險惡，李顯事事都加倍小心。

太平公主長得和武則天很像，而且和武則天一樣心思縝密，喜歡玩弄權術。武則天很喜歡太平公主，認為這個閨女「類己」，一度想把江山留給太平公主。要不是社會接受不了，大臣們反對，說不定太平公主就成為「皇太女」了。可這絲毫沒有妨礙武則天繼續寵著太平公主，哄著太平公主，大事難事都找閨女商量。母女倆有的時候密談起國事來，通宵達旦，給身為太子的李顯造成很大壓力。

李顯變得聰明了許多，循規蹈矩，裝傻賣乖，還決心將自己「改造」成武家人，向武家靠攏。他將一個女兒（永泰郡主）嫁給了武則天的姪孫武延基，成了魏王武承嗣的兒媳；又將一個女兒（安樂郡主）嫁給了武則天的另一個姪孫武崇訓，成了梁王武三思的兒媳。李顯與武家聯姻，親上加親，得到了武則天的讚許，通過子女聯姻穩固自己的地位。

一次，李顯的愛子李重潤與妹妹永泰郡主、妹夫武延基三人飲酒閒聊。當時李重潤十九歲，妹妹妹夫的年紀也很小。三個年輕人聊著聊著，就不知道聊到什麼地方去了，突然涉及到張易之兄弟出入武則天寢宮的事情。武則天一直蓄養男寵，搞不正常男女關係，即便七老八十了也沒有停止過。李重潤三人年輕，對這個問題很感興趣，卻不知道隔牆有耳。武則天安插的耳目把談話的內容上報給了三人的奶奶。武則天忌恨別人揭她的醜，很生氣，把李顯叫到跟前，劈頭蓋臉大罵了幾個時辰。李顯大為惶恐，回到東宮後，馬上逼兒子、女兒自殺。當時永泰公主肚子裡還懷著一個孩子，也不得不含淚自盡。

李顯是太子，可連愛子、女兒都保護不了。他太子地位的不穩可見一斑。

三

但是政治人物的命運有的時候不是自己能夠把握住的。政治風雲變幻莫測，政治人物的命運也隨之上下起伏。

武則天晚年，寵信張昌之、張易之兄弟，長期和他們待在深宮中不出來。鳳閣侍郎張柬之、崔玄暐，中台右丞敬暉，司刑少卿桓彥範以及相王府司馬袁恕己等五個人，心懷大唐，決心誅殺二張兄弟，推翻武則天的周朝回復唐朝。

如此大事，除非通過暴力政變，不然是實現不了的。但張柬之五個人都是文官，手中無兵無將，要想發動政變首先要爭取實權將領的支持。造反集團的首領張柬之就把拉攏的目標瞄準了掌管京城禁衛軍的右羽林衛大將軍李多祚。

李多祚有一個很漢族的名字，卻是出身靺鞨族酋長的少數民族將領。李多祚投奔唐朝，屢經軍陣，驍勇善射，逐步升遷到右羽林軍大將軍的位置，長期執掌禁兵，受李唐王朝厚恩。

張柬之找到李多祚問：「將軍掌管禁軍多長時間了？」

李多祚回答：「三十年了。」

「將軍官職顯要，貴重一世，難道不是李家的恩遇嗎？」

李多祚一聽到李家的恩情，眼淚就嘩啦啦地流下來了。他說：「死都不敢忘李唐厚恩！」

張柬之趁熱打鐵，說：「將軍感恩，就應該知道怎麼報答。現在的東宮太子是李唐王朝之子，現在的朝廷是嬖豎擅朝，危逼社稷，國家的廢興大業就操控在將軍手裡。將軍難道沒有救危扶難的意思嗎？捨今日尚待何日？」

一席話，張柬之把李多祚爭取到了造反的陣營中來。通過李多祚，張柬之委任心腹楊元琰為右羽林將軍，桓彥範、敬暉以及李湛等人都進入禁軍擔任首領，謀劃起事。

李顯對政變是知情的。事先，桓彥範、敬暉兩人謁見皇太子李顯，告知了政變計劃——復辟唐朝的計劃需要推出一個李唐的皇子，太子李顯是最佳人選。一邊是復興父祖基業的大事，一邊是失敗後全家誅斬的噩運，李顯經過短暫的猶豫，毅然接受了。

神龍元年（西元七〇五年）正月，張柬之、桓彥範、崔玄暐等人率領左右羽林兵五百多人急行至玄武門，攻入皇宮。同時，李多祚、李湛以及駙馬都尉王同皎率人迎接皇太子李顯出來給造反者「當頭」。關鍵時刻，懦弱的性格在李顯身上起作用了。他打起了退堂鼓，嚇得不敢開門接見李多祚等人，只是隔著門板推辭說：「聽說聖躬（武則天）近日身體不適，我怕此行驚動她老人家，不利休養。大家還是等等吧，待日後再說。」

李多祚等人一聽就抓狂了。這是政變，不是請客吃飯，一旦發動就不是說想停止就能停止的！最後，王同皎急了，撂下狠話：「先帝把宗廟社稷都託付給了殿下，現在天下橫遭蹂躪，人神共憤，已經二十三年了。如今，京城各處將士同心協力，發誓要誅殺凶豎，復辟李氏社稷。您猶豫不決，是想置我們於死地，是想置祖宗社稷於不顧嗎？」

李顯說不上話來了。

李湛高聲喊：「諸將棄家族性命於不顧，與宰相等人同心協力，匡輔社稷，殿下為什麼就不可憐我們的一片至誠之心，難道忍心置我們於死地？我們死不足惜，但也請殿下出來說明一下。」

李顯羞愧得難以回答，半晌才打開宮門，隨著李多祚等人趕往玄武門，「領導」政變。一行人走到玄武門時，官兵們看到太子出面，山呼萬歲。張柬之，桓彥範等人就簇擁著李顯衝向迎仙宮。在宮門口，守衛與叛亂者發生了小規模衝突。張柬之簇擁著李顯輕易就斬關而入，將張易之兄弟當場殺死，並威逼武則天歸還國政。病中的武則天無力與政變勢力對抗，被迫將國政交給李顯監國，並在不久之後禪位給了李顯。

這場政變就是歷史上的「神龍政變」。

李顯重新做了皇帝，恢復了大唐帝國，大赦天下。自此，天下重歸李氏，李顯還是被稱作唐中宗。

枕頭下的悲劇

一

李顯當了皇帝後，大權都落入皇后韋氏的手裡。

李顯每天上朝，韋皇后都坐在他身後的帷幔中，隨時對政事發表意見，搞得比垂簾聽政還要過分。大臣桓彥範上書勸諫，李顯不予採納，反而對韋皇后言聽計從，一點都不在意大權旁落。李顯開始瘋狂對韋氏家族報恩，寵愛安樂公主，追封韋氏的父親韋玄貞為王。

如果韋氏是一個能幹賢明的皇后，那麼她垂簾干政的危害性會小很多。可問題是韋氏既不能幹，又不賢明，整個就是一「野心家」加「享受狂」。隨著丈夫李顯流亡的日子讓韋氏極度害怕物質匱乏，重見天日後，抓緊享受，恨不得把失去的好日子都補回來。她教唆唐中宗李顯說：「十多年的苦難我們已經受夠了，現在就要過自由自在的天子生活了。」李顯也跟著韋氏到處玩，宮裡宮外，各種花樣，玩個遍。

夫妻兩人都不知道怎麼處理國政，也不願意處理國政。唐中宗時期的政治黑暗可以想見。

李顯的無能給了潛伏在朝廷中的武氏力量「翻盤」的機會。唐中宗雖然復位了，武則天不久也死了，但朝廷中武氏的勢力還很大。武則天的姪兒武三思被封為德靜郡王，官拜左散騎常侍，依然列位朝堂之上。武三思善於觀風使舵，趕緊讓自己的兒子武崇訓娶了李顯和韋后最寵愛的女兒安樂公主。同時，武則天提拔的宮中女官上官婉兒繼續被留用，負責掌管宮中文件，還被拜為昭容，參與詔書的草擬工作。

武則天時期，上官婉兒就和武三思勾搭成奸了。現在，武三思和上官婉兒兩人為了共同的利益，聯繫得更緊密了。上官婉兒把武三思介紹給了韋皇后。武三思眉來眼去，很快就把韋氏勾引上床了。上官婉兒則去勾引李顯，兩人關係曖昧。一時間，皇宮大內一片烏煙瘴氣，不堪入目。

也許是壓抑久了導致心理變態，也許是享受慣了導致缺心眼，李顯心甘情願地戴著武三思送給他的綠帽子，還認為武三思是「大大的功臣」，任命他為宰相。平日裡，韋皇后與武三思喜歡玩雙陸棋。玩的時候，兩個人眉來眼去，打情罵俏。韋皇后撒痴撒嬌，武三思動手動腳，而唐中宗李顯則在一旁握著一把牙籤兒替姦夫淫婦算著輸贏的籌碼，堪稱是千古奇聞。

武三思在皇宮裡連皇帝的床都隨便坐，上有李顯的信賴，下有韋皇后和上官婉兒的協助，自然是呼風喚雨，指鹿為馬，無人敢說個「不」字。武三思「內行相事，反易國政」，當權用事，稱為天下大患。

改朝換代了，前朝餘孽武三思的勢力反而比武則天時期更為顯赫了。

二

武三思為什麼會惡化成朝廷一患？李顯為什麼不在神龍政變的時候把武氏殘餘一網打盡呢？當初，敬暉和桓彥範等人誅殺張易之兄弟後，洛州長史薛季昶曾經對敬暉說：「二凶雖除，呂產、呂祿那樣的人物依然存在。大人們應該借著兵勢誅殺武三思等人，匡正王室，以安天下。」可敬暉多次提醒張柬之誅殺武三思等人，張柬之都不同意。敬暉也沒堅持。張柬之幻想把武三思等人留著，給李顯「練練手」。他天真地認為李顯重登寶座，可以通過殺武三思等人來「揚名立威」。薛季昶知道後，傻眼了：「唉，我不知道日後會死在什麼地方了。」

李顯和武三思關係好得不能再好了，哪裡會殺他；相反，武三思一直把張柬之等人作為死敵，欲先除之而後快。武氏黨羽一有機會就譖毀張柬之等人，最後抓住敬暉的一個把柄告發了張柬之等五人。

唐中宗李顯偏聽偏信，順著武三思的意思下詔說：「則天大聖皇后，往以憂勞不豫，凶豎弄權。暉等因興甲兵，剷除妖孽，朕錄其勞效，備極寵勞。自謂勳高一時，遂欲權傾四海，擅作威福，輕侮國章，悖道棄義，莫斯之甚……暉可崖州司馬，柬之可新州司馬，恕己可竇州司馬，玄暐可白州司馬，並員外置。」張柬之五人都被貶官外放。

張柬之這時才說出當初不乘勝追擊，順便將以武三思為代表的武家勢力剷除乾淨的原因：「這應該是皇上的事情。皇上還是皇子的時候，以勇烈聞名（不知道張柬之從哪裡得出的錯誤印象）。我留下武家子弟，是希望皇上能夠親自鋤奸立威。現在大勢已去，再來說這些都沒有意義了。」而敬暉在失掉權柄，受制於武三思後，每每推床嗟歎惋惜，直至彈指出血。但是，政治鬥爭往往是殘酷的，沒有後悔藥可吃。

敬暉赴任崖州不久就被殺。張柬之在新州憂憤病死。崔玄暐在嶺南病死，桓、袁二人則被李顯派遣的使者殺害。

三

李顯是糊塗蛋，韋皇后和安樂公主卻精明得很。

婆婆武則天給韋皇后樹立了一個極壞的榜樣，同樣野心勃勃的韋皇后也想效仿婆婆，做中國第二個女皇帝。武三思的兒媳安樂公主驕橫，難伺候，而且權力欲極強，也異想天開地想做中國第三個女皇帝。為此，安樂公主要做「皇太女」，做母親韋皇后的「皇太女」。她的膽子很大，竟然公開揚言說：「則天大聖是卑微的侍妾出身，尚能做皇帝，我是公主出身，為什麼不能當皇太女呢？」因此，韋皇后到處抓權，想複製武則天的道路；安樂公主則纏著老爸李顯，要求立自己為「皇太女」。

可惜，韋皇后也好，安樂公主也好，誰都沒有武則天那樣的魄力和政治手腕。同時，李顯雖然糊塗，但對武則天篡唐的事情印象深刻，斷然不會再讓「女主當國」的情況出現。他頂住壓力，堅持立兒子李重俊為皇太子。

李重俊是安樂公主庶出的哥哥。但是安樂公主對太子李重俊一直看不起。現在見這個混蛋哥哥竟然搶走了自己的接班人位置，安樂公主更是氣不打一處來。她和丈夫武崇訓經常辱罵太子，口口聲聲叫太子李重俊「奴才」。

李重俊這個孩子從小跟著父親李顯受了很多苦，因此不幸沒有接受正常的教育。李重俊從小蹓狗跑馬，遊戲流蕩，成了一個不學無術的紈褲子弟。他的性格衝動，遇事感情用事，不願意多用腦子想想。安樂公主對接班人位置念念不忘，李重俊看在眼裡，恨在心裡。現在安樂公主夫婦對李重俊的奚落侮辱，讓李重俊恨入骨髓。李顯雖然讓李重俊當了太子，但沒有給李重俊配備優秀的輔助人才，沒有人在重要時刻給李重俊出謀劃策。

李重俊這個衝動無知的孩子，做出了發動政變，殺死政敵武三思、安樂公主等人的決定。

李重俊也是個手無兵權的孩子，需要拉實權將領一起幹。他拉攏的對象，也是李多祚❶。

李多祚是神龍政變的核心人物，指揮著政變的主要軍事力量。政變成功後，李多祚受封為遼陽郡王，食邑實封八百戶；李多祚的兒子李承訓也被提拔為衛尉少卿。李多祚是東北少數民族人，但唐中宗李顯在祭祀太廟的時候竟然是李多祚和宗室親王一起同車隨駕，給與了莫大的榮耀。這一切李多祚都感恩在心。現在見皇太子李重俊過來訴說武氏餘黨把持朝政、韋后和安樂公主想做「武則天第二」，李多祚愛國忠君的熱情被激發了出來，也衝動起來，對太子的政變計劃不僅贊同，還主動聯絡禁軍將領李思沖、李承況等人參與政變。

神龍三年（西元七〇七年）七月的某夜，太子李重俊和李多祚、李思沖等人假稱奉聖旨，調撥羽林軍誅殺武三思。很快，數百禁軍精銳殺向武三思府而去。當時安樂公主在宮中，沒有回家，武三思、武崇訓父子則在家裡和一幫黨羽飲酒行樂。禁軍破門而入，武三思父子猝不及防，束手就擒。眾官兵將武三思等人綁到李重俊馬前。李重俊痛罵武三思父子，一劍捅一個，親手殺死了武三思和武崇訓。武三思全家和在場的武氏黨羽都被造反的官兵殺死。

初戰告捷後，李重俊、李多祚等人將下一步矛頭對準了宮中的安樂公主、韋皇后和上官婉兒等人。李重俊分兵守住各處宮門，同李多祚一起殺入皇宮，直奔唐中宗、韋皇后的寢殿而去。

右羽林將軍劉景仁慌忙跑去報告李顯，說太子謀反，已率軍殺入皇宮。

李顯一家三口人嚇得目瞪口呆，呆若木雞。

還是上官婉兒鎮靜，臨危不懼，勸李顯說：「皇宮的玄武門堅固可守，請皇上皇后立即登上玄武門城樓，暫避凶險，同時緊急宣詔，徵調兵馬討逆。」

❶李多祚是唐朝前期的大功臣，對唐朝忠心耿耿。唐睿宗即位後，為李多祚全面平反，下詔稱讚李多祚「以忠報國，典冊所稱；感義捐軀，名節斯在。故右羽林大將軍、上柱國、遼陽郡王李多祚，三韓貴種，百戰餘雄。席寵禁營，乃心王室，仗茲誠信，翻陷誅夷。賴彼神明，重清奸慝，永言徽烈，深合褒崇。宜追殁後之榮，以復生前之命。可還舊官，仍宥其妻子」

李顯慌忙命劉景仁召集宮中的禁軍官兵護駕，掩護著一行人登上玄武門城樓。

李顯在門樓上花了好長時間，才從下面亂哄哄的景象中分清楚敵我。他沖著李多祚，斥責說：「我平日待你不薄，你為什麼助太子謀反？」

李多祚仰頭回答：「武三思淫亂後宮，把持朝政，臣等奉太子令，已將武三思父子正法。太子與臣等並未謀反，只是奏請陛下肅清宮闈。」李顯被韋皇后、上官婉兒等人挾持，登上了玄武門，而且還公開向造反者喊話，大大出乎了李重俊、李多祚等人的預料。李重俊志大才疏，遇到如此突發情況，一時不敢進逼。李多祚則臨時更改了政變目標，高呼：「上官婉兒勾引武三思，禍亂後宮，罪不可恕，請陛下速速將她交出來！」

城樓上的上官婉兒急中生智，沒等李顯說話，馬上跪在李顯腳下，一把鼻涕一把淚地訴說：「我看太子的意思，是要先殺上官婉兒，然後再一一捕弒皇后和陛下。」

李顯驚問：「那，我應該如何回答？」上官婉兒忙上前指點，李顯鸚鵡學舌一般，向城下大喊：「羽林軍聽著，你們都是朕的親信宿衛，為何跟從李多祚謀反？若能及時反正，捕殺李多祚等人，朕不但不計前罪，還另加封賞，不吝惜榮華富貴！」

參與造反的羽林軍官兵們，原本以為太子和李多祚是在傳唐中宗李顯的聖旨來調撥自己殺人，誰知道一不小心捲入了造反事件。他們的第一反應是吃驚，第二反應是無助。聽到李顯承諾只要捕殺了領頭的李多祚等人，就有榮華富貴可以享受，心裡都活動開了。要不要反戈一擊呢？

有個職位很低的太監、宮闈令楊思勖趁造反者懵住了，主動出戰，一舉斬殺了李多祚的女婿、羽林中郎將野呼利。羽林軍的士氣更加低落，有官兵湧向李多祚，將他亂刀砍死，其他官兵見有人挑頭，也紛紛亂刀砍死李思沖、李承況等人。太子李重俊慌忙帶著幾十名侍從突圍而出，逃向終南山。

韋皇后、安樂公主等人迅速控制了局面，發兵平息了叛亂。沒多時，李重俊被侍從割下首級，獻給了朝廷。❷李顯這個沒心沒肺的父皇，竟然將太子的腦袋放到太廟中，告祭被殺的武三思。

四

李重俊造反失敗後，韋皇后和安樂公主兩人去除了一大障礙，更加緊了篡位奪權的步伐。

景龍元年（西元七〇七年）二月，韋氏自稱衣箱中裙子上有五色祥雲升起，命令畫工畫下圖像，傳閱文武百官。一批無恥官僚紛紛上前給韋皇后「捧臭腳」，溜鬚拍馬，說韋皇后是天生貴人。情況已經很清楚了，野心勃勃的韋皇后是在給自己造輿論，希望如武則天那樣臨朝稱制。

如果韋后想再進一步，活得好好的唐中宗李顯是最大的障礙。

景龍四年（西元七一〇年）的一個秋夜，韋皇后、安樂公主母女一起來看李顯。李顯很高興，吃下了韋皇后遞上來的一塊餅，頓覺腹中疼痛難忍。他痛苦地讓妻子和女兒給自己拿水來，同

❷唐睿宗即位後，追謚李重俊為節愍太子。

時傳御醫。韋皇后和安樂公主交換了一下眼色，突然將李顯按倒在床上，用一個枕頭緊緊壓住李顯的頭部。不多時，李顯不知是毒發身亡，還是窒息而死，「龍馭歸天」了，享年五十五歲。

害死丈夫後，韋皇后計劃先扶持自己的兒子李重茂當幾天傀儡皇帝，再像武則天對待唐睿宗李旦那樣，把兒子踢下去，老娘自己當回皇帝。結果韋皇后娘倆都小看了李家皇室的年輕一代：李旦的兒子李隆基。李隆基發動政變，先殺韋皇后、安樂公主，再殺上官婉兒和爭權的姑姑太平公主，人家自己當了皇帝。

李隆基一定程度上還要感謝懦弱的伯伯李顯和衝動的堂兄李重俊給自己出頭的機會。久亂必治，大唐帝國迎來了輝煌的鼎盛時期：開元盛世。

8

守得雲開見月明

血緣外的南宋太子們

南宋的皇位傳承充滿著疑問。其中一個重要的原因是南宋的皇帝們的生育能力普遍很弱。從宋高宗趙構之後的多個皇帝都沒有子嗣。這就為皇位傳承提供了許多「可操作的空間」。如果皇帝沒有繼承人，朝廷就要從宗室中尋找血緣親近、品德優良的子弟繼承皇位。挑選的制度再完備，因為畢竟是人來做的，難免會出現一點奇怪的事情。

榜樣趙構

一

宋高宗趙構的前半生和後半生命運因為靖康之變的發生，變得截然不同。

趙構是宋徽宗趙佶的第九個兒子，而且是庶出。宋徽宗確立了趙構的哥哥趙桓為皇太子，也就斷了趙構進軍皇位的道路。內心之中，趙構對命運的如此安排是接受的。自己不僅生得比趙桓晚，而且各方面能力也比不過趙桓，太子的位置的確輪不到自己。趙構安心地在首都汴梁過著安逸的皇子生活。

但是天有不測風雲，西元一一二五年年底，北方強大的女真軍隊南下，嚇得宋徽宗趙佶讓位給太子趙桓。趙桓就是宋欽宗。而趙桓又打不過女真大軍，導致了西元一一二六年到一一二七年間的靖康之變。汴梁城被攻破，宋徽宗、宋欽宗父子和京城的所有皇室成員都被俘北上。趙構在事變發生的時候，受命前往北方議和，滯留途中，僥倖避免了被俘的命運。

塵埃漸漸散去，趙構驚喜地發現自己成了倖存的唯一一位皇子。宋王朝群龍無首，正需要推舉一位新皇帝。趙構是唯一的選擇。西元一一二七年，趙構毫無懸念地被推舉為新皇帝，成了宋高宗。命運實在是太眷顧自己了，趙構也沒有辦法。

南宋政權初建，面臨著金軍的嚴重軍事威脅。趙構放棄中原，從南京應天府逃到揚州，貪圖享樂避難東南。建炎三年（西元一一二九年）二月，金兵奔襲揚州，趙構狼狽渡江，經鎮江府逃到杭州。也就是在從揚州逃亡杭州的過程中，趙構得了所謂「痿腐」的疾病。這個「痿腐」就是現代人所說的陽痿。

趙構得陽痿的具體過程是這樣的：二月間金兵長途奔襲揚州，迅速攻陷天長，前鋒距離揚州城僅有數十里。趙構完全沒有預料到金國進軍如此迅速，疏於防範。金軍進城的時候，宋高宗趙構正與宮中女子在床上行雲布雨。突然宮外大呼「金兵到了」，宋高宗大驚失色，慌忙從床上爬起來，帶著少數幾個隨從乘馬出城渡江而逃。趙構在床上時，異常興奮，可在瞬間情緒從頂點跌落到冰冷的谷底，經歷了巨大的反差，進而對趙構的生理產生了影響。這次突如其來的驚嚇，使得高宗患上了嚴重的陽痿，並從此失去了生育能力。

趙構得了此病後，徹底喪失了生育能力，沒有辦法再生下任何男嗣了。慶幸的是，趙構之前已經有了一位皇子——趙旉。趙構將趙旉就帶在身邊。只要有趙旉在，宋王朝的皇統就能傳遞下去。

上天的不測風雲還真多。趙構一路跑到杭州以後，也沒有消停下來。因為內部矛盾，禁衛軍將領苗傅、劉正彥等人趁南宋小朝廷立足不穩發動兵變。趙構被逼退位，被軟禁在顯忠寺。苗、劉二人以孟太后的名義稱他為「睿聖仁孝皇帝」，只留十五個內侍供差遣。才三歲的趙旉被推上帝位，由孟太后垂簾聽政。

趙構千辛萬苦地通過依靠在外的韓世忠、劉光世、張俊等將領起兵討伐，好不容易才平定了兵變，重新做了皇帝。可是，更大的打擊來了。趙構唯一的兒子趙旉在兵變中死了，宋朝直系皇室從此絕後了。

趙旉這個小娃娃也真是可憐，出生在顛沛流離的亂世，基本上沒有過過一天安穩日子。苗、劉二人擁他做皇帝的時候，趙旉只是一個道具而已。政變中環境亂哄哄的，三歲的趙旉缺乏照料，得了重病。趙構復位後，趙旉已經到了彌留之際。一天晚上，有宮女不小心把宮內一個大銅爐碰撞倒地。「咣噹」的一聲響，竟然使趙旉驚悸而死。趙構盛怒之下，下令處死當值宮女、太監和保姆，但一切都無濟於事。

趙構本人已經失去了性能力，近支皇室之前被金國連鍋端了，現在唯一的皇子又死了，宋王朝的血脈傳承面臨著巨大的挑戰。

二

從此，趙構特別忌諱別人提接班人的話題。

除了沒有兒子這樁傷痛外，趙構內心深處還有一塊心病。

趙構的皇位是僥倖得來的，是天下臣民沒有其他選擇，在混亂中臨時推舉他坐在了龍椅上。從法律角度來說，被女真人俘虜的父皇宋徽宗趙佶還是太上皇；同樣是俘虜的哥哥、宋欽宗趙桓還好好活在東北冰天雪地裡。只要趙桓沒有宣布退位，他就依然是皇帝。趙佶、趙桓的政治權威都在趙構的上面，而且從法理上仔細探究的話，趙構只能算是個「代理皇帝」。

趙構特別害怕父親和哥哥突然從北方回來。一旦父兄出現，趙構的地位就動搖了。相應的，趙構也特別害怕聽到別人議論自己的皇位傳承問題。

南宋穩定後，宋金展開和談。趙構頂住重重壓力，就是不向女真人要求放回父親和哥哥，狠心地讓他們繼續在冰天雪地裡受凍。三十多年後，宋徽宗和宋欽宗的靈柩才被運回南方。趙構都這麼絕情了，群臣只好三緘其口，不敢在皇位繼承問題上多嘴。

有一個叫做岳飛的將領，出於為國家早立儲君的公心（當時是戰爭狀態，確定接班人對國家來說是好事），拐彎抹角地向趙構稱讚某個寄養在趙構身邊的孩子聰明好學，暗示可以立為太子。結果岳飛遭到趙構的當面訓斥。從此，趙構對岳飛這個人有了成見。這也間接推動了日後岳飛冤案的發生。

暗地裡，趙構特別在意接班人問題。面對斷子絕孫的嚴重問題，趙構比任何人都緊張。他得陽痿的時候，二十歲出頭。之後很長時間裡，趙構都寄希望於自己的病情能夠緩解。為此，趙構日常生活的很大內容就是尋醫問藥，試圖治好此症。他不斷訪醫問藥，求神拜佛。古時迷信，求子須禮敬高神。臨安知府曾上奏說：「去年二月，於築壇處嘗有紅、黃瑞氣，光徹上下，每至日出方收，前後非一。又修壇興工日，有六鶴自東而來，盤旋壇上，移時而去。實應今日親祠之祥，以兆萬世無窮之慶。」原來他報告了一個求子壇的祥瑞。壇倒是修了，但是兒子還是沒求來。後來又有洋州官員上奏：「真符縣百姓宋仲昌妻一產三男，緣本人姓同國號，其妻產子之日，適值天申節（宋高宗生日），實足昭皇帝紹隆景命，子孫眾多之祥。」這回彙報的是一個趙姓女子在宋高宗的生日生下了男子。宋高宗都鄭重其事地下詔將這些事情都記載入史書。願望是美好的，辦法也想了不少，趙構的病始終沒有好。

隨著歲月推移，皇帝無後的問題日益成為帝國政界不敢接觸又不得不觸及的大問題。

三

趙構當了將近四十年皇帝。在位的後半期，他一直在苦苦思考繼承人的問題。

如果無後，皇室通常的做法是從皇室旁支中尋找血緣最近的人選。現在，宋朝的近支皇室成員都被金軍一鍋端了。趙構如果要找，只能從皇室疏宗家族中尋找合適的人選。

問題是趙構自己不說破，不動手，大臣們都不敢動。

隨著趙構的年紀越來越大，生兒子的可能性微乎其微了。大臣們就開始旁敲側擊了。同知樞密院事李回上書說：「自古為君的人，只有堯、舜二帝將天下讓給賢人，而太祖皇帝（指趙匡胤）也不以大位傳其子，聖明獨斷，實在是發於至誠。陛下遠慮，上合太祖遺風，實可昭格天命。」李回的旁敲側擊非常藝術，表面上是說宋朝的往事，實際上直指核心。

這裡所謂的宋朝往事，指的是宋朝開國時皇位從宋太祖趙匡胤手中，傳給弟弟宋太宗趙光義的事情。趙構就是弟弟趙光義的後裔。趙光義這一系的子孫除了趙構，都成了女真人的俘虜，但是，宋太祖趙匡胤的子孫後代還在南宋轄境內生活的好好的。趙構無子，皇位不能在趙光義一脈中流傳下去了，可以轉回到趙匡胤一脈中。李回表面上稱讚趙構有趙匡胤的遺風，不就給趙構指出了一條路子嗎？這是明褒暗促。況且傳說當初趙匡胤和趙光義之間有過「兄終弟及」的「金匱之盟」。開國的兩兄弟既然約定皇位可以兄終弟及，現在後代執行起來，也算是了了祖先的心願。

另一個大臣張守說得更直接：「太祖的子孫都沒有失德的言行，太祖捨子而傳位給太宗，高風亮節，勝過堯、舜數倍。」

但真正把窗戶紙給挑破了的，是一個叫婁寅亮的小官。趙構在紹興的時候，上虞縣的縣丞婁寅亮上書，先說了一通皇統相傳的往事，然後指出：「從徽宗皇帝崇寧年間以來，太祖皇帝的後裔都不被朝廷認為是近屬宗室了。臣以為他們都是同姓宗室。但是因為奸臣的迫害，太祖的後代如今默默無聞，竟與庶民一般無二，於情於理均不相合。太祖皇帝的在天之靈不免顧歆惆悵。臣愚昧，不避忌諱，乞求陛下遴選太祖諸孫中有賢德的人，作為親王，作為皇嗣的候選人。這樣可以上慰在天之靈，下繫人心之望。」

婁寅亮上書後，惶惶不可終日。儘管奏摺措辭委婉，但畢竟指出了趙構的生理疾病。生理上的變態，趙構自己說是可以的，但是大臣多嘴，弄不好不是撤職查辦，就是申斥。更大膽的是，婁寅亮竟然提出了將皇位傳回太祖皇帝一系的主張！誰都知道，當初太祖和太宗皇帝「兄終弟及」的時候，大臣們就議論紛紛，朝廷上下血雨腥風，沒少掉腦袋。此後一百多年來，婁寅亮還是第一個公開要求皇統循環的人。

趙構看到這道奏章之後，不但沒有生氣，反而是感慨萬千。他連說了好幾個「忠臣」，下令將婁寅亮擢升為監察御使，並立即派人把「敕牒」（委任狀）送往上虞縣。婁家突然聽說聖旨到，婁寅亮以為必是大難臨頭，不禁與家人抱頭痛哭，一一惜別後，再去接聖旨。結果來人取出的是升官的詔書，婁寅亮才破涕為笑。

紹興元年（西元一一三一年），婁寅亮被召覲見皇帝，和趙構一起就此問題進行專題研討。婁寅亮更直白地指出：「臣去年曾經狂妄地上奏，請陛下內選太祖子孫中有賢德者，以備他日之選，誤蒙採聽，赦而不誅。臣現在依然希望陛下能夠向大臣宣告此事，挑選『伯』字輩的宗室入住後宮。如果將來陛下有皇子誕生，可以將事先選定的這位皇子請出後宮，退處他處，授予清閒職位。這樣對朝廷來說不過是增加一個節度使而已，但是陛下以太祖之心，行章聖之慮，自然能感動上天，使兩宮回蹕，澤流萬世。」

這件事情就這麼定下來了。於是，朝廷正式下令由管理皇室事務的宗正官趙令疇為趙構選嗣。

皇帝選兒子

一

皇帝選兒子，之前還從來沒出現過。趙構算是趕上了第一遭。

挑選的標準其實就是兩條：一是輩分要恰當，總不能挑一個輩分和趙構一樣，甚至和趙構相差很多的吧。不然談起繼承關係來還不亂了套了；二是年齡要合適，不能和趙構的年紀相差懸殊。最後決定挑選建炎元年（西元一一二七年）出生的「伯」字輩的宗室子孫。

符合標準的趙匡胤一支的人選很多。趙令疇將初選選中的孩子都集中起來由趙構自己決定。第一次挑選上來的四五個小孩子送到趙構跟前的時候，趙構一個都看不上，覺得全都資質平庸，命令打發回家。紹興二年（西元一一三二年）夏天，趙令疇又挑選了一批孩子，送給趙構親自決定。

第二批孩子的名單中，列在第一的是一個叫做趙伯琮的孩子。

趙伯琮來自於秀州（今浙江嘉興），建炎元年十月生，血緣出自趙匡胤次子秦王趙德芳一脈，是趙德芳的第六世孫。趙構第一眼看到趙伯琮的時候，並不太喜歡這個孩子。趙伯琮長得很瘦小，相貌普通，沒有一點富貴相。其他候選人的相貌都比趙伯琮光鮮。趙構正想把趙伯琮剔除出去的時候，突然從宮中竄出一隻貓來。趙伯琮旁邊一個胖胖的孩子凶狠地踢了貓一腳；趙伯琮卻充滿愛心地抱起小貓，安撫起來。這一舉動使趙伯琮獲得了在場官員的稱讚。趙構對他的印象也有所改觀，決定將趙伯琮留下撫養，收為養子，當作皇位候選人之一。第二年二月，進宮的趙伯琮被封為和州防禦使，皇帝賜名趙瑗。

人雖然入宮了，但並不等於說只要趙構不生兒子，趙瑗就鐵定是皇位繼承人了。趙瑗只是走入了皇家，開始面向皇位的長途跋涉。

二

孩子是選好了，可馬上又面臨著由哪位娘娘來撫養趙瑗的問題。誰來撫養皇位候選人，誰就能在後宮權力結構中處於有利地位。大臣們事先就問趙構：「若選皇子養在宮中，可將皇子付託給誰養育呢？」趙構早就想好了人選。趙瑗被收進宮後，由正得寵的張婕妤負責養育。趙構後宮的情況也非常複雜，對於張婕妤得寵就有很多人妒嫉。就在張婕妤負責養育趙瑗之後不久，得寵的吳才人就力爭說她也要養育一個，以備將來皇上再加挑選。因為宮中有齟齬，所以，無奈的趙構只好再收養一個孩子，平息後宮的紛爭。於是，另一個名叫趙伯玖的孩子也成了趙構的養子，收入宮中，由吳才人撫養，賜名趙璩。這樣一來，趙瑗和趙璩便就皇太子的地位展開了競爭。

趙瑗的優勢是他比趙璩大兩歲。紹興五年（西元一一三五年）夏，趙瑗因為年齡優勢先被封為建國公，送到當時宮中新建的書院——資善堂學習。趙瑗深知僅有年齡優勢是不能得到皇太子地位的，所以勤奮學習，言行精神。三年後，進宮覲見趙構的大將岳飛曾經去資善堂拜見過趙瑗。岳飛出宮後，高興地對人說：「社稷得人啊，中興基業難道不就在這個孩子身上嗎？」儘管後來岳飛向趙構請求早立趙瑗為皇太子，受到了趙構的申斥。但這並沒有導致趙構對趙瑗的惡感。實際上，岳飛對趙瑗的極高評價代表了當時許多外臣的共同態度。

此後將近二十年裡，趙瑗被養在宮中卻一直沒有確定名分。其間，生父秀王逝世，趙瑗外出守制了三年。趙構遲遲沒選定趙瑗為繼承人的原因很多。首先趙構還幻想自己能夠再生育，萬一生出皇子來總比立一個血緣疏遠的姪子作接班人好。其次，趙構的生母韋太后和權相秦檜與趙瑗關係都不好，反對立趙瑗為太子。趙瑗在外給秀王守制期間，秦檜還計劃廢黜趙瑗；韋太后則更喜歡另一個養育在宮中的候選人趙璩。

期間，張賢妃病逝，趙瑗也改由已經進封為皇后的吳氏一併撫養。趙構分別封趙瑗、趙璩為普安郡王、恩平郡王。吳皇后雖然先撫養的是趙璩，但也認為趙瑗恭儉勤敏，聰慧好學，可當大任，勸趙構早立趙瑗為皇太子。

韋太后死後，趙構決定在趙瑗和趙璩之間做一個決斷。趙構給他們兩人分別送去了美女十名，過了一陣又把她們召回。經過檢查，送到趙璩處的十個美女都不是處女，而給趙瑗的那十個都還是處女。趙構確信趙瑗的品行高尚，最終決定立趙瑗為皇太子。

剛好北方的完顏亮大規模入侵南宋，為了穩定人心，趙構將趙瑗改名為趙昚，封為建王，不久正式冊立為太子。

三

完顏亮南侵最終被南宋軍民打敗了。對政事厭煩了的趙構決定趁機退位賦閒。

紹興三十二年（西元一一六二年）宋高宗趙構頒布禪讓詔書，直白地解釋退位的原因是「思欲釋去重負以介壽臧」，宣布由太子趙昚繼位。禪讓典禮一結束，趙構隨即起駕前往德壽宮，做起了太上皇。

趙昚雖然不是趙構的親生兒子，而只是趙構血緣關係極疏鬆的遠方親戚而已，但當了皇帝後像對待親生父親一樣善待趙構。

從這一點上來看，趙構還真有先見之明，挑選了一位品德高尚的接班人，對自己的退休生活很有幫助。趙構的晚年，就是居住在德壽宮，整天悠閒地看宮中的水車慢慢地旋轉。

太上皇一有什麼要求，趙昚就儘量滿足。每個月，趙昚都過來探望請安四次以上。每逢節日或出遊，趙昚都要恭請太上皇出席或同行。趙昚對待趙構就像親生兒子對待父親一樣。沒有兒子的趙構在德壽宮安享了天倫之樂。西元一一六七年三月的一天，趙昚帶著皇后、太子一起到德壽宮拜見趙構並賞花。當日德壽宮小西湖畔鮮花怒放，內侍雜役來回奔忙。趙構子孫三代人先看拋彩球、盪秋千，再看百戲表演，然後登上御舟繞堤而行。趙昚安排數十條小舟，滿載酒食、水果和藝人跟隨在御舟後面，以備太上皇隨時召喚。湖上盡興後，一行人上岸繼續飲酒，欣賞歌舞，直到子孫三代都大醉為止。這樣的情景在德壽宮經常出現。

晚年趙構最關心的事情就是在德壽宮中釀酒品酒。德壽宮配置了專門的釀酒師，用當時上好的惠山大米配合上等三白泉水釀酒。酒水裝在酒桶裡，泥封後印上「上品」的印記封存在宮中。年老的趙構幾乎一日都離不開德壽宮自釀的酒。趙昚經常陪太上皇趙構一起品嘗自製的雪浸白酒。趙構年紀大了，酒量也不小。趙昚經常勸趙構：「此物不宜多吃！」

一位是退了位賦閒的太上皇，一邊是並非親生、收養長大的新皇帝，兩人的關係能夠如此融洽，真的是令人欣慰。

趙昚正是因為種種孝行，死後定廟號為宋孝宗。

宋理宗來歷不明

一

如果說趙昚的來歷還有據可查，多多少少和原來的皇室有著血緣關係，那麼南宋中期的宋理宗趙貴誠就是一個「來歷不明」的皇帝。

宋理宗的出現與權臣史彌遠有著直接的關係。史彌遠，南宋明州（今浙江寧波）人，是南宋的第三位權相，把持宋寧宗時期朝政。大凡是權臣，總會早早地為自己的權勢尋找退路。史彌遠就用心經營與宋寧宗太子趙詢的感情，兩人關係密切。當年暗殺韓侂胄，史彌遠就是與趙詢合謀的。史彌遠盤算著，等宋寧宗「百年」之後，扶趙詢即位，自己依然能保住榮華富貴。誰料到，太子趙詢年紀輕輕就夭折了。宋寧宗趙擴也真是繼承了家族的「優良傳統」，將不孕症「發揚光大」，乾脆就生不出兒子來。死去的太子原本就是趙擴收養的宗室子弟，預備為繼承人的。現在沒辦法了，皇室只好又「恢復傳統」，從旁系宗室中挑選子嗣，以養子身分繼承皇位。

史彌遠就開始擔心了，萬一挑選出來的皇子與自己過不去，等他登基後，自己的權相地位就會受到威脅，甚至可能發生翻天覆地的變化。當務之急，他要和新太子搞好關係，把太子也拉入自己的陣營。

挑選候選人畢竟要皇帝本人點頭才行。權相的權力再大，史彌遠也心有餘而力不足。趙擴早已經有了中意的人選。他的弟弟沂王也沒有子嗣，趙擴非常喜歡弟弟，就替他挑選了宋太祖趙匡胤一系、燕王趙德昭的九世孫趙均作為子嗣，賜名趙貴和，認作了姪子，成為新的沂王。現在太子死了，沂王趙貴和作為趙擴的「姪子」，現在順序入嗣趙擴，名正言順。趙擴就把趙貴和收養入宮，改名趙竑，封為濟國公。

趙貴和成為內定的太子人選，朝野都心知肚明。

這個趙貴和，是個很有正義感的年輕人，恰恰對史彌遠極看不慣。同時，趙貴和又是個血氣方剛的年輕人，絲毫不懂韜晦之術，把心中的想法和政治主張絲毫不剩地都展現了出來。

楊皇后為了日後地位著想，也想拉攏趙貴和，主持為他迎娶了前太皇太后吳氏的姪孫女為妻。趙貴和不喜歡這個女孩子，冷落她，順便也冷落了楊皇后。楊皇后自然對趙貴和有意見了。史彌遠之前對趙貴和沒有什麼了解，如今趕緊「惡補」。一次，他聽說趙貴和喜好古琴，趕緊從民間搜羅了一把好琴和一個擅長彈琴的美女，獻給趙貴和，拉拉關係。暗地裡，他又將那位美女的全家好好供養著，扣為人質，命令她定期報告趙貴和的一舉一動。這位琴女很快就獲得了趙貴和的寵愛，對她毫無防備。史彌遠常給趙貴和送一些奇技淫巧的珍寶，趙貴和都把這些玩物拋擲在地。平日裡，趙貴和在桌几上將史彌遠擅權禍國的種種行為都記錄下來，說：「史彌遠當流配八千里。」書房的牆壁上有地圖，趙竑一次指著海南島對琴女說：「我當皇帝以後，就要把史彌遠流放到海角天涯。」史彌遠得到琴女的密報，為了自衛，他要扳倒趙貴和。

趙貴和的老師真德秀對學生的言行看在眼裡，急在心裡。他多次勸趙貴和多讀書，埋頭學問，不要過問朝堂上的事。趙貴和沒有照做。真德秀就把話挑明了：「殿下須要孝順慈母，禮敬大臣，天命自然來歸，不然就恐有危險之事了。」趙貴和依然我行我素。

史彌遠計劃採取的方法是：既然皇帝挑選出來的太子和自己過不去，那我就讓和我過得去的人頂替趙貴和擔任太子。他很快就逮著了機會。趙貴和進宮後，沂王的後嗣又出現了空缺，需要再挑選繼承人。趙擴下令再挑選宋太祖十世孫、年過十五歲的宗室養育宮內。史彌遠乘機給趙貴和豎立了對立面。史彌遠的門客余天錫（余天錫的祖父就是史彌遠父親史浩的門客，他打小在史府長大）剛好外放紹興主持秋試，來史府辭行。史彌遠就暗中囑咐他找一個可靠的孩子來。

讓余天錫一個人去找所謂的宗室子，說明史彌遠根本就沒想要找一個真正的宗室子弟。你想，余天錫一個人的能量再大，也不可能一個人完成為朝廷選擇繼承人的重任。

考試完後，余天錫空著手回來了，但是帶回來一個消息。他說紹興西門外有一個姓趙的保長，有兩個孫子。這兩個孫子的面相都是大貴之人。史彌遠也不問趙保長家的來歷，就說，那就帶來看看吧。紹興的那個趙保長聽說臨安的大官們要自己的兩個孫子，高興得不得了。他也實在不懂事，將這件事情大吹大擂，還變賣家產，請親戚朋友們吃飯祝賀。冥冥中，趙保長認為孫子們大富大貴的面相馬上就要變成現實了。當他傾家蕩產將兩個孫子打扮得漂漂亮亮送到臨安的時候，史彌遠顯然對這樣的高調行為非常不滿，只見了一面，就揮揮手把他們都給打發回去了。趙保長是敗興而歸，顏面全失。

但是一段時間後，史彌遠秘密派人來到紹興，將趙保長兩個孫子中年長的那個、十七歲的趙與莒秘密接到臨安。史彌遠也不鑒定，就將他改名趙貴誠，公開宣布為宗室子弟，送入宮中。趙擴認可了這個「姪子」，賜名趙昀，襲爵空缺出來的沂王爵位。

二

不久，史彌遠在淨慈寺為老父親史浩做佛事。

史家有個世代姻親，叫做鄭清之。鄭清之把女兒嫁入了史家，兒子也娶了史家的女兒。他剛從峽州調回臨安任國子學錄，聽說史家做佛事，不請自來。史彌遠看到鄭清之，決定與他共商大事。為了控制趙貴誠，也為了使他具備較高的素質，史彌遠正在為趙貴誠挑選老師。這個老師必須是自己的親信、親戚，同時官位又不能太高，而且又得有真才實學。鄭清之是史彌遠認為最合適的人選。

史彌遠把鄭清之叫到暗處，讓鄭清之為趙貴誠講授儒學，同時在宮中伺機擁立趙貴誠為新皇帝。他鄭重相告：「事成，史彌遠現在的地位就是你的。但這話出於我的口，入於你的耳。如果有一語洩露，你我都是要被族誅的。」鄭清之應允入宮，為趙貴誠教授程朱理學。

嘉定十七年（西元一二二四年）閏八月，宋寧宗趙擴病危。史彌遠謊稱皇上有密旨，立宗室之子趙貴誠為皇子。趙擴駕崩的當晚，史彌遠與楊皇后商議廢黜趙貴和，召趙貴誠入宮。楊皇后雖然對趙貴和不滿，但對於私行廢立這樣大逆不道的事，還是不敢做。楊次山的兩個兒子楊谷、楊石受史彌遠的囑託，一夜之間七次去勸姑姑與史彌遠合作。楊皇后還是搖頭，反對假傳聖旨，立來歷不明的趙貴誠為新皇帝。兩個姪子最後都跪下了，一把鼻涕一把淚地勸道：

「姑姑，事已至此，如果不立沂王，恐怕日後楊氏滿門都要受威脅了啊！」

楊皇后這才點頭同意，配合史彌遠的政變。史彌遠連忙假傳聖旨，讓宮人去傳沂王趙貴誠進宮。臨行前，史彌遠反復叮囑出宮宣旨的人：「記住，你所宣者是沂王，而不是太子。如果叫錯了人，小心你全家人的腦袋！」

沂王入宮後，史彌遠、鄭清之公布趙擴駕崩的消息，並以「遺詔」的名義強行擁立趙貴誠為新皇帝。原本可以衝擊一下皇帝寶座的趙貴和是個老實人，在決定命運的當晚儘管看到許多黑影在宮廷內外來回穿梭，他也沒有想到和他們一樣搞些小動作。趙貴和本以為輪到自己繼位了，誰知道迎來的是被廢為濟王，出居湖州的詔書。他茫然若失，被禁軍將領強迫接旨。

於是趙貴誠端坐到了龍椅之上，成為了宋理宗。

三

歷代囂張的權臣不少，但像史彌遠這樣生生「造」出一個皇帝的人還真是絕無僅有。史彌遠的政變陰謀，激起了朝野上下的憤慨。一些大臣上書說濟王趙貴和冤枉，都被罷官出朝。

臨安的太學生潘壬和弟弟潘丙，都是湖州人。他們知道宮廷換皇帝的內幕，反對史彌遠，趕回湖州，聚集部分力量，圖謀擁立趙貴和登基為帝。為了增加勝算，潘壬約長江北岸掌握軍隊的將領李全進兵接應，建立大功。約定的日子到了以後，潘王和潘丙兄弟倆帶領由漁民、巡尉兵卒數十人組成的隊伍，連夜闖入王府，要擁立趙貴和為帝。從趙貴和的心理來說，他眼睜睜看著皇位飛走，不能不有所眷戀與不滿。深夜，他看到有人群湧進來擁戴自己為皇帝，雖然知道這是叛亂，但也沒有表示反對，配合潘王等人的行動，等於是默認了。第二天，天亮的時候，潘王等人在湖州街頭到處張榜揭露史彌遠罪惡，宣告政變。一行人擁著濟王趙貴和到州衙，就要黃袍加身。當時，江北的李全到期不至，沒有帶軍隊前來回應。趙貴和在光天化日之下，看清了原來支持自己的人不過幾十個人。這不是瞎胡鬧嗎？趙貴和對政變的前景失去了信心，慌忙派人向臨安告變，同時徵調湖州的官兵對潘王等人舉起了屠刀。史彌遠聽說湖州叛亂，趕緊派出軍隊鎮壓。在軍隊到來之前，湖州的叛亂就被趙貴和給剿滅了。潘王隱姓埋名逃往楚州，被官府抓獲斬首。

經過叛亂後，趙貴誠和史彌遠都意識到，只要趙貴和活著，就是對兩人權力的威脅。

史彌遠乾脆秘密派人到湖州逼濟王趙貴和上吊自殺，對外稱病死。

趙貴誠即位後，朝政聽由史彌遠把持。

西元一二三三年，史彌遠終於病死了，宋理宗趙貴誠開始親政。趙貴誠是一個「先天不足」的皇帝。這個不足說的不僅是他來歷不明的身分，也指他的政治能力和個人素養。史彌遠把持朝政的時候，宋理宗藏在幕後，掩蓋著個人素質的缺陷。但等他走到前台親政的時候，他能力不濟，導致了南宋王朝的衰敗。宋理宗時期是南宋由盛轉衰的時期。

9

養在深宮人未知

明孝宗朱祐樘的黑戶生涯

明孝宗朱祐樘身世離奇，六歲之前一直在冷宮的某個暗室中過著暗無天日的生活。他的意外現身，出乎父親明憲宗和那些野心家們的意料，隨即引發了太子之位和江山爭奪。朱祐樘的太子故事包含了陰謀、冒險、謀殺和報恩等一系列熱門元素。

藏在深宮

一

明憲宗朱見深有著強烈的戀母情結。

一般人有戀母情結是心理問題，沒有什麼大不了。但是朱見深的戀母情結發展成了一種病態，影響了明朝的政治。後宮佳麗三千，年輕貌美，各種類型都有，其中不乏傾國傾城的美女。但是，朱見深偏偏寵愛、深信一個比自己大十七歲的女人萬氏。十七歲，整整是他和他母親的年齡差距。朱見深第一次見到還是普通宮女的萬氏的時候，就深深地愛上了她。當時朱見深還是一個活蹦亂跳的少年，萬氏已經是年過三旬的老宮女了。兩人很快就糾纏到床上去了。等到朱見深登基繼位時，剛好十八歲，立即納已經三十五歲的萬氏為妃。因為萬氏出身卑微，更因為萬氏的年齡實在太大了，所以不能被封為皇后，只能「屈尊」作了皇貴妃。但這絲毫不能影響朱見深天天都和萬貴妃黏在一起。

難道萬氏是絕色美女，有著勾人魂魄的魅力嗎？不是。萬氏不僅年紀很大，而且身材矮小、體型肥胖，渾身上下和「美」字根本就搭不上邊。

那麼朱見深為什麼死心塌地地迷戀萬氏呢？

這得從朱見深多災多難的童年經歷開始說起。現代心理學證明，兒童時期的精神創傷常常使人在成年後產生異常的精神問題。朱見深很小的時候，父皇明英宗朱祁鎮在「土木堡之變」❶中被蒙古人給俘虜走了！留守北京的朝臣為了社稷國家，將朱見深的叔叔、郕王朱祁鈺推上皇位。反對勢力為了維繫宗法血統，將朱見深「突擊」立為皇太子。明代宗（景帝）朱祁鈺坐穩帝位，看姪子朱見深很不順眼，一心要讓自己的兒子取代他的太子地位。朱見深的境況不僅尷尬，而且危險，幾年後即遭廢黜，被叔叔牢牢幽禁在高牆中。可憐的朱見深從小就沒有父愛和母愛的呵護，在深宮過著擔驚受怕的淒涼生活。這也使他對溫暖充滿了強烈的心理依賴感。

世事難料。幾年後，父皇明英宗朱祁鎮又在「南宮復辟」❷中成功奪回了皇位，朱見深又成了皇太子。朱見深從此告別了多災多難，一路順利接了班，也有了萬貴妃。

朱見深對萬貴妃的迷戀為後者擅權專政提供了便利條件。萬貴妃不僅人不漂亮，個人品格也不足稱道。她城府很深，權力欲強，且心狠手辣。為了將朱見深牢牢地掌握在手中，方便自己攬權干政，萬貴妃橫行後宮，不許其他嬪妃佳麗接近皇帝。朱見深幾乎每夜都在萬貴妃宮中留宿。但是皇帝可以隨時隨地「寵幸」后妃宮女，其他人不可能完全杜絕他和女人的接觸。一旦朱見深和某個女子有染後，萬貴妃就給那個女子送去墮胎藥。她不允許其他女子生下子嗣，一心要讓自己的孩子接班做皇帝。對於墮胎藥失敗，依然懷上身孕的女子，萬貴妃則逼她們流產。誰不願意流產，就會有生命危險。後宮女子為了活命，都屈服於萬氏的淫威。鞏固權力之後，萬貴妃不斷向朱見深進讒言，迫使皇帝廢掉了皇后吳氏。

萬貴妃不僅獨霸後宮，還把手伸到了朝堂。侍郎李孜省、萬貴妃隨身太監梁芳、萬貴妃弟弟萬喜等人充當她的爪牙，黨同伐異。朱見深當政後期，內閣首輔萬安竟然自稱是萬氏的「子姪」，公然投靠萬貴妃，使萬氏一黨的氣焰囂張到達頂峰。朝堂中有誰敢逆著萬貴妃的意思辦事，馬上就被罷官貶職，遭到打擊報復。

朱見深登基的第二年（成化二年，西元一四六六年），三十六歲的萬貴妃生下了皇長子。當時舉朝慶祝，尤其是朱見深更是笑得合不攏嘴。也許是因為高齡生產的緣故，這個孩子存在生理缺陷，生下來幾個月後就夭折了，連名字都來不及取。皇長子的死給朱見深巨大的打擊，也成了萬貴妃心中的痛。此後，萬貴妃寵冠後宮，夜夜與朱見深同床共枕，可由於年齡的關係再也沒有生育。萬氏喪失了生育能力。

讓萬貴妃恨得咬牙切齒的是，成化五年（西元一四六九年）柏賢妃生下了一位皇子。這可能是萬貴妃一黨防範不嚴的後果。等柏賢妃的肚子很大的時候，朝野上下都關注著她的肚子，萬貴妃一黨找不到墮胎的機會了。這位皇次子被取名為朱祐極，在成化七年（西元一四七一年）被正式立為皇太子。

---

❶明正統十四年（西元一四四九年），蒙古各部分四路大舉騷擾明朝。明英宗朱祁鎮在大太監王振的煽惑與挾持下，執意親征。明軍大敗，在土木堡被圍殲。朱祁鎮被俘，五十萬明軍傷亡殆盡。這次大敗是明朝由盛而衰的轉折點。

❷景泰八年（西元一四五七年），將領石亨、太監曹吉祥等人發動政變，扶持被囚禁在南宮的明英宗朱祁鎮復位。英宗復位後，廢景帝為郕王，開始了大規模的反攻倒算。

萬貴妃焦躁不安，暴跳如雷，一心要把這個皇太子給搞掉。

二

其實朱見深還有另外一個兒子，只是朝廷上下和萬貴妃都不知道而已。

早年，廣西賀縣的紀姓土司發動叛亂，被朝廷大軍平息。當地有個姓紀的小女孩被當作罪犯，送入皇宮為奴。這位紀氏女子長大後，出落得端莊秀麗，被後宮挑中送到內書堂學習。在掌握了基本知識後，紀氏被派入內廷書室看護圖書。這是一個類似於圖書管理員的角色，與紀氏的氣質很相配。

一天，明憲宗朱見深到書室翻閱藏書，發現紀氏長得很漂亮，很有氣質，就在圖書館裡「寵幸」了她。這就一次「寵幸」讓紀氏懷了身孕。

朱見深早忘了這件事情，但萬貴妃卻很上心。皇次子的出生已經讓她很鬧心了，她可不願意再出現一位皇子。同時，萬貴妃認為紀氏的年輕和氣質好都是自己的大敵。她很快就給紀氏送去了墮胎藥。此時出現了一個改變歷史的小人物。萬貴妃派去逼紀氏墮胎的宮女理應站在萬貴妃的陣營才對，可她對萬貴妃的所作所為非常不滿，也同情紀氏的遭遇，和紀氏商量好後，回來謊報說紀氏並沒有懷孕，而是得了病。紀氏的大肚子裡不是孩子，而是脹氣。萬貴妃半信半疑地命令按照宮中制度，將紀氏送往安樂堂。安樂堂是後宮安置兩類人的冷宮：一類是犯了錯受罰的宮女，一類是得了重病將亡的宮女。

成化六年（西元一四七〇年），一個小男嬰幾個月後出生在安樂堂中。男嬰的出生給安樂堂帶來了極大的震動。消息很快就傳到了萬貴妃的耳中。萬貴妃在震驚之餘，決定痛下殺手。

與上次派遣一位無名宮女去逼紀氏墮胎不同，萬貴妃這回找了一個有名字有身分的人去把男嬰溺死。這個人是太監張敏，職位是安樂堂的門監。張敏接到萬貴妃的指令後，終究良心未泯，一邊告誡安樂堂中的女人們不要大驚小怪，注意隱藏保護孩子，一邊回報萬貴妃說男嬰已經被溺死了。萬貴妃相信了張敏的話，沒有繼續追查紀氏生的孩子，也對紀氏網開一面。實際上，男嬰在安樂堂被秘密撫養長大。

三

成化七年（西元一四七一年）十一月，皇次子朱祐極被立為皇太子，但在兩個月後就神秘暴亡。明憲宗朱見深悲痛之餘，給兒子定諡號為「恭悼」。

這個結果是萬貴妃夢寐以求的，也極有可能是她一手造成的。朝野暗中傳說是萬貴妃指使人在太子的飲食中下了毒。

恭悼太子死後，安樂堂中的男嬰就成了明憲宗唯一的兒子了。但是安樂堂以外的人，包括明憲宗都不知道男嬰的存在。

安樂堂中的女人都是一些可憐人。她們在進來之前，也許心中懷有奮發進取、博取權力地位的心思，失敗淪落到安樂堂後，內心漸漸變得恬淡平靜起來。紀氏生下的孩子讓她們重新看到了外面的陽光，看到了正常的人生。這些可憐的女子們在震驚之餘，內心的母愛本能和真善美的性情被激發出來，很快就接受了新來的小生命。她們盡其所有，撫育男嬰。

物質條件的匱乏還是其次的困難，最大的問題是如何保密，不讓外界知道紀氏生下的男孩在漸漸長大。紀氏和宮女們輪流愛撫、逗樂孩子，免得孩子哭鬧；沒有衣服，大家就把舊衣物改為小衣服給他穿；為了不露出蛛絲馬跡，小孩子都五六歲了，紀氏都不敢給他剪胎髮。結果，帝國的皇子長得面黃肌瘦、蓬頭垢面、胎髮拖地，對安樂堂之外的事情一無所知。

當時，被廢掉的吳皇后被幽居在冷宮中，鄰近安樂堂。也許是身處逆境，心靈相通的緣故，吳皇后知道了孩子的秘密存在。她常常暗中到安樂堂探望、哺養小男孩，盡自己的一份棉薄之力。

這個小男孩是個見不得陽光的孩子，注定只能生活在封閉、陰暗的冷宮中。按說，在如此糟糕環境中成長的孩子很難具備常人的心智。奇怪的是，這個孩子雖然缺少正常孩童的快樂，但成長為了一個「正常的人」。幾乎所有的皇帝和皇家的孩子們，雖然智力超群、能力出眾、精力充沛，但在精神上總和絕大多數的人不同。他們想的和其他人不一樣，對事物的欣賞評價也和其他人不一樣。「天意難測」，難就難在不能用正常人的思維去推測皇帝的思想。成長於安樂堂的這個孩子雖然在智力和能力上比不過那些偉大的帝王，但在個人精神和思維上是個正常人。這要感謝紀氏和宮女們從來就沒有把孩子看作是皇子，而是按照一個正常的晚輩來培養。母親紀氏搜索兒時的記憶，結合接受的教育，把自己知道的都傳授給了兒子。其他的宮女也紛紛把民間百相、人情冷暖、宮闈鬥爭乃至兒女私情告訴孩子。這樣的教育才是世俗的、正常的教育。

很難說，安樂堂對一個孩子的成長究竟是有害還是有利。

四

成化十一年（西元一四七五年）的一天，二十九歲的朱見深早起梳頭，看到頭上出現了若干白髮。他對鏡長歎道：「我就要老了，可還沒有兒子啊。」

張敏已經從安樂堂的門監調到了朱見深的身邊，伺候皇帝梳頭。他聽到朱見深的感歎，連忙伏地稟報：「請皇上恕臣死罪，萬歲您有兒子。」

朱見深愣住了，問：「我的兒子在什麼地方啊？」

張敏豁了出去，說：「臣說了出來就有生命危險，但請萬歲為皇子做主。」

當時，萬貴妃對後宮的控制比原來更緊了，朱見深身邊密布她的耳目。張敏揭露實情的確是冒著生命危險的。且不說朱見深不一定相信張敏的話，萬貴妃的眾多耳目眼線也不一定能給張敏詳細說明冒出來的太子情況的機會。就在那些親信耳目有的趕緊去向萬貴妃報信，有的要上前阻撓張敏的時候，大太監懷恩發揮了不可忽視的作用。

懷恩是司禮監大太監，處事穩重，和萬貴妃的關係也過得去。但懷恩並不認同萬貴妃的所作所為。萬貴妃重用的是奸詐太監梁芳、錢能等。看到梁芳、錢能等人在後宮上竄下跳，懷恩表面上無動於衷，實際上是沒有找到合適的時機出手而已。暗地裡，懷恩聚攏力量，掌控著皇宮的一切情況。日久天長，安樂堂中的皇子也沒有逃過懷恩的眼睛。懷恩暗中保護皇子。現在，他也覺得是揭露真相的良機。

懷恩憑藉身分，喝止那些萬貴妃的耳目，也跪在張敏身邊，叩首稟報：「張敏說的都是實話。皇子現在就養在安樂堂中，現在已經六歲了，一直隱匿不敢讓皇上知道。」

有了懷恩的肯定，朱見深信以為真。他幾乎是欣喜若狂，匆匆穿戴整理，馬上擺駕去安樂堂。朱見深見子心切，嫌車駕太慢，就派人先去迎接皇子。

皇宮中頓時亂成一團。安樂堂聞訊後，更是歡呼聲響成一片。小孩子終於可以見到光明了。使者恭恭敬敬地來見皇子，紀氏卻抱著孩子號啕大哭：「兒子，你去見你父皇吧。我活不長了。」萬貴妃在後宮操著生殺予奪大權，對一般的人想殺就殺。即使現在紀氏能夠因為兒子封為后妃，也逃不過萬貴妃的魔爪。吳皇后和恭悼太子就是活生生的例子。

突然，紀氏想起一個很嚴重的問題。兒子頭腦中沒有「父親」的概念，也沒有「男人」的樣子。因為兒子從出生以來見到的都是宮女，連太監都極少見到。萬一等皇上和兒子父子相見，兒子漠然沒有反應，該是多麼尷尬的事情啊。那樣的話，對兒子的發展不利，甚至可能給人否認兒子是朱見深親生的藉口。紀氏想了很多，靈機一動，想到一個教兒子認識父皇的方法：

「兒啊，你的父親穿著黃袍，嘴巴上長著頭髮。待會兒，你千萬別認錯人了啊。」

紀氏的話很生動。後宮中只有皇帝朱見深一個人「嘴巴上長著頭髮」。小孩子一下子就記住了父親的特徵。

使者和宮女們一齊動手，給小皇子穿上小緋袍，扶上小輿車，簇擁到安樂堂外的台階下，等待朱見深的到來。孩子渾身長著茸茸的胎毛，長髮披到地上，第一次完完整整地享受到耀眼的陽光。

朱見深的大隊人馬很快就到了。小孩子表現得非常出色。他一看到一個穿著肥大黃袍，嘴巴上面有頭髮的人剛從車駕上下來，就跑了上去，撲到他的懷裡。朱見深眼淚嘩啦啦地就下來了，一把將兒子深深摟在懷中。父子相認的場面非常感人。好一會兒，朱見深才坐下，把兒子放在膝蓋上，一邊愛撫，一邊凝視起來。看到兒子尚未適應強光的雙眼和蒼白的皮膚，悲從中來，又嘩啦啦地流淚。他邊哭邊說：「這是我的兒子，像我。」朱見深多年的心病算是了了。

懷恩受命趕赴內閣，向朝臣詳細解釋了皇子的出現情況。朝廷隨即頒告天下：皇上唯一的兒子已經六歲了！

太子喪母

一

朝野上下都上書祝賀朱見深有了一個兒子。有沒有皇子，關係到整個王朝的命運。朱見深即位十多年了都沒有皇子，大臣們心裡都很著急。看後宮萬貴妃的樣子，即使朱見深生下兒子來也保不住。現在好了，天上掉下一個活蹦亂跳的皇子，長到六歲了，活得好好的，也不是萬貴妃能夠輕易陷害得了的。大臣們高興極了。

朱見深和群臣給皇子取名朱祐樘，冊立為皇太子。紀氏也從安樂堂移居永壽宮，數次被朱見深召見。母子倆看來是苦盡甘來，熬出頭了。

萬貴妃知道後，咬牙切齒，痛哭流涕，日夜琢磨著怎麼報復紀氏母子。她不是亂砸東西，就是抱怨小人陷害自己。朱祐樘已經是皇太子了，目標太大，一時難以陷害。萬貴妃只好先從紀氏入手。幾個月後，太子生母紀氏暴卒。紀氏死得很奇怪，人們都懷疑是萬貴妃下的毒手。因為萬貴妃權勢熏天，又得到皇帝朱見深的偏袒，人們敢怒不敢言。[3]

紀氏死後沒幾天，太監張敏也吞金自殺了。這又加深了人們對紀氏死因的懷疑。張敏多少知道紀氏暴亡的真相，不禁為自己的命運擔憂。他很可能是因為怕遭到萬貴妃一黨的虐待而自殺的，或者乾脆就是被萬貴妃一黨逼死的。

好心的人們為朱祐樘的命運擔心了。照此下去，恐怕小太子朱祐樘也難逃萬貴妃的魔掌。周太后適時插手進來，將朱祐樘接到自己住的仁壽宮居住。周太后主動承擔起了撫養小孫子的重任。周太后德高望重，對小孫子看得很緊，萬貴妃一黨難以找到下毒手的機會。朱祐樘能否健康成長，儼然成了朝野上下觀察政治清明的指標。萬貴妃更加投鼠忌器了。

萬貴妃心裡那個急啊，急得整天在想怎麼陷害太子。這反而讓她放鬆了對後宮的控制。此後，皇宮中喜訊不斷，邵宸妃、張德妃、姚安妃、楊恭妃、潘端妃和王敬妃陸續生出了皇子。朱見深的皇子越來越多，萬貴妃逐漸失去了殺害朱祐樘的意義。

二

殺害朱祐樘不成，萬貴妃動了「更立太子」的念頭。

萬貴妃的黨羽——太監梁芳、錢能等人每次看到朱祐樘，心中就不寒而慄。他們老想著之前對朱祐樘母子的陷害，想到紀氏的暴亡和張敏的自殺。這些事情都和他們有關。等到朱祐樘繼位當了皇帝，梁芳、錢能等人還會有好果子吃嗎？說不定還會有性命之憂。於是，這些黨羽親信就慫恿萬貴妃千萬不能讓朱祐樘順利繼位。萬貴妃一想也對，決定說動朱見深換一個太子，從新生的皇子中挑選一位新的太子。

朱見深對萬貴妃言聽計從，唯獨這一次沒有受枕邊風影響。因為朱見深本來從小就深受「更立太子」之風的影響。他小時候，叔叔明代宗和部分大臣老想著廢掉朱見深的太子地位，換上叔叔的親生兒子。朱見深被幽禁在高牆內，苦不堪言。萬貴妃對更立太子的事鼓吹得越起勁，朝野上下為朱祐樘的太子地位爭得越不可開交，朱見深就越回憶起童年的慘痛經歷，對朱祐樘的境遇

❸後來朱祐樘當了皇帝後，大家才敢把紀氏的暴亡拿出來說事。御史曹璘就奏請削去萬貴妃的謚號（萬貴妃當時已經死了）；魚台縣丞徐頊則奏請逮捕當時給紀氏看病的所有御醫，逮捕萬氏的家屬，刑訊追究紀氏死亡的詳情。一時間，大臣們大有非查清真相不可的勁頭。朱祐樘是個厚道人，不願意因為母親的死引起朝政動盪，人心不寧。於是，他以「重違先帝意」的名義，宣布案子在先帝時就已經了結了，現在不需要再追究了。

感同身受，不願意改換太子。上天也保佑朱祐樘。泰山地區發生大地震。在傳統政治觀念中，東嶽泰山是皇太子的象徵。泰山地震被看作是上天對朱祐樘的支持。大臣們紛紛上奏：「上天示警，如果改立太子必將引起動亂。」朱見深本來就篤信佛教，又同情朱祐樘，現在更是明確表示太子表現出色，自己無意廢棄。

朱祐樘的地位徹底穩定下來。

萬貴妃一黨更立太子失敗後，開始積極和朱祐樘套近乎。大灰狼換上了一副善良的嘴臉，在多數人眼中就變成了狼外婆。人們不會認為惡狼真的成為了善羊。也許萬貴妃真的想改善與太子的關係，為日後著想。但其他人都認為她是換了一種方式去迫害朱祐樘而已。

萬貴妃多次招呼朱祐樘去貴妃宮中玩耍。萬貴妃的邀請非常頻繁，態度很殷勤，但是周太后不放心，堅持不讓孫子去見萬貴妃。一天，萬貴妃再次熱情地邀請太子朱祐樘來玩耍。周太后實在推託不了，只好允許朱祐樘去萬貴妃宮中。臨行前，周太后叮囑孫兒說：「孫兒到萬貴妃宮中，記住不要吃任何東西。」朱祐樘見到萬貴妃後，果然不吃任何美食。萬貴妃給他東西，他就說：「我已經飽了。」萬貴妃又拿出美味的湯羹給他吃。朱祐樘畢竟是小孩子，受不了美味的誘惑，很想品嘗一下。但他牢記祖母的警告，只好實話實說：「我怕湯中有毒。」萬貴妃聞言，彷彿利刃在胸，感慨道：「小小年紀就這樣防著我，等長大了，我還會有好結果嗎？」

萬貴妃從此性情大變，變得焦慮而多疑，老念叨著自己的將來。不久就憂憤成疾了。生病後，萬貴妃不好好治，變得孤僻暴躁，動不動就拿身邊的人撒氣。她身體很胖，又常常發怒，發怒了就要打人，弄得氣喘吁吁，糟蹋自己的身體。一次，萬貴妃用拂子毒打宮人，一口痰湧上來，堵住氣管，閉氣而死。一代悍婦就這麼死了。

明憲宗朱見深聞訊既震驚又傷心，下令輟朝七日，給萬氏定諡號為「恭肅端慎榮靖皇貴妃」。他對萬貴妃的感情非常深，接受不了喪妻的打擊，病倒了，半年後死去。

太子朱祐樘繼位，改元弘治。朱祐樘就是明孝宗。

弘治中興

一

朱祐樘之所以被後世定廟號為「孝宗」，是因為孝心常在，孝行可嘉。

明孝宗繼位後，沒有追究萬貴妃在後宮的所作所為，但是對生母紀氏念念不忘。生母已死，雖然被追封為太后，風光大葬，但是這樣也寄託不了朱祐樘的哀思。明孝宗想厚待母親一家，但根本不知道生母的真實姓名和籍貫。在安樂堂中，朱祐樘記得母親隱約說過自己是賀縣人，姓紀。但紀氏年幼就成為明軍的俘虜，離開了老家，對家鄉和族人基本上沒有什麼記憶了。她能告訴朱祐樘的訊息也很有限。因此，明孝宗對生母家族的人無從查起。

宮中有個太監叫陸愷，是廣西人。他知道了朱祐樘急於查找生母家人。明朝的廣西話中，「紀」字和「李」字同音。陸愷就大膽地宣傳自己是紀太后的表兄。明孝宗喜出望外，輕信了陸愷的謊話，派人去廣西查找陸愷的族人，接到北京來。陸愷的親家韋父成就跳出來，冒稱自己姓李。有關部門也信以為真，按照外戚的禮節將韋父成迎接到北京，安頓在豪宅大院裡。

當地人紀父貴、紀祖旺見此，心裡活動開了：「韋父成假冒李氏都能得到富貴，更何況我們本來就姓紀。」他們也到有關部門謊稱自己是紀太后的族人。有關部門難以分辨，一級級向上報告，朝廷就特地派太監蔡用去查證。蔡用最後將紀父貴、紀祖旺兄弟的情況報告了明孝宗。

明孝宗以為找到了兩個舅舅，高興壞了，立即下詔改紀父貴的名字為紀貴，授錦衣衛指揮同知的官職；改紀祖旺的名字為紀旺，授錦衣衛指揮僉事的官職，並賜予宅第、金帛、莊田、奴婢，不可勝計。不僅如此，明孝宗還追封紀太后父親（就是因為造反被明軍鎮壓掉的那個）為中軍都督府左都督，母親為夫人；紀太后的曾祖父、祖父也都依次追封。紀父貴和紀祖旺兩人在賀縣的家族墓地也被當作紀太后先人祖墓，修繕一新，設置了守墳的百姓。紀家真算得上是「光宗耀祖」了。

韋父成看到紀父貴兩個人麻雀變鳳凰，立即顯貴起來，心理不平衡了。他衝到皇宮告御狀，要求分辨真偽。韋父成這個人也實在有趣，他明明知道自己不是真的紀太后的族人，竟然主動提出了驗明正身的要求。明孝宗也覺得很有必要查清真相，就派郭鏞查驗。郭鏞很快就查清韋父成是個冒牌貨，而認為紀父貴、紀祖旺兩人是真的。明孝宗心腸好，不追究韋父成，把他押送回地方管教而已。

官府在賀縣大張旗鼓地修繕「太后先塋」，讓許多人看到了鯉魚躍龍門的機會。賀縣許多姓紀或者姓李的人都說自己是紀太后的族人，向朝廷使者或者官府要求「解決待遇問題」。紀太后哪來那麼多的親戚啊？朝廷使者查清真相，向明孝宗奏報賀縣亂哄哄的情況，指出紀父貴、紀祖旺兩人其實也是「冒牌貨」。明孝宗震驚之餘派遣給事中孫珪、御史滕祐前往廣西賀縣一帶微服私訪。孫、滕二人很認真負責，深入瑤、僮各族村寨，做了一個詳細的調查。他們認為現在這些自稱是皇帝親戚的人都是假的，真正的紀太后的族人極有可能被明軍剿滅了。明孝宗恍然大悟，處罰了郭鏞等人，將紀父貴、紀祖旺兩人流放邊遠地區。五花八門的冒稱外戚事件就此結束。

此後，明孝宗多次尋找紀太后的家人，都沒有成功。最後無奈，他只好依照明太祖朱元璋馬皇后的例子❹，遙尊太后父親為光祿大夫柱國、慶元伯，諡號「端僖」，太后母親為慶元伯夫人。桂林府建立慶元伯廟，官府年年歲歲祭祀。這多多少少了卻了明孝宗的心願。大學士尹直曾撰寫了悼念慶元伯的哀冊。其中有一句：「睹漢家堯母之門，增宋室仁宗之慟。」明孝宗每次讀到此句，都會悲傷落淚。

二、

前面已經說過，見不得天日的悲慘童年雖然給明孝宗造成了創傷，但卻將他培養成了一個正

❸馬皇后是朱元璋的結髮妻子，在濠州農民起義軍陣中嫁給了朱元璋。明朝建立後，朱元璋大規模尋找馬皇后的族人。但馬皇后考慮元末天下大亂，家族四散難找，怕驚動地方，不讓朱元璋追尋自家家人。最後朝廷籠統尊奉馬氏先人了事。

常的人。這對明朝的天下來說，是一大幸事。

明朝天下傳世十六位皇帝，除了開國的明太祖和明成祖之外，《明史》認為明孝宗是其次可以稱道的一位明君。「孝宗獨能恭儉有制，勤政愛民，兢兢於保泰持盈之道，用使朝序清寧，民物康阜。」早在明孝宗祖父明英宗時期，明朝就開始走下坡路，但因為明孝宗的勤勉圖治，明朝後期出現了一段「弘治中興」的盛況。

首先，明孝宗時期政治比較清明。

明孝宗剛剛即位的時候，內閣首輔大學士是萬安。萬安是一個靠著明哲保身、溜鬚拍馬逐步提升的老官僚，還主動投靠萬貴妃，自認為是萬貴妃的「子姪」。他對上唯唯諾諾，對下毫無作為，就曉得貪污受賄。但他有一項本事，就是召集一些人替皇帝研究「房中術」，常常向明憲宗朱見深奏報一些男女行房的新聞和新招式，很得朱見深的肯定。朱見深死後，明孝宗繼位。萬安覺得明孝宗年紀輕輕，正是需要「房中術」指導的時候，於是和門客們趕製了一本介紹男女行房內容的百科全書，夾在奏摺中遞了上去。明孝宗和正常人一樣，極其厭惡萬安的行為，公然駁回了萬安遞上來的書。萬安於是遭到了朝野的彈劾抨擊。萬安人稱「萬棉花」，不管有多少人彈劾，他都毫不知恥，若無其事，賴在首輔的位置上不辭職。明孝宗也有辦法，讓大太監懷恩在內閣當眾將彈劾萬安的奏摺一封封念給萬安聽。萬安的臉皮實在是厚，聽完一封奏摺就叩頭認一次罪，但就是不辭職。最後，懷恩念完了奏摺，奪下萬安的牙牌，將他驅逐出內閣。萬安這才上表請求退休。這裡還要說說懷恩。懷恩本姓「戴」，官宦家庭出身，忠良之後。後來家族遭到奸臣迫害，懷恩被閹入宮做了宦官，還取了一個屈辱的名字「懷恩」。懷恩臥薪嚐膽，始終懷有伸張正義、報效國家的志向。懷恩在明朝歷史上可比初期的鄭和，不同於劉瑾與魏忠賢。明孝宗的用人，大致就是去萬安而用懷恩的情況。

其次，明孝宗在個人生活方面也很值得稱道。明孝宗可能是中國古代唯一一個實行一夫一妻制的皇帝。

明孝宗皇后張氏端莊嚴肅，舉止合禮，朱祐樘很喜歡張氏，終其一生都沒有冊立其他嬪妃。絕大多數的皇帝都把很大一部分精力花在挖掘美女和消受美女上面，明孝宗卻和張氏恩恩愛愛，沒有動過花花心思。張氏不是萬貴妃那樣凶悍殘暴的人，朱祐樘不冊立嬪妃一事看來完全是出自他的本心。也許，朱祐樘從小聽慣了安樂堂中女人們的悲慘遭遇，只立皇后，解決了許多麻煩。另外，在明朝後期，朝廷每年一半以上的開支都花在了供養藩王和皇室成員身上。明朝實行的是藩王世襲制度，皇帝之子一般封王。皇帝多娶嬪妃就意味著多出一堆王爺來。明孝宗的清心寡欲倒是對國家大大有利。但貴族和大臣們都極力勸諫明孝宗要多親近女色。為什麼呢？因為明孝宗和張皇后只生下了一個皇子，從王朝延續的角度來看，朝廷只有一位皇子是危險的。因此有大臣勸諫明孝宗仿照古制，設立後宮十二妃，多降皇子，讓皇室綿延繁盛。朱祐樘沒有接受這樣的意見。

明孝宗的獨子叫朱厚照，就是日後的正德皇帝。正德皇帝荒淫無恥，年輕時就夭折了，沒有子嗣。皇室果然面臨了後繼無人的困境，只好挑選宗室興王朱厚熜入主大統。朱厚熜就是嘉靖皇帝，挑起了一場血統問題的「大禮儀之爭」，對王朝命運產生了消極影響。歸根結底，明孝宗個人生活的清心寡欲反顯得不足稱道了。

西元一五〇五年，明孝宗朱祐樘病死。他在位十八年，終年三十六歲，葬於泰陵。

10

半生等待半生愁

疑團重重的朱常洛

朱常洛就是明光宗。很少有人知道他的年號「泰昌」，因為朱常洛僅在位三十天。更很少有人知道朱常洛為了那三十天的皇帝生涯苦熬了三十九年之久。因為不討父親萬曆皇帝喜歡，朱常洛的太子地位岌岌可危，經歷了一樁又一樁的謎案，牽動了整個明王朝的神經。

國本之爭

一

萬曆九年（西元一五八一年）的一天，明神宗萬曆皇帝朱翊鈞去慈寧宮探望生母李太后。在慈寧宮逗留的時候，萬曆皇帝讓太后身邊的宮女去給自己打水洗手。一位姓王的宮女給皇帝打了水，侍奉皇帝洗手。萬曆偶然發現王氏年輕貌美，就把王氏拉住「寵幸」了一次。「寵幸」完畢後，萬曆整整衣冠，走了，臨別前給王氏留下一副首飾作為紀念。

王氏依然在李太后身邊做宮女。兩三個月後，王氏的肚子慢慢大了起來。她懷上了身孕！這可讓盼孫心切的李太后欣喜異常。當時，萬曆皇帝的年紀已經不小了，雖然早早娶了皇后和嬪妃，但就是一直沒有生育。王氏的懷孕讓李太后看到了希望，高高興興地把兒子萬曆皇帝叫過來，詢問他怎麼處理王氏。李太后的意思很明白，就是要兒子趕緊給王氏一個名分，護養著肚中胎兒。如果能生下皇子，那將是普天同慶的大喜事。

誰想，萬曆皇帝聽到消息後，冷漠地說自己不曾「寵幸」過王氏。

李太后沒想到兒子如此不上心，只好強壓著心中不快，令人取出《起居注》和萬曆當面驗對。所謂的《起居注》就是歷朝歷代記載皇帝日常言行的宮廷檔案。萬曆皇帝以為自己當日和王氏的男歡女愛神不知鬼不覺，沒料到被一清二楚地記錄在檔案中。而且《起居注》還清楚記錄了萬曆賞賜王氏首飾的細節。有首飾為證，萬曆一時面紅耳赤，無法抵賴。

萬曆皇帝極不情願地認下了這筆「風流帳」，並照李太后旨意封王氏為才人。數月後，王氏又被晉封為恭妃。

萬曆十年（西元一五八二年）八月，王恭妃順利生下了皇長子，取名為朱常洛。

朱常洛的出生是明王朝政壇的一件大事。萬曆皇帝很早就有了王皇后。王皇后相貌端正、溫良賢慧，是朝野上下公認的「母儀天下」的好皇后。這樣的皇后人選，非常符合儒家的政治標準，但不是萬曆溫存寵愛的理想對象。萬曆皇帝還有一位劉昭妃。可兩位后妃都沒有生下一兒半女。朱常洛的誕生解決了皇位後繼無人的潛在危險。文武百官聞訊，歡欣雀躍，紛紛上表祝賀皇長子的誕生。萬曆皇帝也不得不上殿接受祝賀，並告祭宗廟社稷，下詔書告訴全天下朱常洛誕生的消息。

二

萬曆皇帝做足了表面工夫，可心底裡一點都不喜歡朱常洛。

因為朱常洛是萬曆皇帝偶然臨幸宮女而生下的。這是萬曆的一塊心病。

其實，萬曆皇帝朱翊鈞的身世和兒子朱常洛一樣。當年，他的父皇隆慶皇帝朱載垕在後宮偶然看中了宮女李氏，「寵幸」了一次。李氏幸運地懷孕，並生下了朱翊鈞。朱載垕雖然也覺得在外面亂搞宮女，還生下皇子是一件不光彩的事情，但他對朱翊鈞和李氏採取了負責的態度，不僅給了李氏名分，還立朱翊鈞為太子。現在，朱翊鈞成了萬曆皇帝，卻在心中將和自己身世相同的朱常洛視為恥辱，將整件事情都看作是一樁醜事。他始終在心中繞不過彎來。

皇長子誕生後，李太后抱著小孫子，喜孜孜地問萬曆皇帝，什麼時候立朱常洛為皇太子。萬曆皇帝突然意識到，這個討人厭的「風流情種」竟然是皇位的第一順位繼承人。這太可怕了。他打心眼裡就不願意立朱常洛為皇太子，很自然地流露出自己的真實想法：「他是都人的兒子，如何立為太子。」

「都人」是明朝對宮女的稱呼。王恭妃是在懷孕後才由宮女「突擊」進封的，本質上還是宮女。萬曆皇帝的名分觀念和虛榮心讓他始終鄙視王恭妃母子。但他忘記了，自己的生母李太后也是宮女出身，也是被隆慶皇帝偶爾「寵幸」後才懷上他的。事過境遷，李太后聽了兒子的話，頓時勃然大怒，訓斥萬曆說：「別忘了，你也是都人的兒子！」

這一訓斥讓萬曆皇帝心驚膽戰，不得不跪地請罪，唯唯諾諾拜別出宮。但皇帝的心病絲毫沒有去除。萬曆皇帝堅定地拒絕立皇長子朱常洛為太子。王恭妃再也沒有被萬曆拿正眼看過，更談不上寵愛了。她只好孤獨地帶著朱常洛僻居別宮，生活清苦。

文武百官當中也不乏有要求立朱常洛為太子的聲音。萬曆皇帝就找了一個理由，說皇后還年輕，日後會生下嫡皇子來的，等皇后生下了嫡子，再立嫡子為太子。封建宗法規定「立嫡不立庶，立長不立幼」。血緣嫡庶之分高於長幼之別。朱常洛雖然是皇長子，但卻是庶出（妃子生的）；日後如果王皇后生下皇子，那就是嫡子，比朱常洛更有資格做太子。萬曆的理由也還站得住腳，得以壓制住一片擁立朱常洛的呼聲。

沒幾年，群臣就發現萬曆的理由只是哄騙大家的小把戲而已。

萬曆十四年（西元一五八六年）正月，淑嬪鄭氏生下了皇三子（皇次子出生後夭折了）朱常洵，使事情複雜化了。這個鄭氏有著閉月羞花的美貌，而且知書達理、聰明機警，是萬曆最寵愛的嬪妃。鄭氏和萬曆的關係不是小妾依附於夫君的關係，而是有著濃厚的平等色彩。她不僅傾聽萬曆皇帝的訴苦，還毫不留情地批評萬曆的缺點。鄭氏生子後，萬曆很快就封鄭氏為貴妃。這是一次不符合禮制的擢升。皇長子的生母還只是妃子，皇三子的生母卻被擢升為更高一級的貴妃。這裡面是否包含著某種信號呢？同時，萬曆皇帝寵愛鄭貴妃，愛屋及烏，將三子朱常洵視若珍寶，表露出要立三子為皇太子的意思。宮中還傳說，鄭貴妃經常給萬曆皇帝吹枕邊風，要求立自己的兒子為太子。萬曆皇帝在鄭貴妃處待的時間越來越長，傳言也就越來越多。

朝廷百官知道萬曆皇帝廢長立幼的意圖後，感覺被皇帝欺騙了。

三

淑嬪被封為貴妃後，文官集團決定在萬曆立太子一事上發威了。

明朝的文官集團是帝國政治結構中的重要力量。中國儒家政治發展到明朝中後期，已經成熟到了近似故步自封的程度。各種思想觀念深入人心，政治制度按部就班地進行。嘉靖皇帝幾十年沒有處理朝政，明朝官府上下照樣運轉正常。明朝政治的穩固性可見一斑。政治的穩定離不開一群奉行儒家道德觀念的文官。他們按照儒家的理論和「前朝慣例」，把自身當作龐大政治機器上的螺絲釘，一絲不苟地處理著朝政。

在文官集團看來，政治清明和穩定的關鍵是奉行儒家的理論。而其中最重要的就是「倫理綱常」。為王朝挑選合適的皇帝人選是最大的「倫理綱常」。王皇后遲遲沒有生育，皇長子朱常洛成為太子是順理成章的事情。萬曆想「廢長立幼」，在文官集團看來就是政治黑暗的表現，是必須糾正的。為了糾正皇帝的錯誤，讓政治早日重返清明，文官集團做好了戰鬥的準備。多少讀書人出身的文官們期待著與黑暗作鬥爭以便名垂青史，永垂不朽。即便陣亡，他們同時也成就了剛正無私的名聲，實現了人生的價值。

簡單地說，倫理綱常和個人名節是文官們最看重的。

文官集團決定在萬曆皇帝立嗣問題上大動干戈的另一大原因是他們吸收了嘉靖朝「大禮儀之爭」血的教訓。那是正德十六年（西元一五二一年），明武宗朱厚照死後無嗣，堂弟興王朱厚熜繼承皇位。朱厚熜就是嘉靖皇帝。但他在北京的城門口為整個朝廷提出的難題：他要求以兄終弟及的名義繼承皇位，而不是子承父業的名義。文官集團認為朱厚熜是作為兒子過繼給明孝宗來繼承皇帝的，因此要稱孝宗皇帝為「皇考」，而稱生父興獻王為「皇叔」。朱厚熜卻要給生父追加帝號，而稱明孝宗為「伯考」。「大禮儀之爭」由此產生。大禮儀之爭在嘉靖三年（西元一五二四年）的夏天達到了高潮。當天，反對朱厚熜做法的「護禮派」兩百多名大臣組成長長的隊伍，跪在左順門外，大呼孝宗弘治年號，哭諫不可為興獻王上帝號。一千人喊聲震天。朱厚熜派人勸說大臣們退去，沒有效果，更加固執起來，下令將為首的八位大臣押入監獄。門外的大臣們情緒更加激憤，騷動起來，聲震闕廷。被激怒的朱厚熜派出錦衣衛大肆搜捕，逮捕了一百三十四名官員，其餘官員錄名待罪。他下令將四品以上官員奪俸，五品以下杖罰。受杖的一百八十多人中，有十七人受刑死亡。

「大禮儀之爭」以文官集團慘敗結束，導致了嘉靖皇帝與群臣之間長達數十年的隔閡。嘉靖朝被文官集團看作是政治黑暗的典型，看作是要極力避免重新出現的一段「慘痛記憶」。現在又一次面臨皇位更替問題的綱常倫理之爭，文官集團豈能善罷甘休？

內閣首輔大學士申時行就是在群情激勵之際，請求立即冊立朱常洛為東宮太子。萬曆皇帝儘管知道這是整個文官集團的意見，還是以「朱常洛年紀尚小」的理由搪塞了過去。二月，戶科給事中姜應麟上了一份言詞激烈的奏摺，反對鄭氏越級晉升為貴妃，主張「冊立元嗣為東宮，以定天下之本」。所謂的「元嗣」就是朱常洛，姜應麟認為朱常洛是理所當然的太子人選。萬曆皇帝閱後，大筆一揮，將姜應麟貶為廣昌典史。姜應麟因為率先擁立朱常洛，把這件事情挑明了，現在雖然貶官外任，卻高高興興地上任去了。

此後，年年月月都有朝臣奏請冊立皇長子朱常洛為太子。萬曆皇帝不斷用沽名釣譽、賣乖販直、干擾聖意等名義加以訓斥，打板子的打板子，貶官的貶官，可就是抵擋不住要求早立太子的呼聲。慢慢的，萬曆皇帝耍起了「坑蒙拐騙」、「矢口抵賴」等下流手段來。朱常洛的年紀一天天地長大，再說他太小的理由說不下去了。萬曆皇帝就說等皇長子十五歲時再議太子之位。朱常洛快十五歲了，萬曆皇帝又說群臣不斷上奏，干擾了自己的決策，冊立太子的事情要延後，拖到萬曆二十年（西元一五九二年）春天再說。萬曆皇帝和群臣鬧起了意氣，你們不是堅持要立朱常洛為太子嗎，我偏偏就不封朱常洛為太子，而且還以你們「奏擾」作為不立儲的理由。大臣們也有自己反抗的方法。你不立長子為太子，有違儒家倫理，是政治黑暗的表現，我身為大臣，應該為此負責。許多大臣紛紛自己彈劾自己。彈劾奏摺交上去後，不管你皇帝批不批，我都「待罪」在家，撂擔子不辦公了。有的大臣不是消極怠工，而是直接罷工。萬曆二十年，大學士王家屏等人將御批的奏疏原封不動地退還，要求萬曆皇帝採納諸臣立儲之請，早日立朱常洛為太子，不然就不執行皇帝的御批。結果，王家屏等人全部被免職。

萬曆皇帝後來學起了嘉靖皇帝，乾脆終年躲在深宮中，不出宮門，也不上朝會見朝臣，落得個「眼不見、耳不聞、心不煩」。

立嗣之爭已經嚴重干擾了明朝的政治運行。

四

萬曆二十一年（西元一五九三年）正月，萬曆皇帝琢磨出了一個「妙招」來。

萬曆皇帝很客氣地把內閣首輔大學士王錫爵叫來，給了他一個手諭，計劃把皇長子朱常洛、皇三子朱常洵和皇五子朱常浩一併封王，日後再選擇其中最優秀的人為太子。

王錫爵立即發現了「三王並封」計劃的蹊蹺之處。表面上，萬曆皇帝退了一步，將三個兒子都封為王，實際上是「以退為進」，提升了朱常洛地位的同時將皇長子和其他二子相提並論了。更要命的是，萬曆皇帝說日後的太子要從三個兒子中挑選，間接否決了群臣要求立朱常洛為太子的呼聲。王錫爵是反對「廢長立幼」的，但膽子又小，不敢當面駁回萬曆皇帝的詔書（之前的兩位內閣首輔都因此被免職了），為難起來。如果在皇帝的詔書上附議，頒布出去，王錫爵肯定要成為朝野攻擊的焦點。久經官場的王錫爵也不是省油的燈。他馬上表態擁護萬曆皇帝的詔書，同時又跪請萬曆皇帝將朱常洛交給王皇后撫養。因為一旦朱常洛交給王皇后撫養，成了王皇后的養子，那麼他在皇長子的身分之外又多了一層嫡子的意思，將成為毫無爭議的最佳太子人選。萬曆皇帝沒料到王錫爵急中生智「生」出這麼一個主意來，想了想，也同意了。王錫爵隨即又增擬了一道將朱常洛交由皇后撫養的詔書，這才叩頭出宮。

等王錫爵一走，狡猾的萬曆皇帝扣住了第二封詔書，只向朝廷下發了「三王並封」的第一封詔書。

詔書一出，朝臣大譁，紛紛指斥王錫爵軟弱無力，貪圖榮華富貴。

王錫爵忙解釋說還有第二封詔書的存在，表白自己也是反對「廢長立幼」的。但是他沒有確切的證據，百口難辯。王錫爵的學生和親信於是紛紛勸他說：您老人家中了皇上的詭計了，這種事情沒有第三者在場，您是無法「自明」的；現在詔書頒布了，天下都認為這也是您的意思。更可怕的是，如果日後朱常洛成為了皇帝，他知道王錫爵當初反對擁立自己，那可能會給王家帶來「滅門之禍」。王錫爵嚇出了一身冷汗，慌忙接連上了三道奏摺，自己彈劾自己，棄官辭職，跑回老家以求自保去了。

王錫爵退場後，要無賴手段的萬曆皇帝不得不直接面對所有壓力了。朝野上下、百官士人前仆後繼，言詞激烈，反對三王並封，而且堅決要求冊立朱常洛為太子。萬曆皇帝迫於眾議，不得不收回詔書。群臣進一步要求確定太子人選，萬曆皇帝也堅守底線，拒不答應。最後被逼急了，萬曆皇帝搬出了自己和王皇后「關係密切」的理由來，說王皇后之前身體略有小恙，現在病好了，朕經常與皇后在一起。意思是說，王皇后還年輕，帝后晚上常常「在一起」，大家要耐心等待「嫡子」的誕生，不要整天嚷著早立太子。這個理由成了萬曆皇帝對抗群臣進言的大盾牌。

儘管如此，立嗣之爭依然延續。李太后對兒子越來越不滿，也加入了敦促萬曆立朱常洛為太子的行列。王皇后一年年地老去，幾乎斷絕了生育的希望，也支持立朱常洛為太子。到萬曆二十九年（西元一六〇一年），朱常洛已經虛歲二十了。承受不住壓力的萬曆皇帝不得不在當年的十月冊立朱常洛為皇太子。同時，三子朱常洵被封為福王，五子朱常浩被封為瑞王，六子朱常瀛被封為桂王。

朱常洛終於得到了遲到的皇太子寶座。文官集團終於取得了對皇帝鬥爭的勝利。

梃擊謎案

朱常洛雖然坐上了皇太子的寶座，能否坐穩卻還是個未知數。父皇萬曆一如既往地不喜歡這個兒子，鄭貴妃和周邊的一小撮人虎視眈眈，蓄謀奪取太子的位置。太子在深宮中的地位不僅沒有改善，相反還惡化了。好在朱常洛從小在壓抑、殘酷的環境中長大，養成了中規中矩的性格，各方面表現都讓萬曆皇帝無話可說。政敵們也難以找到他的把柄。朱常洛最大的支持群體是宮外的文官集團。他們依然將宮中的任何風吹草動與王朝政治的綱常倫理聯繫起來，時刻敏感地關注著朱常洛和射向他的明槍暗箭。

萬曆三十一年（西元一六〇三年），各派政治勢力圍繞著太子寶座掀起了一個「妖書案」。案子的起因是有人寫了一本《閨範圖說》的小書，講的都是歷代后妃們溫良賢慧的事蹟。鄭貴妃拿到這本書後，進行編輯加工，然後資助出版了。也許她是想以此舉表明自己是文化的慷慨贊助者，也是溫良賢慧的后妃。但是該書被一些人敏感地認為是「只談后妃，不談立嗣」，是鄭貴妃樹個人形象，抬高自己的把戲。隨著圖書的傳播，有好事者託名「鄭福成」（「鄭」貴妃+「福」王=「成」功）用對話體加了一個「跋」。全書都說萬曆皇帝想要更換太子，指斥鄭貴妃一黨急著讓福王朱常洵「搶班奪位」。恰好當時有一個叫「朱賡」的大臣被突然提拔進入內閣，也被這個「鄭福成」說成是萬曆皇帝要更立太子的思想表露。萬曆皇帝看到這篇文章後，龍顏大怒，將這篇「反動文章」定性為「妖言惑眾」事件，下令錦衣衛和東廠大開搜捕之網緝拿元凶。結果錦衣衛和東廠四處捕逮，廣開冤獄，株連了無數的人，也查不到元凶。相反，案子成了朝野不同派系黨同伐異的工具，鬧得人心惶惶。最後，朝廷抓到了一個叫做「皦生光」的江湖騙子。也活該這個皦生光倒楣。他拿著類似的文章去敲詐勒索鄭貴妃的親屬，被扭送官府，於是成了整個「妖書案」的替罪羊。皦生光被凌遲，此案草草結束。

「妖書案」牽強附會的地方很多，表面看來鄭貴妃及其親屬是受害者。但是無風不起浪，蒼蠅不叮無縫的蛋。鄭貴妃和哥哥鄭國泰等人實實在在地暗中爭奪太子地位。太子朱常洛沒有過錯，驟然找不到更換的理由。他們就計劃在「嫡子」和「庶子」問題上搞花招。朱常洛是庶出，太子地位依然受到嫡子的威脅。如果鄭貴妃成為了皇后，那麼福王朱常洵就是嫡子，可以名正言順地向朱常洛發動衝擊。按照萬曆的心思，他也會同意以朱常洵代替朱常洛。因此，沒有生育的王皇后就成了鄭家的眼中釘、肉中刺，必先除之而後快。鄭貴妃利用在後宮的影響，處處為難王皇后。王皇后身邊的下人、宮中的供應都被削減到近乎「赤貧」的程度。因為有李太后的庇護，鄭貴妃一時不敢進一步迫害王皇后。而王皇后在清苦的日子中堅強地活了下來。數年後，李太后病逝了，王皇后的境況繼續惡化，但仍然奇蹟般地和萬曆皇帝同年而逝。鄭貴妃等人「以嫡易庶」的計謀沒有成功。

還有一個具有標誌性的事件是福王朱常洵逗留京師，拒不「就藩」。明朝制度要求皇子受封藩王後，要前往封地居住，沒有召喚不得輕易回京。這個制度就是「就藩」，是中央對藩王的防範措施。福王朱常洵的封地是洛陽，本應前往洛陽就藩，卻在受封後的十三年內以各種理由逗留在北京。即使年輕的朱常洵沒有覬覦太子寶座的心思，人們也會認為他是某個政治陰謀的工具。因此，十三年來，朝野大臣不斷敦促福王去洛陽就藩。朱常洵就是賴著不走，結果流言越來越多。萬曆四十一年（西元一六一三年）六月，有個叫王曰幹的人向朝廷告發孔學等人利用巫蠱圖謀不利於太子朱常洛。王曰幹直接指出巫蠱案是鄭貴妃、福王指使的。儘管最後給王曰幹扣上了「奸人」的帽子，案子不了了之，但還是給逗留在北京的朱常洵造成了巨大的壓力。之後，請他就藩的聲音越來越響亮。禮部右侍郎孫慎行、大學士葉向高等人更是多次向朱常洵強諫。福王朱常洵不得不在萬曆四十二年（西元一六一四年）南下洛陽「就藩」。

朱常洵就藩洛陽後的日子過得相當瀟灑。父皇萬曆給了他莊田二萬頃，朱常洵還能從鹽引上獲得巨大收益。因此，朱常洵可謂是真正的「福」王，雖然離開了政治核心，但沉湎酒色，生活無憂。崇禎十四年（西元一六四一年）李自成攻克洛陽，福王朱常洵太胖了，跑不動，被農民軍抓住處死。這些都是後話了。

不管怎麼說，朱常洛以靜制動，又取得了權力場的勝利。

二

萬曆四十三年（西元一六一五年）五月初的一個傍晚，肅穆凝重的紫禁城進入了一天中最慵懶的時刻。

有一個魁梧的壯漢手持梃木（一種很大的棗木棍），沿著宮牆低頭向太子居住的慈慶宮走去。當時慈慶宮的侍衛很少，門口只有內侍李鑒一人把守。李鑒懶洋洋地靠門站著。主子們這時候都在宮中休息，不會進出宮門，李鑒樂得偷懶打個盹。突然，他發現有人靠近，還沒看清來人，就被來人一棍擊倒。那壯漢潛入慈慶宮，迅速向太子居住的前殿奔去。在他就要進入前殿的時候，地上的李鑒從迷迷糊糊中蘇醒過來，大喊「有刺客」。慈慶宮的內侍、雜役紛紛奔跑過來，那個持棍的壯漢大驚失色。雙方扭打起來。最後內侍韓本在眾人的協助下將刺客按住，七手八腳將他捆綁起來押送給駐守東華門的守衛。尚在宮中的太子朱常洛驚魂稍定，下令守衛嚴查行刺案。

太子遇刺！消息立即傳遍深宮內外。官府自然不敢怠慢，隨即對刺客「重刑伺候」，很快就查明刺客是薊州人，叫張差。至於最核心的行刺目的和幕後主使，張差不管忍受多大的折磨，始終三緘其口。負責審訊的官員也知道其中的深淺，不敢貿然深入。最後，巡視皇城的御史劉廷元為了交差，「拋出」了案情的第一個版本：嫌犯張差，家住薊州井兒峪，行為癲狂，但相貌言談頗為狡猾。這是典型的官場文風，說嫌犯是個「瘋子」，就可以將行刺目的和幕後主使等問題都歸咎為嫌犯本身的精神問題，又可以為自己開脫。同時為了掩蓋審案官員的無能和中庸，又說嫌犯比較狡猾，可能另有內情。最後的處理意見是「嚴加訊問」。

這樣的審理等於什麼都沒說。萬曆皇帝拿到案卷後，非常不滿，把案子發往刑部復審。倒楣的刑部郎中胡士相被指定復審此案。他思來想去，延續了第一個版本的觀點，認為張差確實是個瘋子，但不是什麼狡猾之人，增加了「張差在老家被人燒了柴草，就來京告狀，有人教唆他直接去宮裡告狀，拿一根棗棍當申冤棒」的情節。最後，胡士相給張差判了斬刑。

與審訊同步，此案成為北京官場的重磅新聞。百官士民議論紛紛，莫衷一是。人們都隱隱把案子和朱常洛的太子之位和鄭貴妃等人的覬覦之心聯繫起來。

敏感時期，卻在朱常洛這個敏感人物身上發生了一件敏感事件。

三

刑部有一個主事王之寀，在地方上當過知縣，有豐富的刑訊經驗，又深知朝廷政治的微妙複雜。王之寀認定在謎案的背後隱藏著天大的陰謀。他決心暗中查個一清二楚。

王之寀先在部裡活動，自願去刑部大牢負責派發牢飯。到大牢任職後，他細心觀察起在押的張差來，只見張差年輕力壯，言行正常，並非瘋癲的狂徒。王之寀又查看了案卷，發現張差在第一次審訊的時候曾說「我是來京告狀的，碰巧撞進了慈慶宮」，在第二次審訊的時候張差又說「打死我罷了，我什麼都不知道」。案卷中有用的資訊很少，怎麼才能讓張差開口說出實話呢？王之寀冥思苦想，最後想出了一條暗中逼供的方法來。

一天，王之寀在獄中發放牢飯，故意不給張差。

張差身材魁梧，吃的也多，牢飯本來就不夠他吃的，現在連牢飯都不發了，哪還受得了。他於是敲起飯碗，質問王之寀：「為什麼不給我吃的。」

王之寀笑眯眯地盯著張差，任憑張差叫罵就是不給他吃的。等張差餓得沒力氣再叫了，王之寀拿出一碗飯菜來，擺在張差牢門口，說：「你如實招供，我就給你飯吃；如果不招，我就餓死你。」

張差看到飯菜反而低頭退後，默默不語。過了一會兒，他抬頭對王之寀說：「我不敢說。」

王之宷見有成功的苗頭，忙揮手讓周圍的差役、書吏都走開，只留下兩個役夫，再對張差保證只要他如實招供，就給他一條活路。

張差這才招稱：「我叫張差，小名張五兒。父親張義，已經病故。老家有馬三舅、李外父兩個人。他們叫我跟著一個不知道姓名的老公❶來京城辦件事，說事成之後給我幾畝地。那個老公騎著馬，小的就跟著走，本月初三到達燕角鋪歇腳，初四到的京城。」

王之宷追問：「京城裡何人收留你？」

張差回答：「我也不知道被帶到了什麼街道，只看到進了一座大宅子。一個老公給我飯吃，讓我去宮中。他說：『你先走一遭，撞著一個，打殺一個。其中有個穿黃袍子的小爺，要殺了他。萬一你被抓住了，我們救得了你。』說完，他就給了我大棗棍，領著我從厚載門進入皇宮。到宮門邊上，守門的人想阻擋我，我把他打倒在地上。老公們越來越多，我就被綁住了。」末了，張差還加了一句：「那個小爺真是福大！」話匣子一打開，張差這個京郊的農民詳細地回憶起襲擊慈慶宮的情景來。顯然他也對當日的大膽行為感到後怕，向王之宷反復訴說慈慶宮中「有柏木棍、琉璃棍、棍多人眾」等情形。

王之宷如獲至寶，連夜書寫奏章上奏萬曆皇帝。他在奏摺中寫道：「臣看此犯不癲不狂，有心有膽，懼之以刑罰不招，要之以神明不招，啜之以飲食始欲默欲語，中多疑似。」整個事件很

---

❶「老公」是明代百姓對太監的尊稱。

明顯是有預謀、策劃縝密的政治暗殺事件。王之宷奏請萬曆皇帝將凶犯張差綁到文華殿前公開朝審，或者命令九卿科道三法司進行會審，肯定能審問出幕後元凶來。

這道奏疏一出爐，迅速在京城傳播開來。深宮太監參與了暗殺太子的陰謀，幕後的主使越來越指向鄭貴妃一黨了。人們猜疑不止。萬曆皇帝拿著燙手的奏摺，准奏不行，批駁也不行，乾脆就「留中不發」，扣住奏摺不給回話。

四

萬曆皇帝忘記了，即使他不給出任何意見，成熟的官僚體制會按照慣性將案子查下去。

御史們得到王之宷的審訊結果後，發文給薊州地方官，命他們查明張差的真實情況。薊州知州戚延齡很快就返回來一個公函，說張差在老家已經得了瘋癲病，就是一個瘋子。這等於是推翻了王之宷獲得的進展，引起京官們一片譁然，紛紛質疑戚延齡是否是鄭貴妃的一黨。又有說法說張差在老家被人奪走了土地，這次是進京來告狀的。這等於回應了張差第一次的供認情況。人們莫衷一是，議論紛紛。就在這時，刑部十三司對張差進行的會審取得了關鍵性的進展。在嚴厲的會審中，張差供出了在北京接待他的兩個太監的名字：龐保、劉成。龐保、劉成都是鄭貴妃身邊的執事太監，是鄭貴妃的親信。兩人曾對張差說：「打死小爺（指朱常洛），保你有吃有穿。」案情正式牽連鄭貴妃！

朝野上下早就懷疑鄭貴妃一黨是謀刺太子一案的幕後元凶。案情一經洩露，朝野憤然。多年來，鄭貴妃沒有掩飾對太子之位的覬覦之心，國舅鄭國泰等人則恃強凌弱，早就激起了眾怒。如今，人們紛紛批評鄭家，更有人直接認定整個案子就是鄭貴妃和鄭國泰為了要讓福王朱常洵登上太子位而謀殺朱常洛。一時朝議沸騰。

鄭貴妃被推到了風口浪尖。謀害太子是抄家滅族的重罪，她不能不自救。鄭貴妃哭哭啼啼地去找萬曆皇帝，百般辯解自己與整個案子毫無關係，請皇上開恩保全自己和家族。

萬曆心中偏袒鄭貴妃，但嫌犯的供辭和朝野輿論對鄭貴妃一黨極端不利，萬曆在這個關口也不方便出來「硬保」鄭貴妃。如果皇帝強硬庇護鄭貴妃，反而讓攻擊的人更有抨擊的藉口，說不定還要引火焚身。可愛妃不救又不行。萬曆皇帝思來想去，對鄭貴妃說「解鈴還須繫鈴人」，鄭貴妃只有向太子尋求幫助。如果朱常洛出面證明鄭貴妃的清白，那麼外人也不好多說了。

鄭貴妃明白，她一旦向朱常洛低頭求助，不但承認了朱常洛的太子地位，臣服於他，之前的爭位努力都白費了。但是如果沒有太子朱常洛伸出援手，鄭家就可能被輿論的怒潮所吞噬，身敗名裂，乃至滿門抄斬。她咬咬牙，不得不按照萬曆皇帝的建議去做。

那一天，太子朱常洛正在慈慶宮中，突然聽說鄭貴妃駕到，連忙整理衣冠出迎。鄭貴妃蓬頭垢面，跌跌撞撞地來到朱常洛面前，「撲通」一聲就跪了下來：「太子救命，太子救命啊！」

朱常洛嚇壞了，也趕緊跪了下去，連忙說：「貴妃請起，貴妃請起！」

鄭貴妃就是不起，還叩首哀求起來。她極力辯白，解釋鄭家與本月發生在慈慶宮中的謀殺案無關。朱常洛是個厚道人，見鄭貴妃淚流滿面，跪地哀求，心裡早就軟了下來。聽到鄭貴妃反復解釋，忙說：「前後情形，我都知道了。此事與貴妃無關。」

鄭貴妃還是不起來，哭得更悲傷了：「外面的大小臣工，都只當是奴家和國舅等人指使張差謀刺太子。不論奴家怎麼解釋，他們都不聽，一心要將鄭家人生呑活剝了。太子，您一定要救救奴家全族性命啊！」

「貴妃是無辜的，我一定稟告父皇，平息朝議。」

鄭貴妃對著朱常洛又是一個大禮，這才把真實來意全盤托出：「奴家懇求太子出面告誡臣工，保全鄭家。」朱常洛滿口應承下來。鄭貴妃依然跪在地上，涕淚交加，不肯起身。朱常洛隱約想起了什麼，當場命伴讀的內侍王安代他起草令旨。鄭貴妃這才起身，呈上禮物，千恩萬謝。朱常洛從小長在宮中，還是第一次受到如此禮遇，賺足了面子，客客氣氣地接待了鄭貴妃，並禮送出宮。

鄭貴妃走了，朱常洛仔細琢磨，這樣的結局對自己是最有利的。他讓王安先寫了一份旨令，發給朝臣們，要求諸臣不要在刺殺案上糾纏不休；又寫了一份奏摺呈給父皇萬曆，奏請父皇令相關部門儘快結案，切勿株連他人。

五

萬曆皇帝接到太子奏摺後，鬆了一口氣。他下令要與太子一起召見群臣，徹底了結此事。

五月二十八日，明神宗萬曆皇帝駕幸慈寧宮，太子朱常洛和百官早已候駕。說來也是一個奇聞，慈寧宮中絕大多數官員都是第一次見到皇帝和太子。此前，萬曆皇帝與大臣們心存隔閡，已經有二十五年沒有上朝會見群臣了。除了極少數被萬曆召見的高官外，許多京官當了一輩子官，連皇帝長什麼樣子都說不上來。而見過太子朱常洛的人就更少了，一方面朱常洛地位不穩，極少公開露面，二來萬曆皇帝閉門不出，也不願太子拋頭露面。京城一度流傳太子朱常洛可能有生理缺陷。現在群臣終於看到了皇帝和太子，覺得和普通人也差不多，好奇心得到極大滿足。

大家不僅瞻仰了「龍顏」，而且還聽到了「御音」。萬曆皇帝親密地拉著朱常洛的手，向群臣誇獎太子一直非常孝順，他非常喜歡太子。接著，萬曆皇帝語氣一轉，說之前一些奸人和亂臣賊子說皇帝欲行廢立之事，完全是造謠生事。萬曆還說福王遠在千里之外的洛陽，如果沒有宣召，他是不能來京的，刺殺太子一事與福王無關。太子接著發言，說皇室關係和睦融洽，絕無外人所說的烏七八糟的事情。他用嚴厲的口吻訓斥群臣不得挑撥他們的父子關係。

群臣聽後，都口稱不敢，俯首聽命。既然萬曆皇帝和太子朱常洛都不追究刺殺案，案子也就可以了結了。結果，張差這個「瘋癲奸徒」誤入宮闈，打倒內侍，罪不可赦，處立決；牽線搭橋的馬三道、李守才二人大逆煽惑，判處流放。張差隨即被拎出來處斬了。接著，刑部、都察院、大理寺三法司對龐保、劉成兩個太監進行會審。由於張差已死，龐、劉二人有恃無恐，在前後五次會審中都矢口否認涉案。朝廷也拿他們沒有辦法。但在六月一日，萬曆皇帝密令將龐保、劉成拉到深宮的暗室中亂棍打死。

這場史稱「梃擊案」的謎案就此結案。❷

朱常洛無疑是此案的最大受益者。他經歷了有驚無險的刺殺案，紛紛擾擾中，朝臣主動站到了他的陣營這邊，父皇萬曆和政敵鄭貴妃也被迫承認了他的太子地位。朱常洛的地位得到極大鞏固。原本戰戰兢兢生活的虛位太子，頃刻間把壓抑的欲望全都釋放了出來。結案後，朱常洛恣意放縱，耽於享樂，甚至有時一夜臨幸幾個女子，真正可以用「醉生夢死」來形容。

奪命的紅丸

一

萬曆四十八年（西元一六二〇年）七月二十一日，萬曆皇帝駕崩了。太子朱常洛平穩地接過權杖，成了新皇帝——明光宗。

朱常洛一即位，頗有改革弊政，大展拳腳的跡象。他以萬曆「遺詔」的名義發帑金兩百萬犒邊，雖然杯水車薪，但對於一毛不拔、不關注關防的萬曆朝來說，馬上讓邊關和軍方歡呼雀躍。同時，朱常洛又下令罷免天下礦稅。礦稅是萬曆朝剝削地方和百姓的大弊政，弄得天下怨聲載道。朱常洛罷稅，立即贏得了天下人心。

父皇萬曆雖然給朱常洛留下了一個爛攤子，但因為基礎太差，也給朱常洛改革弊政、贏得民心提供了有利條件。萬曆皇帝長期不上朝，也不任命官員，造成朝廷官員缺員嚴重。朱常洛繼位的時候，內閣只剩葉向高一個人在辦公。朱常洛在還沒有正式登基的時候就大量起用因為諫言獲罪的大臣，提拔新人，補足了缺額。他在短時間內提拔了吏部侍郎史繼偕，南京禮部侍郎沈𣶏，禮部侍郎何宗彥、劉一燝，南京禮部尚書朱國祚進入內閣，恢復了國家機器的正常運轉。朱常洛很自然地被朝野上下認為是「明主再世」。

文官集團為朱常洛的冊立和平穩登基付出了巨大的努力，朱常洛登基後也沒有辜負文官集團的希望，事事符合儒家風範，令人欣慰。

美中不足的是，朱常洛之前縱欲過度，身體極差。在登基大典上，朱常洛臉色蒼白，渾身微顫，需要扶住椅子才能完成典禮。也許是為了修補與新皇帝的關係，鄭貴妃在朱常洛即位後主動進獻絕色美女八名。朱常洛覺得很受用。登基之後，朱常洛每天要處理繁忙的政務，加上年近四旬，身體本就不好，頗有力不從心的感覺。但是朱常洛的心情從來沒有這麼好過，再也不用為地位和前途擔憂了，他繼續樂觀地透支著身體。每天回到後宮，朱常洛都要縱欲狂歡。

二

❷有人認為整個案子是朱常洛策劃的「苦肉計」。他買通了相關人等，打擊了鄭貴妃一黨，間接鞏固了自己的地位。此案謎團重重，雖然戛然而止，但成為當時直到南明時期各派朝臣爭鬥的焦點，貽害無窮。

八月初十，朱常洛散朝後依然命人在內廷大擺筵席，飲酒作樂。飲酒至深夜，他又連續「寵幸」了數名女子，自我感覺威猛無比。誰想剛享受完美色，朱常洛就癱倒在床上，動不了了。後宮忙碌了一宿，也沒讓朱常洛重新站起來。

第二天是朱常洛三十九歲的生日，宮中只好傳出話來，說皇上身體不適，罷免慶祝活動。太醫院的御醫緊急會診。御醫原本是技術性工作，可在中國的大環境下，御醫們也沾染了濃厚的官場習氣，做人明哲保身，做事保守求穩。他們給朱常洛開出的藥方都是面面俱到、四平八穩的補藥，就像官場的八股文一樣，缺乏針對性和實效。朱常洛連服了四個方子，病情非但沒有扭轉，反而加重了。

朱常洛對自己的病情比較樂觀，在病中依然每晚要數名美女「侍寢」。他也知道太醫院的習氣，對御醫們的診斷不抱希望。八月十四日，朱常洛斥退太醫院眾御醫，召掌管御藥房的內侍太監崔文升給自己看病。崔文升的醫術如何，外人不知道。大家只知道他給皇上開了一個藥方。朱常洛吃了按照崔文升的方子配的藥，當天晚上連續腹瀉三四十次。他的身體徹底垮掉了，病情惡化到躺在床上奄奄一息的地步。皇宮內外一看皇帝有「駕鶴西去」的跡象，頓時亂成了一鍋粥。當時，萬曆皇帝死了還沒幾天，屍體還停留在皇宮中。這邊，明光宗泰昌皇帝又有「追隨」父皇而去的跡象。這在法理和實踐兩個層面都給明朝政治提出了嚴峻的考驗。

此時此刻，朱常洛方才明白疾病可能會奪去自己來之不易的地位，追悔莫及。為了預備後事，他在乾清宮病床上召見了英國公張惟賢、內閣首輔大學士方從哲等十三人，讓皇長子朱由校出來見各位貴戚重臣。頗有臨別托孤的味道，場面悲涼。

三

八月二十九日，朱常洛可能是從宮中下人們的竊竊私語中知道鴻臚寺丞李可灼有仙丹，可以讓人起死回生，要呈獻給皇上。

朱常洛病急亂投醫，忙把內閣首輔方從哲叫過來，詢問可有李可灼呈獻仙丹的事情。

李可灼是不知名的中層小官，平日裡迷信神仙方術，宣稱自己煉出了神丹妙藥。他的同僚和上級們都不相信他的話。現在皇帝問起這個人，方從哲不敢隱瞞，說確有此事。朱常洛彷彿從中看到了一線曙光，立即下令召喚李可灼進宮獻藥。眾位大臣合議後，一致認為此人和他的仙丹都不靠譜。方從哲如實稟告，勸朱常洛不要相信旁門左道。朱常洛卻堅持要李可灼進藥。

方從哲只好讓李可灼帶著他的仙丹進宮。在他見皇帝之前，守候在殿外的大臣們又緊急商議了一回。他們看到所謂的仙丹，從外表看就是散發著些許香氣的紅丸。這東西能讓病危的患者起死回生嗎？大臣們心裡都沒底，就決定先用活人試驗一下所謂的仙丹，看看結果。他們隨意找了兩個人試服仙丹，結果一個人吃了以後紅光滿面，感覺良好，另一個人吃了以後很難受，有強烈的藥物排斥反應。這下子，方從哲等人更把握不準要不要讓朱常洛服用仙丹了。可病榻上的朱常洛一而再、再而三地派人來催要仙丹。大臣們越拖延，皇帝越要服用。

最後，方從哲等人又一次拗不過皇帝，只好讓李可灼帶著仙丹去見朱常洛。朱常洛執意服下了第一粒仙丹。說來也奇怪，朱常洛服下那紅丸仙丹後，不多時就感覺身體好轉。他感覺到肚子餓了，還傳令備膳，對著美味佳餚大吃了起來。之前幾天，朱常洛整天連喝湯喝藥都要別人餵，而且喝一口就氣喘吁吁，現在竟然喝起湯、吃起飯來了，還狼吞虎嚥，邊吃邊稱讚李可灼是忠臣，大大的忠臣。等候在殿外的大臣們都惴惴不安地等待皇帝服藥的結果。後來，有太監出來傳話說：「皇上服用紅丸後，暖潤舒暢，正在用膳。」殿外頓時響起一片慶幸的歎息聲。神經緊張多日的大臣們紛紛拱手相互告別，離宮而去。他們似乎都覺得朱常洛這下子渡過危險期了。

當晚，乾清宮只留下李可灼和幾名御醫觀察著朱常洛的病情。

難道李可灼進獻的仙丹真的能讓人起死回生嗎？其實他的仙丹是取少女首次月經的經血，再加上烏梅、乳香、松脂、蜂蜜等主要成分，收集夜裡的露水，煮煉而成的。因為最後煉出來的藥丸是紅色的，所以被史官們記錄為「紅丸」。這紅丸因為選料講究，是不錯的大補猛藥，初服的確能讓人經脈舒暢，體力充沛。

大凡進補的猛藥，作用都是暫時的，治標不能治本。朱常洛服用紅丸幾個時辰之後，身體又感覺空虛難受起來，於是命令李可灼再給他一粒紅丸。旁邊的御醫們紛紛反對，認為皇上龍體虛弱，不宜過度進補，正所謂欲速則不達。朱常洛才不管這些，堅持要再服一粒。這一回，他那已經被掏空的身體實在難以承受再一次的劇烈進補。朱常洛服用後感覺極差，發生了強烈的藥物排斥。熬到五更時分，內侍太監趕緊出去把剛回到家中不久的眾位大臣都叫回宮來，見朱常洛最後一面。大家齊聚宮中，驚慌失措，滿腹疑惑。第二天清晨，明光宗朱常洛在乾清宮駕崩，享年三十九歲。

朱常洛的死又是一個疑團重重的謎案，史稱「紅丸案」。

朱常洛的人生為我們認識壓抑的太子形象提供了絕妙的標本。他終身都是在等待和憂愁中度過的。漫長的等待壓抑著朱常洛正常的欲望。等到壓制消失，正式成為皇帝以後，朱常洛通過瘋狂的享受來彌補先前的不快。誰想，正常人的身體承受不了過度的享受，讓他過早地走上了黃泉路。

朱常洛死了，卻留給了明朝歷史一個又一個的謎案❸，一直影響到王朝結束之時。

---

❸與朱常洛有關的宮廷謎案一共有三個：「爭國本」、「梃擊案」和「紅丸案」。

11

亡國太子必須死

明亡國太子朱慈烺

皇太子總是和耀眼的皇權聯繫在一起。那麼，丟失皇權的皇太子會是什麼樣子呢？中國歷史上有許多亡國太子。他們的生活和境遇又會如何呢？我們可以從明朝亡國太子的悲慘命運中看到：皇太子和一個王朝緊密聯繫在一起。一旦王朝滅亡了，不管太子願不願意，他只能「以死殉國」。

紫禁城的冤魂

一

崇禎十七年（西元一六四四年）正月初一，沙塵暴在北京城的大街小巷呼嘯肆虐，遮蔽了太陽。

京城裡的許多官員都精通天象，很清楚如此猖獗的沙塵暴是不祥之兆。有官員占卜一卦，卦文上說：這場沙塵暴預示著一場「暴兵破城之災」。幾天後，明朝的鳳陽祖陵發生了地震。人們的心裡感覺更加不祥了。

正月初九，明朝兵部收到「大順皇帝」李自成送來的文書。李自成宣稱如果崇禎皇帝不同意裂土而治，和他平起並坐，農民軍就要對北京城發動總攻。崇禎皇帝斷然拒絕了李自成的最後通牒。農民軍隨即完成對北京城的合圍，京城岌岌可危。

明朝的末代皇帝——崇禎皇帝朱由檢是位志在有所作為的皇帝，可惜生不逢時，再加上個人能力實在有限，面對困局，舉棋不定。無奈之下，朱由檢向大臣們吐露了心聲：「朕非亡國之君，事事乃亡國之象。天下是祖宗櫛風沐雨才打下來的，如果在我手中失去了，我有何面目去地下見列祖列宗啊？朕願意督師出城，與賊軍決一死戰，即使戰死沙場也在所不惜。」皇帝都說要御駕親征了，但群臣們既害怕戰敗，消耗實力，不願意出戰，又害怕承擔放棄領土的罪責，不敢提議突圍南下，遷都江南。結果君臣上下都瞻前顧後，擠在朝堂上大眼瞪小眼，坐視農民軍將北京城圍得水洩不通。

三月十八日，農民軍對北京發起總攻。一夜之間，北京外城就被攻破。第二天，闖王李自成率軍從承天門進入北京城。朱由檢對於內城已經陷落將信將疑，帶領心腹太監王承恩跑到煤山（景山），四處瞭望，但見烽火燭天，確信內城陷落無疑，才返回乾清宮布置應急善後事宜。所謂的「善後」，其實就兩件事情：送兒子出城，為王朝留下血脈；自己上吊，為王朝殉葬。

朱由檢派人將三個兒子（十六歲的太子、十一歲的永王和九歲的定王）都叫到跟前。他叫宮女取來舊衣服，親自給他們換上，繫上衣帶。朱由檢看看這個兒子，端詳那個兒子，諄諄告誡他們說：「孩子們，各自逃生去吧！你們往日是太子、親王，逃難出宮後，就是平民百姓了。做小百姓，千萬要小心謹慎。日後，你們如果遇到做官的人，年老的稱呼老爺，年輕的叫聲相公；如果遇到農夫，年老的要稱老爹，年輕的要叫老兄；你們要叫讀書人先生，叫軍人長官。好了，我要為社稷去死了，不然我就沒有面目見祖宗於地下。如果你們能夠不死，長大後千萬不要忘了父母之仇，不要忘了父親今日的告誡。」朱由檢已經下定了殉國的決心，在去見列祖列宗之前還有很多放不下的心事。他既擔心三個兒子能否逃出皇宮，又擔心他們在深宮長大，不通人情世故，難以在亂世安身立命。朱由檢無限感慨地注視著即將永別的兒子。終於，一生的無奈和失意都爆發了出來。朱由檢長歎道：「你們何苦生在帝王家啊！」說罷朱由檢嚎啕大哭起來，三位皇子也悲傷痛哭。周邊的侍從宮人也都被這生離死別和父子真情感動，失聲痛哭。最後還是朱由檢咬咬牙，命人將三個兒子強行拉走，送往宮外，讓他們各自逃難去吧。

痛別愛子後，朱由檢先找來周皇后，讓妻子自殺。周皇后自殺後，朱由檢又去見自己的嫂子、明熹宗的張皇后，也讓她自殺。張皇后隔著簾子和朱由檢拜別後，自殺了。逼死親人後，朱由檢大受刺激，精神有些失常。他找到平日最疼愛的十五歲的長平公主，喃喃自語道：「你為什麼要當我的女兒啊？」說著，他突然拔劍砍向女兒。長平公主趕緊用手臂遮擋，結果被砍斷了一條胳膊，頓時暈厥了過去。發了瘋的朱由檢以為女兒死了，持劍闖入後宮，手刃袁貴妃、樂安公主、昭仁公主和太監宮女等多人。宮中的太監和宮女們四散逃命，最後，後宮空蕩蕩地只剩下沾滿鮮血的朱由檢。

這時，農民軍已經攻入了紫禁城。深宮中到處都是喊殺聲。朱由檢在大太監王承恩的陪同下，踉踉蹌蹌地登上煤山（現在故宮後的景山），在壽皇亭旁；自殺，時年三十五歲。王承恩也吊死在他對面。

西元一六四四年三月，統治江山二百七十六年的大明王朝結束了。

二

僥倖逃出紫禁城的三個孩子，從此再也沒有踏進紫禁城半步。

這三個皇子分別是：皇長子、太子朱慈烺；三子、永王朱慈炯；四子、定王朱慈炤。崇禎皇帝朱由檢一共生有七個皇子，但活下來的只有這三個。皇子是皇帝的候選人，是王朝的希望所在。現在朱由檢死了，明朝在法律意義上也滅亡了，但是，只要朱由檢的兒子還在，明朝就還有復興的可能，在理論上就可以延續王朝的血脈。朱由檢可以自盡，可以殉國，可以拒絕突圍南逃，可就是要讓所有的兒子安全地逃出紫禁城去，為王朝復興留下希望。多逃出一個兒子，就多一份復辟明朝的希望。

三個皇子之中，最重要的就是太子朱慈烺。朱慈烺生於崇禎二年（西元一六二九年），生母是崇禎的周皇后，因此是崇禎的嫡長子。崇禎三年（西元一六三〇年），朱慈烺剛滿周歲就被立為皇太子。他從此在宮中接受系統的貴族教育，為將來登基當皇帝做準備。朝野上下一致把朱慈烺當做是皇位的第一繼承人。

太子朱慈烺被太監護衛著，衝出皇宮後，躲避在京城某處。他的兩個弟弟定王和永王衝出紫禁城後，舉目無親，見滿大街都是農民起義軍，只好去投奔周皇后的父親、嘉定侯周奎。周奎雖說皇帝至親，卻對明朝命運一點都不負責任。崇禎皇帝內憂外患的時候，號召貴戚大臣捐款充入國庫。周奎非但一毛不拔，還趕緊轉移財產。現在，李自成的農民起義軍成了北京城的新主人，開始搜索前明的宗室，重點是搜捕崇禎皇帝的三個兒子。周奎這樣的人渣，怕惹禍上身，竟然主動將定王、永王兩個孩子交給了農民軍。太子朱慈烺也被農民軍給搜索到了，逮捕起來。

李自成正忙著在北京建立王朝坐天下，還需要朱慈烺兄弟幾個裝點門面。於是，朱慈烺被封為宋王，交由劉宗敏看管。他的兩個兄弟也被留在農民軍中，好生看管起來。小兄弟幾個的生命暫時沒有什麼危險了，前途又將會是怎麼樣呢？

北京淪陷後，明朝在東北長城沿線還保存著相當的軍隊力量。吳三桂統率著強大的軍隊，抵禦滿清軍隊的進攻，對農民軍持觀望態度。李自成招降了吳三桂。吳三桂都已經承認李自成是「新主」了，又因為著名的「陳圓圓緋聞事件」，降而復叛，向關外的滿清政權投降了。李自成率領大軍東征吳三桂。朱慈烺兄弟三人也被帶著一起去打吳三桂。三位皇子哪裡能打仗啊，帶在軍中無非是作為招撫、壓制吳三桂的砝碼。可吳三桂一點都不給朱慈烺三兄弟面子，對李自成的農民軍照打不誤，還引進清軍，大敗農民軍。

李自成一度和吳三桂議和。吳三桂的議和條件之一就是要求農民軍歸還太子朱慈烺和兩位小王爺。李自成沒答應。後來，李自成在吳三桂和清軍的雙重打擊下，節節敗退，放棄了北京城。西撤時，農民軍還裹挾著太子朱慈烺及兩個皇子。途中，農民軍在追兵和各地明朝殘餘的打擊下，分崩瓦解，自顧不暇，對朱慈烺等三人自然也管不了了。此後，朱慈烺三人下落不明。也就是說，朱慈烺、朱慈炯、朱慈炤三人的確切歷史到此為止，以後發生的一切都沒有正史的記錄。

朱慈烺三人雖然下落不明，但他們身上蘊含的巨大政治價值不會因此減弱。那邊，清朝入關後裝模作樣地埋葬崇禎皇帝、周皇后，追諡崇禎帝為「懷宗端皇帝」。清朝建立後，宣稱自己入關是「為明復仇」，宣傳清朝的天下不是霸占明朝的天下，而是從李自成農民軍手裡奪來的。清朝依然奉明朝為正統王朝，不以明朝為敵，明朝的藩王在北京受到善待。當然了，清朝所作的一切無非是要減輕明朝殘餘和漢族人的抵觸情緒，便於鞏固統治。但在這樣的邏輯下，朱慈烺依然是明朝太子，他的兩個弟弟依然是明朝的王爺。如果朱慈烺跳出來，向清朝要回明朝的江山，清朝在理論上是不能拒絕的。

落入凡塵起波瀾

一

事情也真是湊巧，就在清朝大張旗鼓地埋葬崇禎夫婦，要為明朝「報仇」的時候，太子朱慈烺突然回到了北京城！

順治元年、崇禎十七年（西元一六四四年）十一月，曾在宮中伺候過太子朱慈烺的前明朝太監常公公正躲在家裡「夾著尾巴做人」，突然有個年輕人來投靠自己。常公公一看，這不是太子爺嗎？原來，太子朱慈烺雖然在深宮生活，但曾經出宮「駕幸」過常公公家，記得常府的位置，所以就在亂軍中找來了。在明朝的時候，太子「駕幸」茅舍，絕對是祖墳冒青煙的大好事。但現在是清朝了，太子「駕幸」茅舍，可是天大的禍事，說不定要招來殺身之禍。常公公哪裡敢收留朱慈烺，忙對太子爺說：「長平公主（當日被崇禎砍掉了一隻胳膊，沒有死，蘇醒後逃出了紫禁城）正在您姥爺家裡休養，奴才帶太子爺去周家吧。」

常公公也不管朱慈烺願意不願意，拉著朱慈烺就到了他的外祖父嘉定侯周奎府中。

老壞蛋周奎見外孫來了，大呼：「這孩子是誰啊？怎麼亂往別人家裡跑。」

正在周家養傷的長平公主聽到喊聲，出來看看情況，見是自己弟弟，上來就抱住大哭。這下子，周奎一家人沒辦法，只好跪下對太子朱慈烺行君臣大禮。

朱慈烺在周家待到晚上，長平公主把他拉到一邊，把一件錦袍送給弟弟，囑咐他說：「周家人不可靠，弟弟以後不要再來這裡了，快快逃命去吧。」姐弟倆淚眼汪汪地分別了。

可朱慈烺是從小在紫禁城裡嬌生慣養的皇子。他孤身一人，怎麼在兵荒馬亂的北京城生活啊？朱慈烺飢寒交迫，在北京城裡流浪了幾天後，實在熬不下去，不顧姐姐的警告，一天夜裡再次來到周家，要吃要喝，想在周家常住下來。周奎怕惹禍上身，就要朱慈烺對人自稱姓劉，是投靠周家求學的書生。朱慈烺從小錦衣玉食、前呼後擁慣了，不願意降低身分，過清貧的書生生活，斷然拒絕，依然大呼小叫，說自己就是太子。周奎堵不住朱慈烺的嘴，只好讓下人連夜將這個「不知道哪裡來的野孩子」趕出門去。朱慈烺氣極了，站在周府大門口破口大罵；周家的人也缺乏涵養，隔著大門和朱慈烺對罵。結果，雙方把巡夜的滿清官兵給招來了。一聽有人自稱明朝太子，官兵連忙將朱慈烺押送刑部。

負責審訊的刑部主事錢鳳覽認定抓到的就是真太子，如實上報。周奎又急又怕，連夜奮筆疾書，向滿清攝政王多爾袞上書，信誓旦旦地說被捕的不是真太子。

「太子案」就此發生。

多爾袞找來一批前明朝的太監去刑部辨認。所有太監都回報說是真太子；多爾袞又把朱慈烺接入宮中辨認宮中事物，結果確認無誤；多爾袞還讓十個侍衛太子的前明朝錦衣衛辨認來人，結果十個人都一齊對朱慈烺跪下，擔保這是真太子。

多爾袞不禁倒吸了一口涼氣：這太子出現得真不是時候啊。滿清剛剛進入北京，屁股還沒有坐熱，原來主人家的繼承人就回來了。你讓清王朝怎麼辦？如果讓天下的明朝殘餘、地方文武官吏和百姓們知道崇禎的太子就在北京城裡，他們要求擁立太子登基也是天經地義的事。滿清在關內立足未穩，崇禎太子的出現說不定能讓他們重新退回關外去。多爾袞在心裡暗暗發狠：「這個太子必須是假的！」但是多爾袞又不能自己說抓到的朱慈烺是假冒的，而需要通過其他人的嘴說出來。因此，他導演了一場曠日持久的「太子真偽辨認」的鬧劇來。

首先讓親屬、宮人來辨認。皇家的長輩周奎一口咬定朱慈烺是假的；長平公主先說是真的，挨了周奎的一記耳光後不敢吱聲了；明朝宗室晉王在辨認太子的時候，說自己沒見過太子，不能確定真假；第一批辨認太子、說朱慈烺是真太子的太監全部被處死，第二批派來辨認太子的太監異口同聲地「認定」朱慈烺是假太子。

其次發動前明朝官員來辨認。官員們的心思比太監、錦衣衛要嚴密、複雜得多了，都揣摩到了新主人多爾袞的真實意圖，為了保全榮華富貴，紛紛照著多爾袞的意思來「證明」此朱慈烺非彼朱慈烺。有的人圍著朱慈烺裝模作樣地看了好半天，言之鑿鑿地說：「這是假的！」有的人笑容可掬地問朱慈烺：「年輕人，崇禎十年直隸一省人口多少啊？」朱慈烺哪裡知道這種事情，於是發問的人就「確認」這是個假太子。清朝的內閣學士、曾任明朝太子教師的謝升也被安排來辨認太子。謝升也指認朱慈烺是假太子。朱慈烺急了，衝著謝升大喊：「謝先生，京城淪陷前您還教導我『臨危授命』一課，難道您忘記了嗎？」謝升無言以對，只好對著朱慈烺深深作揖，默默地退了出去。

負責審理「太子案」的錢鳳覽全程見證了辨認過程。他雖然是關外漢八旗人，但也很為朱慈烺的境遇抱不平，對晉王和謝升等人的忘恩負義看不下去。錢鳳覽不禁怒斥這些前明朝官員無恥，當周奎的姪子來指認朱慈烺是假太子時還狠狠地打了他一頓。他向多爾袞報告，認為朱慈烺是真太子。多爾袞勃然大怒，將錢鳳覽送上了絞刑架。

對朱慈烺一案的長期審理，引起了京城附近的騷動。百姓們普遍認為刑部抓住的太子就是真的崇禎太子。宛平人楊時茂上書，譴責前明官員「逆臣無道，蔽主求榮」。順天府楊博等人上書，直接斥責周奎、謝升等人賣主求榮。他們還幻想滿清王朝能夠像宣傳的那樣，是來為明朝復仇的，希望清朝也讓崇禎太子繼續當漢人的皇帝。而一些百姓則直接以太子朱慈烺的旗號為號召造反。山東東阿祁八、楊鳳鳴拉起武裝力量，發文給清朝官員要求放還太子，不然就發兵「勤王」。多爾袞更加緊張了，忙派兵鎮壓各地騷亂，匆匆給「太子案」結案，認為朱慈烺是假太子。在公布的「證人」中除了宗室晉王外，竟然還有已被崇禎殺死的袁貴妃的名字，更加讓人不相信審理的結果。第二年（西元一六四五年）四月，獄中的「太子」已被處死。轟動一時的太子案就此結束了。❶

❶順治二年（西元一六四五年），長平公主上書滿清朝廷，請求准予出家。清朝不同意，命令將長平公主許配給當初崇禎皇帝為她選定的駙馬周顯，並賜給田土、府邸、金錢、車馬。長平公主經歷家破國亡，婚後鬱鬱寡歡，於西元一六四六年逝世。

殺死朱慈烺後，滿清朝廷還傳諭內外：「如果有人報告真太子的行跡，朝廷必加恩養。報告之人必給重賞。」可當滿清鎮壓了各地的明朝殘餘，坐穩江山後，將原先「恩養」在北京的十幾個明朝藩王全部殘殺（包括「太子案」的重要證人晉王）。清朝對明朝皇室進行了「大清洗」，也就沒有人相信朝廷所謂「恩養太子」的承諾了。

二

在北京處理太子案的同時，偏安東南的南明王朝也出現了「太子案」。

南明王朝是在北京淪陷後，南方的明朝殘餘勢力擁戴藩王福王朱由崧建立的王朝，年號弘光，定都「陪都」南京。福藩出自明神宗朱翊鈞一系。第一代福王是爭奪太子地位失敗的朱常洵，朱由崧是第二代福王，是崇禎的堂兄弟、朱慈烺的堂叔伯。當初明朝殘餘擁立朱由崧，就是因為找不到朱慈烺，而選擇了在血緣上與崇禎最近的福王。

南明「太子案」的出現有兩種說法。第一種說法是：農民軍失敗後，朱慈烺從亂軍中逃出，被人引入皇姑寺與太監高起潛見面。兩人從天津乘船南下，來投靠高起潛的姪子、南明鴻臚寺少卿高夢箕，流蕩在蘇州、杭州一代。朱慈烺在蘇杭一代的行為很招搖，高夢箕怕受牽連，便在西元一六四五年向南明朝廷獻出了朱慈烺。第二種說法是這樣的：西元一六四四年年底，鴻臚寺少卿高夢箕的僕人穆虎從北方南下，途中遇到一位少年，結伴同行。晚上就寢時，穆虎發現少年內衣織有龍紋，驚問其身分。少年自稱是皇太子朱慈烺。

太子出現後，南明政權面臨的第一個問題也是「辨認真偽」。弘光帝朱由崧接到報告，馬上派曾在紫禁城當過差的太監李繼周去迎接朱慈烺。李繼周覺得朱慈烺很眼熟，氣度不凡，立刻跪下叩頭：「奴才給小爺叩頭。」朱慈烺問他：「我雖認得你，但忘了姓名。」李繼周忙報上姓名和來意，要迎接朱慈烺去南京。朱慈烺再問：「迎我進京，讓皇帝與我做否？」李繼周實話實說：「此事哪是我等奴才所能知曉的！」

西元一六四五年三月一日，李繼周護送朱慈烺到達南京。南明朝廷將朱慈烺交到錦衣衛馮可宗處看管。那一晚，弘光帝徹夜不眠。這個太子出現的真不是時候啊！朱由崧剛剛做上龍椅，比他更有資格坐龍椅的人突然出現了，動搖了朱由崧稱帝的理由。弘光帝朱由崧在內心下決心說：「這個太子必須是假的！」

三月二日，弘光帝面諭群臣說：「有一稚子自稱是先帝太子。如果真的是先帝之子，那麼也是朕之子，定當撫養優恤，不能讓他受委屈了。」弘光帝一開始就給整個「太子案」定了基調。首先，這個朱慈烺「自稱」是太子，真假莫辨——弘光帝千方百計要讓這個太子成為假太子；其次，即使這個朱慈烺是真太子，那也不能當皇帝。南明朝廷會好好養著他。群臣見此，也不好多說話。弘光帝就派了南下的兩個太監先去辨別真偽。兩個太監一見朱慈烺，立即上去抱住痛哭。他們看到朱慈烺衣服單薄，還脫下自己的衣服給他披上。弘光帝知道後，當即下令將這兩個太監打死，同時賜李繼周「自盡」。

南京老百姓知道太子出現後，也普遍認為是真太子，紛紛要求太子登基稱帝。

弘光朝的大臣們見此，怕更換皇帝對自己不利，刻意拖延審理過程，也開始了漫長的真偽辨認過程。南明官員們紛紛前往探視朱慈烺，或者遞送名帖。但對於太子的真偽，大家都莫衷一是。一次，原總督京營太監盧九德去探望朱慈烺。他在一旁注視良久，也不下跪。朱慈烺喝斥道：「盧九德，你這奴才為什麼不叩頭？」盧九德被嚇著了，雙腿一軟，不覺跪在地上叩頭謝罪：「奴才無禮！」朱慈烺端詳盧九德，說：「幾日不見，你就胖了這麼多，可見在南京很受用啊。」盧九德很慚愧，匆忙告辭。出來後，別人問他朱慈烺是否是真太子。盧九德模棱兩可地說：「我在北京的時候，不是服侍太子的太監。這個人看上去有點像太子，但我不能確定。」

弘光帝怕夜長夢多，下令將朱慈烺移到宮中嚴加看管。他再召集元勳顯貴和大學士馬士英等人商量如何了結此事。馬士英是明末著名的大奸臣，迎合弘光帝的意思，當即認為朱慈烺是假太子，還提出了三個疑點：一，太子逃離北京後為什麼不來陪都南京，反而在杭州、蘇州一帶遊蕩；二，聽聞太子嚴肅凝重，不善言語，但此人善於機辯；三，北京的滿清朝廷也正在審理「太子案」，還不知道真偽。綜上所述，馬士英極力主張南京的朱慈烺是假的。他還進一步建議弘光帝詢問朱慈烺永、定二王的生辰及宮中制度，同時找出曾教過太子的方拱乾、李景濂、劉正宗等人前去「會審」。

最後的審問開始後，朱慈烺對著紫禁城地圖，一一指出了各宮由何人居住。一個官員突然問：「公主現在在哪裡？」朱慈烺回答：「不知道，想必死了吧。」方拱乾、李景濂、劉正宗出現後，朱慈烺只認識方拱乾。方拱乾就問他當年講課的場所，授課的內容。結果朱慈烺都答錯了。

又有官員問朱慈烺嘉定伯（周奎）的姓名，朱慈烺拒絕回答。最後，一旁的大學士王鐸堅持認為眼前的朱慈烺是假冒的，得到了眾人的附和。

既然判定南京的朱慈烺是假冒的，那麼他究竟是什麼人呢？

在場的通政司楊維垣指認眼前的朱慈烺是已故駙馬都尉王昺的姪孫王之明。於是有官員問朱慈烺是否就是王之明，朱慈烺回答：「我是明之王，不是王之明。」

官員又問：「王之明，你來南京幹什麼？」

朱慈烺回答：「是李繼周拿著皇伯的御札召我來南京的，我又沒有說自己是太子。你們不認也就罷了，何必讓我改姓名呢？」

幾個回合下來，朱慈烺將審問的官員反駁得啞口無言。大學士王鐸乾脆下結論說：「這分明是個假太子，不必再審。」於是眾人以奸人假冒太子結案。朝廷隨即布告天下，「以正視聽」。

如此草率的結案，引起各地官員和百姓一片譁然。南明王朝本來根基就不穩，地方藩鎮將領手握重兵，對朝廷虎視眈眈。在太子案審理過程中，江北四鎮中的黃得功、劉良佐及武漢左良玉、揚州史可法等人紛紛上書詢問案子。現在太子被判定為假太子，早想幹掉馬士英的左良玉乾脆稱奉太子密詔率部救難，進攻南京，要殺馬士英。南明朝廷亂成了一團。清軍大舉南下，五月十日，弘光帝出逃。十一日，南京百姓數百人砸開監獄，救出朱慈烺，給他披上演戲用的龍袍，認他做皇帝。這個朱慈烺還真的進入皇宮做起了皇帝，接受臣民的朝賀，還向南京內外發號施令，很像那麼回事。

可惜朱慈烺只在亂哄哄中做了五天皇帝，就被攻入南京的清軍抓住了。不久，逃亡的朱由崧也被抓住，押回南京與朱慈烺「團聚」。

清朝的豫親王多鐸設宴招待朱慈烺和朱由崧。席間，多鐸嘲笑朱由崧不遵崇禎遺詔，擅自稱帝，還指著朱慈烺煞有介事地說：「太子逃難南下，你不僅不讓位，為什麼還要設法謀害。」一旁的朱慈烺也發問：「皇伯手札召我來，反不認，又改姓名，極刑加我，豈奸臣所為，皇伯或不知？」朱由崧汗流浹背，一言不發。旁邊的南明大臣忙說：「這都是奸臣馬士英的主意。」朱由崧也慌忙點頭，說：「是，是，是。」多鐸對抓住的這個朱慈烺表現得很親密，還送回北京。可朱慈烺一到北京，就和朱由崧一起被處死了。

南明朝廷的太子案到此結束。❷

三

這一南一北兩個「太子案」都以認定當事人為「假太子」結案。但是兩個案子都沒有嚴密的審理過程和讓局外人信得過的證據，匆忙結案，留下了許多疑問。

有關朱慈烺下落還有第三種說法，傳說朱慈烺明亡後在粵東嘉應州（今廣東梅縣）陰那山靈光寺出家為僧。廣東嘉應州是東宮侍讀李士淳的家鄉。北京淪陷後，朱慈烺成為農民軍俘虜，李士淳一直陪伴在朱慈烺身邊。農民軍西撤途中，朱慈烺和李士淳逃了出來。他們經歷了無數危險，歷盡艱辛，最後逃回了李士淳老家嘉應州的陰那山。在嘉應州，朱慈烺看明朝復辟無望，就削髮為僧，度過了餘生。

長期以來梅縣地區流傳朱慈烺歸隱嘉應州的傳說。據說明亡以後，陰那山的靈光寺中出現了一個不同尋常的和尚。靈光寺長期供奉著這個和尚的神位，神位上寫的名字是「太子菩薩」。每當新穀登場，該寺住持便雇人挑著「太子菩薩」的神牌到鄉間化緣募捐，以「所得供太子菩薩」。久而久之，「太子菩薩」被訛傳為「稗子菩薩」。辛亥革命以後，靈光寺才公布說，這個菩薩就是當年的崇禎太子朱慈烺。

此外，有關朱慈烺下落還有隨著大太監王懷恩歸隱四川的傳說。但是缺乏可信的證據，權當民間故事。

朱三太子案

一

隨著時間的推移，清朝的統治越來越鞏固。朱慈烺也越來越找不出來了。永王朱慈炯、定王

---

❷有觀點認為南明「太子案」是東林、復社中的一些骨幹分子視「門戶」、「聲氣」重於國家、社稷，走極端而一手策畫的假太子案。在這些書生看來，福藩繼統等於萬曆以來自己黨派在黨爭中的失敗（萬曆朝時，文官集團千方百計才挫敗福王朱常洵染指太子之位的企圖），因此不管真偽，抓住太子案大做文章，為了推倒福藩另立新君，結果給南明王朝帶來了災難性的後果。

朱慈炤兩人也一直沒有再度出現過。

在反清勢力的心目中，前明朝的皇子始終具有強大的政治號召力。順治八年（西元一六五一年），有人冒稱是崇禎第三子造反；康熙十二年（西元一六七三年），北京人楊起隆自稱是朱三太子在皇城根下造反；三藩叛亂時，福建人蔡寅自稱朱三太子，勾結臺灣鄭經造反；康熙四十年（西元一七〇一年）以後，江蘇太倉、浙江大嵐山等處的反清力量都以擁立朱三太子為旗號造反。可見，只要有反清情緒的存在，前明朝皇子的存在就對清朝具有政治殺傷力。

在這些以「朱三太子」名義發動的造反起義中，對清朝造成最大威脅的是楊起隆起義。楊起隆是皇城根下長大的北京大老爺們，深諳政治，明白「朱三太子」四個字的政治價值。於是他自稱是崇禎三子，在北京的胡同裡自己做起了皇帝，封官許願，草草地復辟了明朝，鬧得動靜很大。他勾結紫禁城的太監，原定在西元一六七三年十二月二十三日晚上在北京城內外同時放火，殺進皇宮，讓明朝的旗幟重新飄蕩在金鑾殿上。可惜叛徒告密，楊起隆不得不提前造反，終因事出倉促而慘敗。清朝在北京城大肆搜捕造反者，殺死數百人之多。楊起隆卻在混戰中衝出重圍，不知所終。康熙十九年（西元一六八〇年），清朝曾在漢中抓到一名自稱「朱三太子」的楊起隆。經審問，此楊起隆非彼楊起隆。

有趣的是，這些自稱「朱三太子」的造反者都說自己名叫朱慈煥。而崇禎皇帝真正的第三個兒子是永王朱慈炯。這是怎麼回事呢？難道是造反者們連最基本的史實都搞錯了嗎？

原來，朱慈煥確有其人。他是崇禎帝的第五個兒子，五歲的時候病死了。朱慈煥臨死前，突然對前來探望的崇禎說：「九蓮菩薩說：『皇上待外戚太薄，所以要讓他的兒子們都死掉。』」所謂的「九蓮菩薩」是萬曆的生母李太后，是崇禎的太奶奶。崇禎帝聽了以後很害怕，認為朱慈煥不是凡人，就封他為「玄機慈應真君」。清朝的造反者們頻以朱慈煥相號召，而不是以真的第三子朱慈炯自稱，顯然是看中了「玄機慈應真君」在民間的蠱惑力。歷代農民起義者多多少少都要借重民間宗教的力量，這些「朱三太子」也不例外。至於這些「朱三太子」是否真的是崇禎的皇子，想必不用多說也很明白了。

康熙皇帝親政後，很在意隱匿在民間的前朝皇子們。康熙二十八年（西元一六八九年），玄燁南巡江寧，假惺惺地祭奠了明太祖朱元璋的陵墓孝陵，顯露大清王朝對明朝的「深厚感情」。為了撫慰人心，康熙皇帝對有關官員說要派人察訪明朝皇室後裔，授以職銜，讓他們世代守衛孝陵，四時祭祀。幾個月後，有關部門奏報說，明朝「亡故已久」，子孫埋沒無聞，雖然經過多方查訪，也沒有找到確實可考嫡裔，建議委派一名地方官吏專門負責孝陵的祀典，以盡清廷關懷明朝之心。在公開的表演之下，康熙皇帝一直沒有放鬆對前明皇室，尤其是對朱三太子朱慈炯的搜捕工作。清朝在各地暗暗布下天羅地網，展開大海撈針的搜捕工作，就是沒有找到朱慈炯的影子。

二

康熙四十五年（西元一七〇六年）臘月，山東省汶上縣解任在家的前饒陽縣令李方遠家裡來了一位張先生。

張先生自稱是李方遠的「故人」。李方遠花費了很長時間，才想起這位張先生的來龍去脈來。早在康熙二十二年（西元一六八三年），李方遠在一家路姓大戶家中見到一位侃侃能言的先生，就和他攀談起來。先生自稱姓張，號潛齋，在浙中大戶張家為家庭教師。李方遠和張先生相談甚歡，交往密切，通過詩詞唱和很快就成為密友。後來，張先生漂泊他鄉，李方遠則宦海沉浮，雙方拜別後已經二十多年沒有聯繫了。現在，李方遠和張先生都已經是白髮老人，故人相逢，分外親熱。兩人立刻歡飲暢談起來。這麼多年來，張先生的生活並不如意。他這次是來投靠李方遠，乞求李方遠能夠幫他謀求一教職，養家餬口。李方遠見張先生已經年逾古稀，心中大為不忍，最後熬不過對方苦苦相求，就安頓張先生在自己家和鄰近幾戶官宦人家裡教子弟讀書。

兩年後（康熙四十七年，西元一七〇八年）的四月初三，李方遠正在家中與張先生下棋。突然，本地官吏調發大軍，將李方遠團團圍住。兵丁破門而入，將李方遠和張先生二人狠狠捆綁起來。

李方遠勃然大怒，喝斥說：「我是致仕家居的官宦，你們怎麼能這麼無禮？」

地方官理都不理李方遠，逼問張先生：「說，你是何人？」

張先生淡淡地說：「我乃前朝皇子、定王朱慈炯。」

三

朱慈烔一生的經歷滿紙辛酸，充滿傳奇色彩。

根據朱慈烔當日的口供，當年李自成農民軍戰敗西撤的時候，朱慈烔被一個姓毛的農民軍將領帶往河南。這個毛將軍把戰馬賣掉，買了耕牛，種田過活，帶著朱慈烔隱居起來。清朝建立後，對李自成的部下將領追查得很緊。毛將軍最後拋棄朱慈烔，不知道逃到什麼地方去了。當時朱慈烔只有十三歲，盲目地往南流浪。冥冥之間，朱慈烔逃到了祖先朱元璋的老家——安徽鳳陽。在鳳陽，朱慈烔遇見一個王姓老鄉紳。王先生知道朱慈烔是明朝皇子後，冒險收留他在家。朱慈烔因此改姓王，躲過了清朝最初的搜捕。幾年後，王先生病死了，朱慈烔就找了一座寺廟出家。長大後，和尚朱慈烔四處雲遊。一次雲遊到浙江，在古剎中遇見一位姓胡的餘姚人。胡先生很讚賞朱慈烔的才學，就把朱慈烔邀請回家，讓他還俗，還把女兒嫁給了朱慈烔。於是朱慈烔就改姓張，入贅胡家，長期隱居下來。

朱慈烔經過了這麼多的坎坷，早已經把父皇崇禎皇帝分別時報仇復國的囑託拋到九霄雲外了。他只想做個普通人，安安靜靜地過完一生。朱慈烔在餘姚安家後，生下了六個兒子。時間長了，家裡人知道了朱慈烔的真實身分。一家人都生活在陰霾之下，不敢聲張。朱慈烔也不敢在家裡常住了，化名王士元、何言咸等，經常往返於山東、兩江、浙江一帶，以教書餬口。李方遠就是朱慈烔在一次遊蕩途中認識的。

朱慈烔是無欲無求了，可各地的造反者和野心家還是經常盜用他的名號。浙東的寧波、紹興二府交界處的四明山一帶有一股反清力量，首領是張廿，張廿二。他們就以擁戴朱三太子為號召，又亮出大明天德的年號，在四明山一帶和清軍展開游擊戰爭。江蘇太倉的一念和尚也擁戴朱三太子發動起義，與四明山的友軍遙相呼應。造反者在長江三角洲一帶的影響很大。朱慈炯怕引火焚身，在康熙四十五年（西元一七〇六年）七月舉家遷到了湖州府長興縣。當年十一月，江浙一帶官府加緊緝查朱三太子，已經成了驚弓之鳥的朱慈炯選擇了拋棄家眷，隻身出逃。

四明山和太倉的造反者很快就被清朝官府鎮壓下去。朱慈炯的真實身分也被告發，官府趕往湖州長興縣逮捕朱慈炯的兒子和孫子，朱慈炯的妻兒七人在家上吊自殺。拋家棄子的朱慈炯成為官府的通緝犯。而朱慈炯自出逃後，用「張用觀」的名字在山東汶上李方遠家隱匿躲藏起來，直到兩年後被抓。

朱慈炯被捕後，押回浙江審訊。康熙皇帝非常重視「朱三太子案」，派侍郎穆丹作為欽差大臣前往杭州負責審訊。欽差穆丹和兩江總督等高官親自出面審訊朱慈炯。

問：「現在江南有兩處叛逆謀反案，都說要扶立你為帝，恢復明朝。你知罪嗎？」

朱慈炯答：「我今年已經七十五歲了，血氣已衰，鬚髮皆白，哪還有力氣造反啊？再說，我不在三藩作亂時造反，卻在如今太平盛世造反，於情理不通。我平日對占據城池，積蓄屯糧，招買軍馬，打造盔甲等事情一無所知，從無參與。還有，我曾在山東教書度日，那裡距京師很近，如果我有反心，怎敢待在那裡？」

清朝官員又押解生俘的大嵐山造反首領，讓他來「拜見」朱三太子。這位造反首領看了半天朱慈炯，說：「我不認得此人，他是誰啊？」

官員大怒：「他不就是你擁戴的明朝三太子、定王朱慈炯！」造反首領說：「嗨，我們只是假借朱氏皇子名義鼓動百姓而已，並不知三太子真假。」最後穆旦等人也不能確定這個朱慈炯是否就是真的朱慈炯，只好將朱慈炯押解到北京，由康熙皇帝定奪。康熙親自翻閱卷宗，欽定這次抓住的就是朱慈炯。康熙皇帝御批說：「朱三者乃明代宗室，今已七十六歲。伊父子遊行教書，寄食人家。」可見康熙皇帝相信了朱慈炯的供狀，但是康熙皇帝置朱慈炯年逾古稀、苦苦求饒的現實情況於不顧，判定朱慈炯有罪。刑部因此做出結論：「朱某雖無謀反之事，未嘗無謀反之心。」最後清朝以「通賊罪」仍將朱慈炯父子全家處死。朱慈炯三代同堂，共赴黃泉。而李方遠因為收留朱慈炯，全家流放東北寧古塔給披甲人為奴。

朱慈炯生於崇禎四年（西元一六三一年），死於康熙四十七年（西元一七〇八年），終年七十八歲。

四

康熙皇帝以為「朱三太子」從此應該銷聲匿跡了。但很多人認為此次抓住的朱慈炯也是假冒的「朱三太子」。康熙皇帝為了早日將「朱三太子案」結案，匆匆找了個情況接近，稍微可信的人當替罪羊。在民間，百姓們依然相信朱三太子還活著，躲在某個鄉間角落。康熙末年，臺灣朱一貴發動大起義，一度控制全島。朱一貴起義仍然尊奉朱三太子的名號。康熙皇帝的如意算盤落空了。

雍正二年（西元一七二四年），清朝找出一個名叫朱文元的鑲白旗漢人，宣稱朱文元就是明太祖第十三子、代簡王的後裔。出於「政治團結」的需要，清朝封這個朱文元繼承明朝皇室血脈，享受優厚的待遇，四時祭祀明朝皇陵。朱文元這一系，世代成了清朝的「政治花瓶」。但仔細考察，這個朱文元來歷可疑。明朝的代王這一系藩王在皇太極時期就被清軍俘獲，遷往關外，世系傳承很混亂。同時，朱元璋時期就給子孫後代定下了宗譜。而朱文元的名字排行無據，不在宗譜字號裡面。最後，朱元璋的姪子、靖江王始祖叫做朱文正。朱文元和祖先名字相似，一點都不避諱。凡此種種，這個朱文元可以判定是假冒無疑。可就是這家假冒的朱元璋後代，直到民國時期還代表明朝後裔，定期領取國民政府的俸祿。其人已經粗俗不堪，一點貴族氣也沒有了，動不動就揚言要出賣十三陵還債，還去故宮中找遜帝溥儀「打秋風」賺外快。

雍正搬出一個朱文元後，絲毫沒有杜絕「朱三太子」的出現。雍正七年（西元一七二九年），有個叫李梅的人聲稱朱三太子沒有死，而是流落到了海外。清朝廣東總督親自帶兵抓捕李梅，李梅不知所終。此後國內的浙江、廣西，國外的越南、呂宋等地都出現了朱三太子的蹤跡，讓清朝頭痛不已。一直到乾隆年間，清朝入關超過百年，百姓對明朝的記憶已經淡忘，「反清復明」的號召起不了什麼作用了，「朱三太子」才慢慢銷聲匿跡。

明朝末年和清朝初期這麼多風風雨雨，反反復復地告訴後人：亡國太子是歷史上最可憐的皇子。不論是投奔哪一方，不論身處何時何地，他們都只有死路一條。沒有人願意他們出來分享政治權力，也沒有人願意他們隱居在民間成為政治隱患。

12

雲深不辨前方路

康熙朝廢立太子事件

康熙皇帝在政治上取得了輝煌的成績，但在確立太子一件事上失敗得一塌糊塗。他兩次冊立太子，又兩度廢黜太子；眾多的皇子拉幫結派，兄弟相殘，展開了激烈的皇位爭奪戰。康熙朝的廢立太子事件是一個疑團接著一個疑團，從一個陰謀走向另一個陰謀。直到康熙咽氣的那一刻，皇位之爭才算告一段落。

失敗的領跑者

一

康熙十四年（西元一六七五年）十二月，康熙皇帝突然在太和殿冊立方滿周歲的皇二子、嫡長子胤礽（皇后赫舍里之子）為皇太子。

這是一次在非常時期進行的非常行動。在此之前，滿族是沒有冊立太子的傳統的，繼承人一般由老皇帝在臨死前指定。冊立皇太子是漢族的政治傳統。康熙為什麼要打破清朝皇位繼承制度，在自己年僅二十二歲的時候就預立一個剛滿周歲的繼承人呢？形勢所迫。當時吳三桂等三藩在南方造反了，勢頭很猛，進展很順利。長江以南地區都聽吳三桂等人的號令，已經不是康熙的天下了。北方的陝西等地也局勢動盪。更可怕的是，有一個叫做楊起隆的北京大老爺，竟然在胡同裡做起了皇帝，宣稱復辟明朝。就是這個楊起隆，勾結太監，一度殺進了紫禁城！康熙皇帝血氣方剛，抽出大刀，要赤膊上陣，和吳三桂、楊起隆之輩拚個你死我活。大臣們趕緊把康熙拉住，說皇上御駕親征，萬一不幸「龍馭歸天」了，怎麼辦？

康熙皇帝說，那好，我就按照漢人的傳統，先冊立一個太子吧！

康熙當時只有兩個兒子，四歲的長子胤禔（庶出、惠妃所生）和兩歲的次子胤礽（嫡子、來自索尼家族）。這兩個都是拖著鼻涕的小屁孩。康熙皇帝左看看，右看看，也看不出誰好誰壞來，乾脆就按照漢族立嫡長子的習慣，確認胤礽為太子。

年輕的康熙皇帝此時也許天真地以為皇太子的冊立，解決了帝國權力的繼承問題。康熙皇帝不會想到，他剛剛在太和殿打開了縈繞在帝國最高權力繼承問題上的「潘朵拉魔盒」。

二

康熙冊立胤礽為太子後，相當負責地承擔起了撫養教育的責任。

親征初期，康熙皇帝的事情特別多，和明朝餘孽鬥，和吳三桂鬥，和臺灣鄭氏家族鬥，和蒙古俄羅斯鬥，和河工水利鬥，鬥得天昏地暗。可在繁重的政務之餘，康熙皇帝每天都抽時間過問胤礽的成長情況。等胤礽稍微長大了一點，康熙皇帝親自教皇太子讀書寫字、上馬騎射。為了太子的健康成長，康熙皇帝給胤礽專門配備了正三品級的撫育機構，還外聘了張英、李光地、熊賜履等一代宗師給太子講授各種書籍。至於太子需要的物資器具，康熙下令全都使用最好的。在與吳三桂等三藩作戰最艱難的時候，康熙手頭窮得叮噹響，只好下令降低皇宮的待遇標準，自己帶頭每頓少吃飯。可就是在這樣艱難的時刻，康熙嚴令胤礽的一切待遇照舊，不能有半絲半毫的下降。皇后赫舍里生胤礽的時候因大出血而死，康熙是既當爹又當媽，一把屎一把尿把胤礽拉扯大，事事關心，時時過問，真的是非常不容易。

從表面上看，胤礽逐漸成長為一個「傑出青年」。在康熙精心培養下，皇太子精通滿、蒙、漢三種語言，寫得一手好毛筆字，把四書五經背得滾瓜爛熟。胤礽的漢文水準很高，十歲時就寫出了「樓中飲興因明月，江上詩情為晚霞」的名對；胤礽的馬上功夫更高，五歲時參加一場狩獵，就獨自射殺了一頭鹿和四隻兔子。

康熙三十二年（西元一六九三年）五月，康熙患了瘧疾，第一次授權胤礽代理皇帝職務，監理國事。之後在康熙親征噶爾丹期間，康熙再次授權胤礽留在北京，監理國事。康熙對胤礽代理政事的表現大加讚揚，說他「辦理政務，如泰山之固。」當然，胤礽也出過一些差錯，比如，他發往父王率軍出征地的包裹捆綁不嚴，到達後多有破損等等，康熙也都指出來要求改正。可見，康熙皇帝在二十多年的漫長時間裡，對皇太子胤礽是滿意的。他要傳位給胤礽的意思也非常清楚。

可問題就在於看問題不能只看表面。胤礽的能力是不錯，可內在品質並不好。胤礽這個人年輕氣盛，驕橫跋扈，目空一切，甚至把父皇康熙也不放在眼裡。

問題的根子既出在胤礽身上，也出在康熙身上。康熙對這個太子太過溺愛了。為了太子的健康成長，康熙把所有最好的東西都給了胤礽，給胤礽安排的待遇標準和皇帝的標準一樣。胤礽的飲食、家居和出行的標準甚至超過了康熙本人。康熙還到處帶著胤礽出去炫耀。出巡的時候，地方官員叩拜皇帝之後要叩拜胤礽；每年元旦、冬至、萬壽節，大臣們向康熙行三跪九叩之禮，向胤礽行二跪六叩之禮。胤礽從滿歲時被立為太子之後，一直養尊處優。康熙皇帝也不想想，自己的所作所為會對兒子產生什麼樣的不良影響？胤礽始終生活在康熙給他營造的極樂天堂之中，把一切待遇都看作是天經地義的事情。他跟隨康熙出巡的時候，如果地方官不向自己敬獻禮品就會大發雷霆；平日在朝堂上，如果有文武大臣，或者皇族宗室有不順自己心意的地方，胤礽會直接給他們一個耳刮子。

這樣的太子，能夠繼承康熙的天下嗎？

三

漸漸的，康熙從親身經歷中也看出胤礽身上的毛病來。

康熙二十九年（西元一六九〇年），康熙親征噶爾丹，在途中染上重病，形容消瘦。康熙在重病中非常想念兒子，就讓皇太子胤礽和皇三子胤祉趕來侍駕。兩個兒子來了以後，胤祉看到父皇的病狀，痛哭失聲；胤礽卻若無其事地站在一旁，左顧右盼。康熙掙扎著和兒子們對話，胤礽一句體貼話也沒有，回答起來愛理不理的。康熙內心第一次湧出了失望之情，乾脆把胤礽打發回北京了事。

對於這件事情，康熙之後可以用「胤礽被嬌慣壞了，不懂人情世故」的理由自我安慰過去。但對於胤礽長大後結黨營私、伸手攬權的行為，康熙非常在意，非常敏感。

自古宮廷鬥爭黨同伐異。胤礽的長大和康熙對他的珍愛，讓一些貴族和官吏們看到了胤礽身上的潛在價值。他們紛紛依附胤礽，胤礽也很願意有人依附，於是「太子黨」形成了。太子黨奉行的是「順我者昌，逆我者亡」的鬥爭思路，有意無意地壓制對太子不滿的聲音和行為，處處顯示太子的尊貴。太子黨的核心人物是國舅、胤礽的親叔祖父、皇后赫舍里的親叔叔、領侍衛內大臣索額圖。索額圖非常希望自己家族能夠出一個皇帝，時時刻刻提醒胤礽要凸顯太子地位，要打倒那些政治對手。許多時候，索額圖親自上陣整人，給胤礽做示範。許多年以後，康熙提起已死的索額圖還恨得牙癢癢，罵索額圖是「本朝第一罪人」，是引誘胤礽走向深淵的罪魁禍首。在索額圖的指導下，太子黨鬥垮了以大學士明珠為核心的支持皇長子胤禔母親的勢力。索額圖的諄諄教誨，初戰告捷，再加上年紀增長，胤礽開始流露出對皇位迫不及待的渴望情緒來。他揚言：「古今天下，豈有四十年太子乎？」

康熙皇帝畢生奮鬥的目標，就是建立皇權的絕對權威。和許多專制君主一樣，康熙對任何威脅到皇權的行為和個人都特別敏感。胤礽和索額圖等人就犯了這個忌諱。康熙皇帝開始反感「太子黨」。而胤礽及其黨羽的所作所為，「群眾影響」極壞，惡化了自己和其他皇子、和朝廷大臣們的關係。胤礽的兄弟們，朝廷的一些大臣們就向康熙控訴胤礽的惡行，其中免不了一些添油加醋的造謠中傷。結果使康熙對太子胤礽厭惡了起來。

康熙三十六年（西元一六九七年），康熙巡視塞外。隨駕的御膳房、御茶房僕役，將皇帝的衣食住行定期密報胤礽和索額圖。此事被人告發後，康熙看到了太子黨的覬覦之心，極為震驚，誅殺了相關人等。他開始對太子黨下手了。六年後，索額圖被冠以「陰謀作亂」的罪名，遭到拘禁，很快死在了獄中。

對於胤礽，康熙是徹底失望了。但胤礽畢竟作了三十年太子，是自己的親骨肉，康熙一時也不想動他。胤礽如果痛改前非，重新做人，相信康熙還是會把皇位傳給他的。

四

可就在危機一觸即發的關鍵時刻，康熙四十七年（西元一七〇八年）九月初爆發了所謂的「帳殿夜警」事件。

為了保持八旗子弟的尚武精神，康熙皇帝親政後定期在秋天帶領皇室子弟和八旗官兵去關外狩獵，稱為「木蘭秋獮」。所謂帳殿，就是木蘭秋獮時皇帝駐蹕的營帳。

康熙四十七年（西元一七〇八年），朝廷照例舉行了木蘭秋獮。康熙帶著年僅七歲的十八阿哥胤祄同行。胤祄是康熙的愛嬪王氏所生，很受康熙的寵愛，因此獲得了與皇帝同車的殊榮。而其他成年的皇子，包括太子胤礽在內都只能跟隨前行。遺憾的是，北方秋天的晝夜溫差很大，七歲的十八阿哥適應不了，半路上就發了病。隨行的太醫不能救治，病情日益嚴重。康熙只能摟著愛子，祈禱說寧願以自己的壽命來換取第十八子的生命。八月底，胤祄一度病情好轉，康熙欣喜若狂；但到九月初二早晨，胤祄就夭折了。康熙悲痛欲絕。

九月初二，就在胤祄的病榻前，康熙皇帝和太子胤礽父子爆發了嚴重的正面衝突。之前胤礽對十八弟的病情漠不關心。在十八弟病危的時候，胤礽還悠然地享受生活。心情悲傷的康熙看不過去，把胤礽叫過來痛罵：「你這個當兄長的，怎麼一點關愛之心都沒有？」

胤礽驕橫慣了，現在被父皇當眾痛罵，竟然「忿然發怒」，立即反駁康熙的斥責：「我怎麼了？這關我什麼事情。」

康熙氣得火冒三丈，在屋子裡到處找兵器，揚言要劈了胤礽這個「逆子」。胤礽可以馬上跪在地上，向康熙道歉，也可以拔腿就跑，不再繼續和康熙正面對峙，事情都容易解決得多。可胤礽的腦海裡根本就沒有「道歉」和「逃跑」兩個詞。他高傲地仰著頭，蔑視康熙的舉動。

康熙差點當場背過氣去。

這個敏感時刻，一個重要人物出現了。這個人就是胤礽的大哥胤禔。胤禔是皇長子，僅僅因為自己的母親是妃子，就和太子寶座擦肩而過。三十多年來，他心理當然不平衡了。成年後的胤禔文武全才，多次率軍出征，把康熙交辦的事情都辦得很好，身邊也聚集了一批支持力量。可康熙不但沒有改立功勳卓著的胤禔為太子的想法，而且罷黜支持胤禔的大學士明珠，壓制胤禔的欲望。胤禔心理更加失衡，時刻準備著置太子胤礽於死地。

現在，機會來了！胤禔趁著康熙正在氣頭上，舉重若輕地說了一句：「父皇，兒臣最近常常看到胤礽夜裡在御駕營帳四周盤旋，還不時窺探內中情況。」

胤禔檢舉的行為，說白了就是胤礽夜晚偷偷摸摸地在康熙的營帳外面，看康熙的起居情況。但皇帝的生活起居是機密，是不能隨便看的。而且你胤礽為什麼要偷偷摸摸地看，而且是在夜裡偷偷摸摸地看。康熙一聯想到胤礽之前對皇位的覬覦，聯繫到胤礽在十八弟病重時冷漠的表現，再聯想到胤礽平日拉幫結派的不良行為，他那顆本因幼子之死而悲痛欲絕的心受到更重的打擊。「這是盼著我早死啊！」康熙對胤礽的憤恨程度急劇上升，大吼道：「反了，全都反了。把這些逆子全都給我抓起來！」

結果，胤礽、胤禔兩人被捆綁起來，押到帳外跪在地上等候發落；當時在場的胤祉、胤禛、胤禩等人也「陪綁」。

在夜幕中，憤怒的康熙皇帝當著朝廷重臣和供奉於朝廷的西方傳教士的面，憤激地宣洩對胤礽積壓了三十年的不滿。康熙說胤礽除了他早已發現的種種不肖表現之外：「更有甚者，這個逆子每天夜裡都逼近我的營帳，劃開裂縫向內窺視……我都不知道我是不是今天會被毒死，或者明天遇害。我晝夜嚴加警戒，都不得安寧，全都是這個逆子專權謀逆所為。這樣的人，怎麼可以託付祖宗弘業！」康熙皇帝完全相信了胤禔告發的內容。想想看，每個月黑風高的夜晚，胤礽拿著利劍，鬼鬼祟祟地藏在康熙營帳的外面，透過劃開的縫隙，注視康熙的一舉一動，這是多麼恐怖的事情啊！

康熙皇帝在營帳中煩躁地踱著步，情緒亢奮地訴說著自己的不幸。說到胤礽對自己居心叵測的時候，康熙一度痛哭倒地。大臣和侍從們趕緊把康熙皇帝救起。康熙緩過來以後，繼續對著跪在地上的兒子們，一個一個罵過去。幾位皇子被捆綁得嚴嚴實實的，大氣都不敢出。末了，康熙下令，將胤礽關押起來，交由胤禔嚴加看管。

兩天後，做了三十三年太子的胤礽被廢。

五

這就是「帳殿夜警」事件的全過程。

整個「帳殿夜警」事件的主要證據就是皇長子胤禔的告發。當時胤禔負責狩獵時期的警衛工作，因此他的告發是具有相當殺傷力的。但是考慮到胤禔和胤礽間有利益衝突，他的告發是不是真實的呢？這次重大的事件為什麼僅憑胤禔的「一面之詞」就下結論呢？

一般認為，雍正當皇帝後大肆修改康熙朝的檔案。關於「帳殿夜警」的資料說是康熙曾在夜半覺得有人逼近帳殿裡的御榻，還發出了聲音。但是任何人深夜躲過密布巡邏值守的人員，私自逼近御帳，都不是一件容易的事情。而胤礽被囚禁在宮中上駟院內時，為自己申辯說：「皇父若說我別樣的不是，事事都有，只是弒逆的事，實無此心。」凡此種種，後人多方考證，依然眾說紛紜，難有定論。

帳殿夜警事件最大的可能就是胤禔告發太子胤礽的一句話。康熙在情緒激動的情況下缺乏冷靜的思考就做出了過激舉動——廢黜胤礽。

兩廢太子

一

康熙廢黜胤礽後，痛定思痛，開始冷靜思考自己在太子問題上的前後作為。

對於胤礽的變化，康熙懊悔地說：「皇太子服御諸物，俱用黃色，所定一切儀注，與朕無異，儼若二君矣！」他認識到了正是自己的溺愛毀了胤礽。為此，康熙開始失眠了。半醒半睡中，奇怪的夢境出現了。首先是康熙的祖母孝莊皇太后出現在夢境中，老人家很不高興；接著，胤礽生母皇后赫舍里也出現在夢境中。赫舍里生胤礽的時候死了，康熙一直對此很內疚。因為赫舍里是康熙政治生涯中的有力助手。她是首席輔政大臣索尼的孫女。正是在索尼和索額圖等人的支持下，康熙才能剷除掉鰲拜勢力，實現親政的。而現在，赫舍里在夢境中也很不高興。康熙開始思考自己廢黜胤礽的行為是不是做錯了？

胤礽三十三年的太子地位一旦消失，原先壓制住的太子之爭開始表面化了。胤礽太子地位鞏固的時候，其他皇子都不敢公開的對太子寶座發動挑戰。現在太子位置出缺，康熙的兒子們八仙過海各顯神通，都死死地盯著太子寶座不放。除了胤礽圖謀恢復太子地位外，皇長子胤禔、皇三子胤祉、皇四子胤禛、皇八子胤禩、皇十四子胤禵等人都參與到了浩浩蕩蕩的太子爭奪戰中來了。

對太子寶座垂涎已久的皇長子胤禔第一個跳了出來。

胤禔覺得自己最有資格成為太子。除了是皇長子之外，胤禔十九歲就協助康熙征討噶爾丹，之後歷經軍旅，二十七歲因戰功獲封直郡王。在眾多兄弟中，胤禔地位僅次於太子，而且功勞最大。康熙廢黜胤礽後，交由胤禔羈押。胤禔將康熙的這個舉動看作是一個信號，一個信任自己要託付重任的信號。胤禔樂觀地估計，不論是論資排輩，還是論功行賞，都輪到自己當太子了。

但是胤禔跳得太急，跳得太早了。康熙廢黜胤礽的當天，胤禔就迫不及待地鼓動自己的親信大臣向康熙建議立自己為新太子。康熙對胤禔的心急表現很反感，明確答覆說：「直郡王胤禔只要做好護駕工作就可以了，我並沒有立他為皇太子的意思。」康熙還毫不客氣地說：「胤禔這個孩子，秉性急躁，智商也不高，怎麼可以立為皇太子呢？」

康熙的答覆很明確，但是胤禔不死心。胤禔不再直接提名自己繼任太子，而是拿廢太子胤礽撒氣。胤禔又對康熙說：「胤礽所行卑污，大失人心。如果父皇不願意大義滅親，兒臣願意替父皇誅殺胤礽。」同時，胤禔順便揭發八弟胤禩的「不法行為」：「相面人張明德曾替胤禩相面，說八弟日後必大貴。」

康熙果然沒有把胤禔看走眼。胤禔這個人既急躁，又愚蠢。他揭發胤禩找人相面，相面人說胤禩日後大富大貴之類的，根本不能置胤禩於死地（康熙只把胤禩訓斥了一頓，不許胤禩再搞封建迷信活動，然後把那個拍馬屁說胤禩大富大貴的江湖術士斬首而已），反而暴露了他胤禔自己小心眼，經常留心這些骯髒的瑣事而已。而胤禔請求誅殺廢太子，完全暴露了自己不念手足親情和對太子之位的覬覦之心。胤禔也不想想，康熙廢黜胤礽就是因為胤礽不念手足親情引起的，根本原因是胤礽覬覦皇位。那麼現在，胤禔又和胤礽有什麼區別呢？

康熙聽了胤禔的蠢話後，雷霆大怒，把胤禔痛罵了一頓，趕了出去。

就像當年胤礽受到康熙痛責的時候，胤禔落井下石一樣，現在胤禔受到康熙的痛責，皇三子胤祉跳出來落井下石了。誠郡王胤祉熱衷於「文化事業」，對江湖術士們的把戲很了解。他揭發大哥胤禔之前和蒙古喇嘛巴漢格隆秘密會晤，胤禔指使巴漢格隆以巫術詛咒太子。

根據胤祉的檢舉，康熙找到了十餘處詛咒廢太子胤礽的神符。康熙對胤禔絕望了，革去他的王爵，將他永遠圈禁起來。結果胤禔玩火自焚，最早跳出來，也最早落入了萬丈深淵，永世不得超生了。

神符事件引發了連環反應。首先，康熙皇帝由神符事件聯想到了胤禩找人相面的事件。結果嚴查下去後，給胤禩相面的張明德被凌遲處死，胤禩被革去貝勒爵位，貶為閒散宗室。其次，康熙同情起神符事件的「受害者」——廢太子胤礽來。胤礽也趁機將自己之前狼心狗肺的事情歸咎為受到了喇嘛詛咒。最後，這麼多事件在短時間裡高密度出現，讓康熙防不勝防。他老人家對圍繞太子之位展開的權力爭奪戰厭煩了。

思前想後，康熙越來越覺得自己不應該廢黜胤礽的太子地位。

二

康熙四十七年（西元一七〇八年）十一月，康熙皇帝召集貴戚重臣，要求大家推舉新太子人選。

在推舉之前，康熙皇帝「無意」地向一些大臣談起廢太子胤礽的情況，說胤礽這個孩子之前受了人的詛咒，行為失常，現在慢慢好轉了。皇帝的意思是很清楚的，他想復立胤礽為太子。但是大臣們對康熙皇帝的意思理解貫徹得不太到位，只有很少的大臣建議重新立胤礽為太子，大多數大臣推舉皇八子、剛剛被革去貝勒爵位的胤禩為太子人選。

這大大出乎康熙的意料。

這裡有必要介紹一下胤禩的情況。胤禩是眾皇子之中名聲最好的一個人。他不僅自幼聰明機靈，而且交際能力很強。胤禩給康熙留下的印象很好，對兄弟姐妹恩愛，對大臣謙虛有禮，而且禮賢下士，不論販夫走卒還是江湖術士都一一交往，因此聲望很高。朝野上下都盛傳胤禩是個好皇子。但是康熙沒有考慮過立胤禩為太子。因為胤禩的出身不行。胤禩的生母衛氏是皇室家奴出身，地位卑微，因此胤禩成年後只受封了貝勒的爵位。

皇帝說你不行，你就是再行也不行。胤禩儘管民意支持度最高，依然與太子之位無緣。康熙堅持復立胤礽為太子。

胤禩知道情況後，自然不甘心了。也許正是母家卑賤的緣故，胤禩從小就工於心計。凡是他覺得有用的人，胤禩都不惜代價地交往。他在宮廷內外，朝野上下，都表現得謙虛謹慎。暗地裡，胤禩交結了一批文臣武將，為自己搖旗吶喊。知道輸給胤礽後，胤禩就暗中收買了一批戲子、孩童和下三爛的人，到處在人群密集的地方，說重新成為太子的胤礽的壞話。這些壞話有的是真話，有的純屬瞎編亂造，形成了不利於胤礽的輿論。

胤礽也實在是不成器，一點都沒有從被廢黜一事中吸取教訓，總結經驗。成為太子後，胤礽馬上重萌舊態，不僅大搞物質享受，在飲食服御陳設各方面追趕甚至超越康熙的待遇標準，而且重新糾集了原來的那些黨羽，又耀武揚威起來了。胤礽自以為在短短幾個月中廢而再立，表明自己地位鞏固，因此更加肆無忌憚起來。他派人去各地搜集美女，向地方官索要貢品。所有的惡行最後都反饋到了康熙那裡。

康熙皇帝又為自己的舉動後悔了。他想到再次廢黜胤礽。但一想到在沒有太子的日子裡暴露出來的種種問題和其他兒子的醜態，康熙寧願將胤礽擺在那裡，也不願意看到兒子們爭權奪利，醜態百出。對於不爭氣的胤礽，康熙嚴令他「不得須臾離側」，幻想能夠日夜盯緊胤礽，不讓他胡作非為。可腿長在胤礽的身上，胤礽想跑到什麼地方去，康熙皇帝也不能時刻盯牢。胤礽我行我素。

三

康熙四十八年（西元一七〇九年）十一月，安郡王馬爾渾因病去世。在安郡王的葬禮上，有許多王公大臣和武將飲酒行樂，連參加葬禮最起碼的尊重都不顧。結果，有仇家就告發這些人「結黨會飲」。

這原本是一件不大不小的案子，睜隻眼閉隻眼就過去了。但是日理萬機的康熙皇帝從眾多的政務中，單獨將這麼個案子抽了出來，大張旗鼓地審理起來。在審理的過程中又發現參與飲酒作樂的官員有經濟問題，貪污了幾千兩銀子。這樣的經濟問題如果要嚴查起來，相信朝堂上的袞袞諸公，誰都拿過這個數目的「髒錢」。可康熙皇帝還真就嚴查起來了。結果兩案並舉，將這些結黨會飲的人安上了「謀逆」和「貪腐」兩頂大帽子，判了死罪！

為什麼會這樣呢？

因為參加結黨會飲的人，比如耿額、齊世武、托合齊等人，都是太子胤礽一黨的人，而且都握有京城內外的軍隊實權，觸動了康熙敏感的神經。康熙皇帝心想：胤礽還沒有即位呢，你們這些奴才就這麼囂張，這還了得！如果這些手握兵權的奴才做起亂來，那還了得？

因為康熙皇帝早就對胤礽不滿，想給胤礽點顏色看看了。康熙皇帝查案事小，剷除胤礽的黨羽事大。康熙皇帝需要殺幾隻雞給胤礽這隻猴子看看，打擊一下胤礽的傲氣和結黨的風氣。

當時的康熙已經是年近花甲的老人了。他感覺來日可能不多了，必須嚴肅地對待繼承人的問題。捫心自問，康熙不願意讓胤礽成為接班人。康熙五十一年（西元一七一二年）九月，康熙下令將胤礽拘禁。十月，康熙正式宣布廢黜太子胤礽，頒布親筆詔書：「（胤礽）數年以來，狂易之疾仍然未除，是非莫辨，大失人心。朕久隱忍，不即發露者，因向有望其悛改之言耳。今觀其行事，即每日教訓亦斷非能改者。」詔書表明康熙將胤礽認定是即使每時每刻耳提面命、事事教導也不能改邪歸正的「朽木」了，因此康熙放棄了胤礽。

如果說康熙廢黜胤礽是在人們意料之中，那麼康熙同時明確宣布今後不再冊立太子，則大大出乎朝野的意料之外。

康熙做出這個決定，是出於對親情的失望。康熙一生妻妾眾多，一生有子、孫、曾孫共一百五十多人（其中兒子三十五個），是滿清帝王中子孫最多的一位。這眾多的子孫，本使康熙享有普天之下最欣慰的天倫之樂。但在皇宮內院，這人間的樂趣在康熙皇帝身上展現得很有限。胤礽的兩立兩廢和胤禔等人的拙劣表演，讓康熙很受傷害。他明確表示不再考慮繼承人問題，是想通過這樣的表態來杜絕朝野上下的爭論和家庭內外的爭鬥——康熙也知道「明爭」可以被壓下去，「暗鬥」是控制不了的。

可就有那麼一些書生氣十足的大臣們不能理解皇帝的苦心。康熙皇帝不願意再提起冊立太子的事情，卻有許多大臣和書生們上書，要求確立太子。對於上書要求立儲的人，康熙皇帝抓的抓，殺的殺，毫不手軟。

果然，太子之爭的風波在表面上平息了下去。

兄弟相殘

一

暗地裡，眾多皇子依然對接班人寶座虎視眈眈。

就在康熙第二次廢黜胤礽的當天，皇八子胤禩有一場拙劣的表演。

胤禩一副憂心忡忡的樣子，跑到康熙跟前說：「父皇，今後如果有大臣推薦兒臣為太子，兒臣應該怎麼辦？」胤禩裝模作樣想了想，又說：「要不，兒臣裝病隱居吧。」

康熙嚴厲斥責道：「你以貝勒的身分，心存如此越分之想，妄行陳奏，試探寡人，安的是什麼心啊？這難道不是大奸大惡的行為嗎？」

胤禩要求繼任儲君雖然被康熙斷然拒絕，但他依然是眾皇子中名聲最高、最有希望衝刺接班人寶座的人選。朝野許多大臣和多位皇子也屬意於他。胤禩之後更加注意言談舉止，頗有對接班人之位志在必得的意思。

康熙五十三年（西元一七一四年）十一月，康熙前往熱河巡獵。胤禩為討好康熙，向御營送了兩隻老鷹。

當警衛御營的大臣隆科多（注意這個人）呈上老鷹的時候，康熙吃驚地發現這竟然是兩隻奄奄一息的病鷹。

所有人都震驚了。年邁的康熙皇帝再一次發怒了：胤禩送給我兩隻死鷹是什麼意思？這不是明擺著暗示我體弱多病，行將就木嗎？胤禩的心腸也太黑了！

冷靜地想想，死鷹事件是個再簡單不過的陰謀。胤禩就是再疏忽，再不小心，也不至於給父皇送去兩隻死老鷹；負責押送的下人再不小心，即使把老鷹給養死了，也不敢往上送啊。最大的可能是經手的大臣隆科多從中做了手腳。當時，只要在場的王公大臣有人出來給胤禩說句公道話，康熙也能明白是怎麼回事。但是胤禩之前瘋狂擴張，把手伸得太長了，他太自信，太猖狂了，得罪了很多人，竟然沒有一個人出來給胤禩說句公道話。

康熙皇帝原本就沒有立胤禩為太子的意思，而且對胤禩自作多情、上躥下跳的樣子很不滿。死鷹事件成為康熙攻擊胤禩的宣洩口。

康熙又一次痛罵自己的兒子：「胤禩是辛者庫賤奴所生的賤種，打小的時候就為人陰險。之前，他聽信相面人張明德的話，大背臣道，雇人謀殺胤礽，現在又與亂臣賊子結成黨羽，陰謀篡逆。胤禩因為沒有被立為皇太子，對朕恨之入骨。這個人的陰險數倍於逆子胤礽。」

不用說，胤禩也徹底被排除在接班人的候選名單之外了。

不僅如此，康熙還宣布：「從今日起，朕與胤禩斷絕父子關係！」

胤禩從此連康熙的兒子也做不了了，輸得一乾二淨。為此，胤禩大病一場。康熙對胤禩的病情不聞不問。父子之情蕩然無存。

二

是誰背地裡給胤禩使壞呢？僅僅是隆科多，或者是背後還有其他人？

隆科多是皇四子胤禛的黨羽，是胤禛在背後給八弟插刀。

紛紛擾擾了這麼多年，胤禛這個人物才姍姍來遲，登上權力競爭的核心舞台。胤禛的出場，讓許多人大跌眼鏡。因為胤禛是個表現平庸，乏善可陳的皇子。在康熙生前，胤禛除了主持過祭祀外，沒有任何政治行為。一般情況下，胤禛總是被安排協助其他某位皇子辦事，給人家打打下手。康熙三十七年（西元一六九八年），眾皇子封爵。郡王只封到皇三子胤祉為止，胤禛只能和年紀輕輕的胤禩等弟弟們一樣，受封貝勒爵位。這表明，無論是在康熙眼中，還是在大臣們心中，胤禛都是個無足輕重的皇子。

但就是胤禛的無足輕重，默默無聞，在激烈的權力鬥爭中成了他最有力的武器。

胤礽在接班人競爭中，跑得最快，但是喪失了自我，成為了眾矢之的；胤禩在接班人競爭中，跑得最歡，結果被人一使壞，摔得最慘，輸得血本無歸。他們兩個論血統、論能力、論聲望，都比胤禛要強得多。而胤禛奉行「兩不兩親」的原則，表面上不結黨、不結怨，對父親康熙孝順敬愛，對兄弟和顏悅色。平日裡，胤禛寫寫詩，寫些「懶問沉浮事，間娛花柳朝」之類的閒雲野鶴的作品，「表達」一下心跡，最後自費出版了一本《悅心集》。多麼與世無爭的一個皇子啊！

內心裡，胤禛和兄弟們一樣，也想做皇帝。他之所以這麼做是根據自身情況，以靜制動。

有人看出了胤禛的內心縝密和潛在價值，暗地依附胤禛。比如隆科多，比如四川總督年羹堯，又比如職位低得多的戴鐸。戴鐸是知府、道員一級的官員，康熙末年做到了四川布政使。戴鐸暗地裡與胤禛密切通訊，給主子提出了「孝以事之，誠以格之，和以結之，忍以容之」的「十六字方針」。胤禛就是嚴格按照這個方針韜光養晦，伺機而動的。

現在，幾個有實力的競爭者先後落馬了。胤禛覺得該是自己出頭的時候了！

三

可就在胤禛覺得苦盡甘來的時候，另外一匹「黑馬」橫空出世，又跑到了胤禛前頭去了。

這個人就是胤禛同父同母的弟弟胤禵。胤禵是十四皇子，年紀小，這時候剛剛成年，開始步入最高權力的競技場。胤禛和胤禵雖然是至親兄弟，但感情卻不太好——可能是因為胤禵品貌出眾、才德雙全，樣樣都把胤禛給比了下去的緣故。胤禛也不得不承認，胤禵是眾多兄弟中最出色的一位。更要命的是，康熙皇帝也覺得胤禵很出色，開始越來越多地將這個兒子帶在身邊。這被許多人看作是一個重要信號。

胤禵自然沒有放棄絕妙良機，表現得溫文爾雅、穩重幹練，對人不卑不亢、和藹可親。但是胤禵有個致命的缺陷：太年輕，太嫩，沒有什麼拿得出手的功績，鎮不住人。

胤禵迫切地需要一個展現的機會。機會很快就來了。康熙五十七年（西元一七一八年）春天，在準噶爾起事的策旺阿拉布坦叛軍攻下了拉薩，殺死拉薩汗。西藏方面向京城告急。康熙皇帝決定出兵平叛。當天，胤禵就主動請纓。康熙皇帝也很希望愛子能去歷練歷練，增加政治經驗，建立功勳。於是在當年十二月，胤禵率領大軍，雄赳赳氣昂昂地趕赴大西北積累政治資本去了。第二年三月，胤禵抵達青海西寧，開始指揮作戰。他統帥新疆、甘肅和青海等地的所有軍隊，號稱三十萬大軍，自稱「大將軍王」，高高興興地打起仗來。客觀地說，胤禵的軍事才能真不錯，捷報頻傳。

康熙皇帝很高興，特地提升胤禵的地位。康熙六十年（西元一七二一年）年底，胤禵回京述職。康熙命令皇三子誠親王胤祉，皇四子雍親王胤禛去迎接弟弟，文武百官全都出城設宴迎接。在慶祝凱旋儀式上，宗室成員阿布蘭竟然跪迎胤禵。胤禵猝不及防，不得不接受了。按規定，宗室成員對宗室成員，平級相待就可以了，對皇帝才下跪。阿布蘭現在給胤禵下跪，就是把胤禵當皇帝來對待了！在場的王公大臣們都大驚失色，這可是殺頭的死罪啊。想不到，康熙知道後，竟然默許了！

於是，京城裡的貴戚大臣們忙開了，擠破了胤禵家的大門，爭得巴結胤禵。

第二年正月，康熙決定結束西北戰事，展開議和工作。四月，胤禵重新趕赴前線主持議和工作。議和工作進展得很順利。胤禵的政治行情也就水漲船高，一旦簽訂和約回京，可就算是功成名就了。到那時，老子有意，兒子有功，胤禵做接班人的事就板上釘釘了。

人算不如天算。胤禵還沒來得及回京，康熙皇帝就病倒了，而且迅速惡化。

四

西元一七二二年年底，康熙皇帝在海淀暢春園病逝。

康熙皇帝臨死前，沒差事的皇子們都守在園子裡，等待決定命運的一刻。胤禛又被派去祭祀了，沒能守在暢春園。令人生疑的是，康熙病重期間，侍衛大臣隆科多封閉消息，在場的皇子都很難見到康熙。而雍親王胤禛頻繁地派太監和侍衛來給康熙「請安」，都能很快地見到康熙。

康熙彌留之際，胤禛從祭祀的地方回來了。不久，康熙病逝，隆科多出來宣布康熙的「遺詔」：「皇四子人品貴重，深肖朕躬，必能克承大統，著繼朕登基，即皇帝位。」

胤禛成為了勝利者！這太讓人吃驚了。在場的其他皇子和大臣們都驚呆了。

胤禛來不及管那些懷疑的眼光，一面下令隆科多密不發喪，「護送」康熙靈柩和其他皇子返回北京城內，一面自己搶先回到北京城跪迎康熙靈柩。胤禛迅速控制了北京城，第二天就在紫禁城接受了臣屬的朝拜。大位初定後，胤禛又下令北京戒嚴。

大清王朝開始了雍正皇帝胤禛的強權統治時期。

胤禛將「康熙」年號改為「雍正」，似乎表明自己雍親王即位是正大光明的。但從隆科多宣布遺詔的那一刻起，有關胤禛「即位不正」甚至「謀逆篡位」的聲音就沒有停歇過。胤禛即位的法律依據就是隆科布公布的口頭「遺詔」。幾天後，雍正皇帝煞有介事地公布了康熙的正式遺詔，結果引起朝野譁然。因為雍正只拿出了滿文詔書，而沒有漢文詔書。幾天後，雍正皇帝才遲遲公布漢文遺詔。漢文遺詔抄襲了康熙之前的詔書內容，再加上對胤禛的讚美之詞，拼接而成。詔書中塗改多處，疑點重重。胤禛做事給人「越抹越黑」的感覺。

民間盛傳，康熙臨終時留下了「傳位十四皇子」的遺詔，結果被隆科多改成了「傳位于四皇子」。且不說康熙不會用簡化字寫遺詔，單說清朝的重要文書都是滿漢雙文書寫的，「十」改「于」的傳說就不可信。但這個說法的產生和流行就表明了社會上對胤禛即位的疑惑。

拋卻所有的正反方證據不說，單單康熙臨終前只有隆科多一個人在跟前這麼一條訊息，我們就能判斷雍正即位是怎麼回事了。

五

胤禛的即位並沒有停止康熙皇子們對最高權力的爭奪，引發了一場兄弟相殘的悲劇。

遠在西寧的胤禵聽到康熙死訊後，風塵僕僕地趕回北京。但是一切都晚了。皇帝寶座已經落到四哥的手裡了。胤禵在路上就受到了雍正皇帝的嚴密監視，抵京後馬上失去了行動自由。胤禵的氣憤之情可想而知。他大鬧康熙的靈堂，雍正皇帝就下令革去他的王爵，降為固山貝子。雍正三年（西元一七二五年），胤禟又被革去固山貝子，被囚禁於景山壽皇殿內。當年六月，諸王大臣羅列了胤禟的十四條「罪狀」，奏請將他「即正典刑」。雍正念在同父同母兄弟的情分上，沒有同意將胤禟斬首。

兩立兩廢的前太子胤礽在雍正即位後被遷居到祁縣鄭家莊嚴加看守。雍正二年（西元一七二四年）年底，五十一歲的胤礽病死在幽禁地。胤礽死後被追封為理親王，諡號「密」。

胤禩雖說一敗塗地了，但聲望和勢力都還在。所以雍正即位，一度任命胤禩總理事務，進封廉親王，參與政事。但在雍正四年（西元一七二六年），雍正就以「結黨妄行」等罪名削去胤禩爵位，剝奪宗籍（從皇家開除），圈禁起來。雍正還給他取名「阿其那」。「阿其那」是滿語「豬」的意思。當年，胤禩就死了。諸王大臣議奏將胤禩戮屍示眾。雍正下諭說胤禩「既伏冥誅，其戮屍之罪著寬免」。

雍正十二年（西元一七三四年），被圈禁了二十六年的康熙皇長子胤禔死了。

第二年，雍正皇帝死了，兒子乾隆繼位。乾隆皇帝比他父親要寬厚得多。乾隆即皇位不久就下令釋放囚禁多年的「十四叔」胤禵。胤禵時來運轉，陸續加封，最後做了恂郡王，還總管正黃旗。但胤禵年事已高，只能做個政治擺設而已。乾隆二十年（西元一七五五年），胤禵死了，被厚葬，賜諡號「勤」。

乾隆四十三年（西元一七七八年）正月，乾隆下旨恢復已故的「八叔」胤禩宗室地位，將他的名字重新列入皇室成員名單中。

至此，所有的故事角色都有了自己的歸宿。

13

有其父必有其子

道光皇帝立愚不立賢

道光皇帝是半身倒在古代史，半身躺在近代史上的人物。面對鴉片戰爭以後的「千年未有之大變局」，道光皇帝會選擇一個什麼樣的繼承人呢？是和自己一樣平庸穩重的奕詝還是能力出眾慷慨激昂的奕訢？道光皇帝的選擇是前者，之後，清王朝繼續沿著積貧積弱的軌道沉淪。

立愚不立賢

一

鴉片戰爭爆發的時候，中國處於道光皇帝旻寧的統治之下。

道光皇帝除了吝嗇、迂腐、平庸外，總體上還算是一個勤勉的皇帝。他天天穿著破舊的龍袍早早地在紫禁城裡等大臣們來上朝。此情此景，可算是清朝後期的生動寫照。道光皇帝這一輩子都思考著怎麼把祖宗的基業給維持住，怎麼讓國庫的銀子不少下去。為了因鴉片走私產生的越來越大的銀子缺口，道光皇帝不惜與英國人打了一仗。誰知道，平庸的道光皇帝戰和不定，最後竟然輸給了蠻夷之邦的英國。國庫裡的銀子反而是越來越少，連祖宗傳下的香港島也給割了。道光皇帝一度感覺有愧於列祖列宗。

但是，他最頭疼的還是給大清王朝挑選入關後的第七位皇帝，一位合格的太子。

道光二十六年（西元一八四六年），道光皇帝已經是六十五歲的老人了，還沒有選定接班人。

道光皇帝為什麼遲遲沒有確定太子人選呢？說來話長。道光皇帝之前根本就沒為繼承人問題著急過。因為大阿哥奕緯在道光皇帝還是皇子的時候就出生了。此後道光皇帝又有了二阿哥、三阿哥。雖然很不幸，二子和三子都夭折了，但畢竟還有奕緯。實際上，道光皇帝在很長時間裡能夠選擇的太子人選也只有奕緯一個人，立不立太子並沒有實質意義可言。誰知道天有不測風雲，奕緯在道光十一年（西元一八三一年）死了，終年二十三歲。這下子，道光皇帝傻眼了。奕緯死了，繼承人沒了。儘管兩三年後，四阿哥奕詝出生了，緊接著五阿哥、六阿哥也出生了，但是沒有個十年二十年，這些皇子也不能獨自挑起大梁。為了等待眾位皇子長大，道光皇帝耐心地熬到了年過花甲。

道光皇帝先後有過九個兒子，其中大阿哥、二阿哥、三阿哥早逝；五阿哥過繼給了醇親王綿愷，失去了繼承資格；七阿哥（奕譞，日後光緒皇帝生父）、八阿哥、九阿哥都還年幼。真正參加繼承者競爭的只有十六歲的四阿哥奕詝和十五歲的六阿哥奕訢。

那麼選擇誰合適呢？

二

奕詝和奕訢兩人僅差一歲，平日裡同在上書房讀書，接受同樣的文武教育，兄弟倆感情很好。道光二十年（西元一八四〇年），奕詝的母親鈕祜祿氏因病去世，年幼的奕詝被託付給奕訢的母親博爾濟吉特氏撫養。小哥倆朝夕相處，親密無間。

奕詝是事實上的長子，六歲入學，道光為他挑選的老師是以公忠正直著稱的杜受田。杜受田對奕詝的學習要求十分嚴格，給他朝夕灌輸儒家思想，按照傳統政治標準要求這位皇位的熱門競爭者。奕詝長大後養成了嚴肅穩重的性格，精通儒家政治的條條框框。弟弟奕訢沒有哥哥那樣的好運氣，沒有一位公忠體國、滿腹儒家經綸的老師，因此學的東西比較雜亂，思想激昂直接，關心現實情況的解決。奕詝與奕訢相比，除了年長一歲（年齡優勢並不明顯）外，不論是文才，還是武功，都遠不及後者。而且從面相看，奕詝小時候騎馬摔斷過腿，還得過天花，所以腳稍微有點瘸，臉上有麻子。而奕訢帥氣威嚴，有帝王之相。因此，一開始道光皇帝曾有意立奕訢為皇太子。

清朝從康熙之後並不公開冊立太子，而是秘密寫在小字條上藏起來，等到皇帝逝世的時候才拿出來宣布繼承人名字。《清稗類鈔》曾記載了這麼一段野史：道光皇帝最寵愛恭親王奕訢，曾經在字條上偷偷寫下了他的名字，藏在大殿的匾額後面。有一個太監在殿外看到道光皇帝書寫繼承人名字，最後一筆拉得很長，就知道繼承人是奕訢（奕訢的「訢」字最後一筆是長筆，奕詝的「詝」字最後一筆是豎彎鉤，不可能是長筆）。這個小太監很多嘴，就把這件事情告訴了其他人，結果傳得宮廷內外人人皆知。道光皇帝知道後，非常反感，進而對奕訢也討厭了起來，所以就改立奕詝為繼承人。

道光皇帝為什麼之後選擇了奕詝，自然沒有野史說得這麼簡單。實際上，道光對兩個兒子進行了一系列的考察。在這些考察中，奕詝的平庸反而取得了父親的歡心，戰勝了奕訢。

三

清朝尚武，皇室每年有圍獵的傳統。通常這也是檢驗皇子騎射才幹的考試。因此每一年的圍獵都被天下看作是各位皇子表演的舞台，被看作是刺探皇位更替的指向針。這一年的圍獵，人們都將目光對準了奕詝與奕訢。

奕訢正常發揮了他的武功，騎射功夫出眾。他率領部眾打到了許多獵物。奕詝則力弱多病，乾脆呆呆地站在一旁，一箭不發。圍獵結束後，奕訢帶著自己的「戰利品」去見父皇。道光看後非常高興。道光見奕詝及其部眾毫無所獲，大惑不解。奕詝平靜地說：「父皇曾經多次教導孩兒，要有仁愛之心。春天正是萬物孕育的時候。現在正是春天，如果我把牠射死了，那麼就連牠腹中尚未出生的幼獸也射死了。我實在不忍心這麼做，所以一箭未發。」道光聽後覺得非常有道理，也頗欣慰，當眾稱讚奕詝心胸開闊，有仁慈之心。

奕詝此舉並非出自他的本意。在圍獵之前，奕詝認為毫無超越奕訢的可能，非常焦急，就去請教自己的老師。杜受田告訴他要「以愚示仁」，不要以武功取勝。結果雖然他兩手空空，卻和六弟打了個平手。

後來，年邁的道光生病了，病得很重，有一天想召見二位阿哥，打算進行最後的考察以決定把皇位傳給誰。奕詝和奕訢都知道這是衝刺皇位的最後關頭，分別詢問各自的老師如何在父皇面前表現。

奕訢的老師卓秉恬給學生出主意說：「如果皇帝問阿哥什麼事，阿哥就知無不言，言無不盡。」卓秉恬知道奕訢聰敏過人，反應也快，知識豐富，完全可以憑藉自己的才華壓倒奕詝。當時，朝廷內憂外患，問題很多，的確也需要未來繼承人在這些問題上有自己的見解，以便讓老皇帝看到新皇帝將來的執政思路。

杜受田卻不這麼認為。他建議奕詝揚長避短，不要在智商和執政思路上和弟弟硬碰硬。杜受田對奕詝說：「如果皇上問起國家政事，阿哥您在這方面的見識能力不能與六阿哥相比。因此，您什麼也不用回答，只須始終伏地叩首痛哭，將您對父皇的病情的擔憂，對父皇的依賴留戀全部表現出來就可以了。如果皇上一定要阿哥回答，您就把皇上對這些問題的處理意見重述一遍就可以了。」奕詝馬上就明白了：嗯，我的優勢就是憨厚老實，就是重感情，看我怎麼用親情去感動父皇。

果然，在兩個兒子中難以取捨的道光皇帝是以國家大事向兩個兒子質詢。

道光先傳旨召六阿哥奕訢問策，詢問他對當前國事政務的看法。道光先說：「我年紀大了，身體也是一日不如一日。可能不久於人世了。現在我想聽一下，你對治理國家有什麼看法。」奕訢就充分發揮自己的口才，滔滔不絕地闡述了自己的治國方略。道光聽著也頻頻點頭。奕訢對時弊看得很深，對各領域政務都有比較明確的設想。作父親的道光自然很高興。

道光又召見了奕詝，把剛才的那番話又說了一遍，再向奕詝詢問治國良策。奕詝卻一言不發，長跪在地，痛哭不已。道光很奇怪，一再催促他快點回答。於是，奕詝流著眼淚回答：「兒臣希望父皇健康長壽，永遠也不要離開我們。我要永遠留在父皇身邊，好好侍奉父皇。」道光聞言，長歎不語。之後轉問了幾個瑣碎問題。這回，奕詝答了，並無大的方略，只是延續了父親道光的既定策略而已。

杜受田的這招「以愚示情」果然很有效果。道光在奕詝與奕訢之間選擇了四阿哥奕詝。

奕詝與奕訢兩人的表現，將各自的能力、眼光表現地一覽無餘。道光為什麼選擇前者，而不選擇能力出眾的奕訢呢？因為道光從奕詝身上看到了自己的影子。奕詝雖然長相醜點，學識和武功差點，對政治現實了解少點，但仁愛孝順。更重要的是，奕詝這個孩子忠厚老實，守規矩，惡變革。這既符合宣導儒家的仁愛和以孝治天下的思想，又讓同樣墨守成規的道光產生了共鳴。於是，他決定棄奕訢，而立奕詝。這就是許多皇帝在挑選繼承人的時候熱衷的「類己」的標準。哪個人選和自己的思路一致，會繼續奉行自己的方針政策，我就挑選那個人繼承自己的地位和權力。如果道光是一位銳意改革、奮發圖強的帝王，按照這個標準他就會選擇奕訢。可惜道光皇帝不是那樣的人，所以就只能委屈奕訢了。

四

道光二十六年（西元一八四六年）六月十六日，道光皇帝硃筆用滿漢兩種文字寫下「皇四子奕詝立為皇太子」。寫完了，道光皇帝對這字條沉默了許久，又提筆僅以漢字寫下「皇六子奕訢封為親王」。道光用一張黃紙將字條包好，在黃紙上用硃筆寫下「道光二十六年六月十六」字樣，並親筆簽名；再用一張黃紙將字條包了一層，在背面又寫上滿文的「萬年」字樣，又親筆簽名。之後，道光皇帝寫下遺詔，再親手撰抄一份。立嗣的字條和兩份遺詔分別被密封在兩個匣子內。道光親自在匣子的三面啟扣處貼上封條，並在三處封條上親筆簽名，其中正面的封條除了道光

皇帝的親筆簽名，還記上了日期：道光二十六年立秋。❶

在這一天，奕詝與奕訢這兩個孩子一生的命運就被決定了。在某種程度上，清王朝之後的命運也被決定了。

對錯自有評說

一

道光三十年（西元一八五〇年），道光皇帝駕崩。臨死前，道光皇帝親口宣布奕詝為繼承人。奕詝毫無爭議地登基稱帝，改年號為「咸豐」。「咸」是普遍的意思，「豐」是富足的意思，「咸豐」就是「天下豐衣足食」的意思。

杜受田是奕詝能夠當上皇帝的頭號功臣。咸豐帝即位後立即提升杜受田為太子太傅兼吏部尚書，隨即調任刑部尚書、禮部尚書、協辦大學士。咸豐二年（西元一八五二年），黃河決口，山東、江淮地區受災嚴重，杜受田頂著烈日，前往賑災，途中觸染瘟疫，死在了工作崗位上。咸豐帝聞訊痛哭失聲，追贈杜受田為太師大學士，謚號「文正」。杜受田靈柩返回北京的時候，咸豐

---

❶道光皇帝的立儲字條、遺詔和兩個匣子至今仍保存完好。它們是國內目前發現的唯一一份清代秘密立儲制度的實物。道光皇帝之後，清朝沒有再出現多個皇子爭立的局面（咸豐皇帝只有一個兒子，同治、光緒都沒有兒子），沒有再實行秘密立儲。因此，道光皇帝留下的這些文物價值重大。

皇帝親往祭奠，撫棺痛哭。之後，再也沒有漢族大臣死後被追贈為太師大學士，可見咸豐對杜受田的感激與恩寵程度。

咸豐登基之初，與許多年輕帝王一樣，也有過銳意圖強的創舉。但是一來國家積弊日深，二來咸豐能力有限，拿不出什麼新鮮的政策方針來，執政起來無非是新瓶裝舊酒。結果是朝政毫無改善，反而是打擊了咸豐自己的積極性。咸豐也真是苦命，剛即位，太平天國運動就爆發。這場中國歷史上規模最大，組織最為完善的農民起義，席捲大半中國，幾乎斷送了清王朝的統治。咸豐開始以傳統鎮壓農民起義的方式一再圍剿，又要防止漢族官僚掌握實權。結果導致太平天國運動成為清朝弊政的總體現，成為封建社會保守僵化、積貧積弱局面的總爆發。太平天國越剿越多，直至建立了與清朝相抗爭的政權。咸豐沒辦法，大量提拔漢族大臣參與軍務，總算是提出了一個大的政策改革。曾國藩、李鴻章、左宗棠等「中興名臣」都是在咸豐朝時先後登上政治舞台。在中央朝廷中，肅順等人支持漢族大臣，協助咸豐皇帝清剿國內造反者，日益為咸豐皇帝所倚重，形成了一大政治勢力。但咸豐和肅順等人的有限認識和政策創新都集中在傳統的國內政治領域，對於日益增加的國際交往和英法等西方大國的覬覦侵略，既看不清楚，更談不上有所反抗。

相反，無緣皇位的奕訢在近代歷史舞台上的表現比身為皇帝的咸豐要耀眼得多。

咸豐帝剛即位時，即按父親道光皇帝的遺詔，封十九歲的奕訢為恭親王，恩遇超過其他諸王。這可能是道光皇帝對奕訢這個皇位競爭失敗者的補償，也可能是希望弟弟的才能能夠輔助忠厚守舊的哥哥，匡扶大業。西元一八五二年，奕訢受命在內廷行走。西元一八五三年，太平天國北伐軍由揚州進入安徽，殺入河南，直逼直隸。在危急時刻，咸豐帝打破親王不能任軍機大臣的祖制，任命奕訢為「軍機大臣上行走」。奕訢成為了掌握實權的親王，威信日隆，在鎮壓太平軍北伐期間「參贊軍務，夙夜勤勞」，布防及時，為守衛京畿、消滅北伐太平軍立了大功。

但在平息太平軍北伐之後，咸豐帝妒嫉奕訢的才幹，又擔慮弟弟勢力過大，就藉口奕訢在其母喪期間為母爭封，禮儀失當，於西元一八五五年罷免了奕訢的軍機大臣、都統等軍政要職，仍命在內廷行走。

對於日益增加的國際事務，奕訢興趣很大，很認真地研究近代中國政治出現的新情況、新問題。一些守舊的官員攻擊奕訢是「鬼子六」，也反映了奕訢「開眼看世界」的務實一面。

二

咸豐皇帝在近代史上犯下了一個不可饒恕的錯誤。因為他的極端無知和自閉，導致了第二次鴉片戰爭的發生和擴大，進而導致了北京的淪陷和圓明園的大火。

西元一八五六年，廣西西林縣代理知縣張鳴鳳因縣府緝拿犯法徒眾與在本縣私自傳教的法國傳教士馬賴發生衝突，重刑將馬賴殺死。當法國公使查問馬賴下落時，張鳴鳳卻矢口否認，極力隱瞞馬賴傳教和被殺一事。不知是因為西林過於偏僻，還是廣西省府官員失察，廣西按察使和兩廣總督到了西元一八五八年初還對張的話信以為真，據此回答法國公使和上奏朝廷。

同年十月，廣州水師在中國商船「亞羅號」（該船雖然在香港註冊，但是被檢查時註冊有效期已過）上緝捕了海盜和水手。英國領事無端干涉，硬說「亞羅號」是英國船，要求中國方面釋放被捕的人，並向英方賠禮道歉。兩廣總督葉名琛怕事態擴大，釋放了被捕的水手，但拒絕道歉。

這兩個事件都只是幌子。英國就借所謂的「亞羅號事件」炮轟廣州，挑起戰爭。法國即藉口馬賴被殺事件，與英國組成聯軍。第二次鴉片戰爭正式爆發。英法兩國真實的侵華原因是希望進一步打開中國大門，在中國牟取更大利益。在政治上，他們希望中國嚴格按照外交規則、外交條約來行事。特別是希望與清朝政府建立穩定、常駐的外交關係。對於咸豐為首的清政府來說，依然盲目自大，堅持傳統的朝貢外交制度，只願意做小修小補。比如，英國政府強烈要求清政府忠實履行《南京條約》的規定，讓英國官員和商人可以自由進入廣州城。但咸豐皇帝將讓洋人進城看成是夷夏大防的大事，拒不執行條約規定。道光皇帝和西方簽定的條約規定，中外條約滿十二年之後，西方可與中國再行籌議。咸豐皇帝出爾反爾，拒絕重開談判。終於小嫌釀成大釁，引發了一場浩劫。

西元一八五八年五月，英法軍隊侵入天津城郊，並揚言要進攻北京。咸豐慌忙議和，分別與英、法訂立《天津條約》。《天津條約》簽訂後，英法聯軍撤離南下。咸豐事後對條約內容後悔了，尤其是不願意接見外國公使。他下令交涉取消公使駐京、內地遊歷、內江通商等條款，並不允許英法外交人員到北京換約。但英法方面不同意變更既定條款，並堅持要在北京換約。西元一八五九年，英法公使按照條約規定，在軍艦的護送下前來天津外海要求進京換約。蒙古親王僧格林沁奉了咸豐皇帝的密旨，對入侵大沽口的英法外交使團發動了襲擊。不知外交為何物，舉止失措的清朝政府又主動授人口實。英法兩國勃然大怒，擴大了侵華戰爭。

西元一八六〇年夏天，英法聯軍屢敗清軍，兵臨通州。咸豐皇帝急了，再次與英法聯軍展開外交交涉。英法聯軍同意交涉。在與英法聯軍的談判中，清朝政府又與英法聯軍在外交禮儀上發生了糾紛（對於通商、稅則等西方關心的實質內容，清政府興趣不大）。欽差大臣、全權代表載垣要英方代表巴夏禮面見皇帝時下跪禮拜，遭到巴夏禮反對。咸豐皇帝覺得自己願意談判，接見英國使節已經是莫大的恩典了，堅持要外國人「跪拜如儀，方可許可」，談判遂告破裂。僧格林沁的軍隊遂將巴夏禮和隨團採訪的記者等一行三十九人截拿扣押送往京師刑部，關進「天牢」，以作為人質。英法聯軍要求釋放使團，未果。誰知第三天，三名人質死於天牢的消息傳到軍中。英法聯軍於是做出了攻占北京的決定。

本已弱勢的清王朝，被極端愚昧的情緒支配，結果釀成了大禍。

三

英法聯軍於西元一八六〇年八月逼近天津。九月十八日，怡親王載垣、科爾沁親王僧格林沁等人拘留了英國使團巴夏禮等二十六名英國人和十三名法國人。侵略聯軍決定向北京進攻。九月二十一日，清軍在距北京十五公里的八里橋戰敗，英法聯軍兵臨城下。咸豐皇帝決定求和。當時北京城找不出一個懂英文的人。滿清貴族中只有奕訢一個人願意和外國人打交道，而且也對國際問題有所認識，所以才被時刻防範著他的咸豐皇帝授予了留京應對的實權。咸豐帝逃往熱河（今河北承德）。受命於危難之際的奕訢，在大兵壓境之下，代表清朝簽訂了中英、中法、中俄《北京條約》。當時的北京依然保留著政府框架，大批官員留守，京畿軍事力量仍在，都受奕訢節制。咸豐皇帝西逃承德，卻使自己防範的弟弟成為了擁兵在外、自成氣候的親王集團。

西元一八六一年，咸豐帝在病危時，將身後的大政託付給肅順集團。八月二十二日，咸豐帝病逝，遺命肅順、載垣、端華等八人為「贊襄政務王大臣」輔佐年幼的皇太子載淳執政，總攝朝政。

在這裡，咸豐皇帝和肅順、奕訢兩派政治勢力都忽視了隱藏在承德的一個不簡單的女人——妃子葉赫那拉氏。咸豐死後，葉赫那拉氏被稱為慈禧太后。

慈禧太后，那拉氏，祖居葉赫，故稱葉赫那拉。滿洲鑲藍旗人。父惠徵，曾任安徽徽寧池廣太道道員。葉赫那拉氏是滿族八大姓氏之一，其祖先最早可追溯到五代時期的海西女真。但真正讓葉赫那拉揚名天下的是慈禧太后。慈禧太后由選秀女入選咸豐後宮，在殘酷的後宮爭鬥中脫穎而出，並生下了咸豐帝唯一的兒子——載淳。咸豐在臨死時，人為製造了權力結構的複雜性。他將自己的兩枚印章——「御賞」和「同道堂」的作用提升。「御賞」章讓皇后慈安掌握；「同道堂」章由同治掌握，同治年幼歸慈禧掌握。咸豐規定皇帝發布詔諭時，除了玉璽，必須蓋上這兩枚章才能生效。葉赫那拉氏就是利用這枚印章開始，牽制肅順集團，聯合奕訢集團，發動「辛酉政變」粉墨登場，縱橫近代政治舞台的。慈禧太后這個干政的女主，成為了同治、光緒兩朝的實際統治者，推行了許多功過難辨的政策方針。

如果歷史能夠假設，我們假設奕訢被道光皇帝立為了繼承人。奕訢成為皇帝後，極有可能實事求是地面對傳統王朝面臨的一切問題，打開國門正視世界形勢的變化（起碼不會像咸豐朝那樣的愚昧自閉）。儘管中國落後的局面不會驟然改觀，但第二次鴉片戰爭、火燒圓明園、辛酉政變和慈禧太后垂簾聽政等為歷代史學家所詬病的事件都不會出現了。從奕訢在中國近代化進程中的真實表現，我們有把握確信這些推論都是會成立的。

遺憾的是，歷史是不能假設的。清朝末期的道路很大程度上是道光皇帝為後人選擇的。

後記

成敗皆是匆匆客

這是一本從皇太子的角度來講述中國歷史上的皇位傳承的通俗讀物。「皇太子」僅僅是政治繼承人、權力接班人的代名詞而已。只要世襲政體存在，君主們就面臨著如何選定接班人、如何把最高權力交給接班人的問題。最高權力的交接關係到國家政治的穩定。選好了接班人、順利實現交接，既利國利民，也利於君主的家族；反之則對三方面都產生消極影響。對於許多君主來說，挑選合適的太子可能是畢生最重要的政治問題之一。有些皇帝在治理國家上很平庸，卻找了一個優秀的接班人，成就了生平最大的功績，比如，適時傳位給太子李隆基的唐睿宗李旦。有些皇帝在處理政務、南征北戰方面取得了輝煌成績，但在接班人問題上一誤再誤，為政治生涯留下遺憾，比如兩立兩廢太子的康熙皇帝。而從皇太子的角度來說，成為皇太子只是邁出了萬里長征的第一步，如何磨練意志、學習能力、積聚聲望等後天的工作更加重要。其中最重要的莫過於如何處理好與老皇帝的關係。世襲政體從本質上來說，是人治的政體，因此處理好人際關係對皇太子來說尤為重要。

中國歷史上的皇太子制度非常完備，無論是太子的挑選標準、太子的教育培養、太子的官署設置、太子的權力分工，乃至太子出巡的規格，都有嚴密的規定。但是圍繞皇太子寶座的爭鬥一直就沒停止過，上演了許多陰謀詭計和血腥政變。遺憾的是，這些醜聞和流血事件，都是發生在父子兄弟內部的。骨肉親情往往敵不過政治權力的誘惑力量。大家為什麼爭來爭去呢？說到底，還是皇太子寶座具有的巨大政治權力和物質享受。許多人為了感受一下身為太子的榮耀，不惜扭曲本性，不惜骨肉相殘，最後依然是身敗名裂，滿門抄斬。古今多少事，後人談笑一揮間就過去了。成也好，敗也好，相對於漫長的歷史來說是千年一瞬，即使對於個人生命來說也是匆匆過客而已。如果歷史上的那些失敗者、成功者都看淡、看輕了「皇太子」三個字，相信許多悲劇都能夠避免。

這就是我在本書中最想傳達給讀者的看法，有道是「成敗皆是匆匆客」，不必太過在意。

接著，我要交代一下本書的資料來源和引用情況。我要感謝現代科技的發展。之前在汗牛充棟的紙本《二十五史》中查找特定的人物、事件等內容需要花費數小時甚至一兩天時間。電腦技術的飛速發展使得同樣的搜索工作可以在電子版《二十五史》中通過簡單的「關鍵字搜索」完成，花費不了一秒鐘時間。為了從紛繁複雜的相關史料中脫離出來，探究歷史的原貌，有所發現和感悟，我瀏覽了各個朝代正史的相關部分內容。此外，我參考了相關的文章。除了在文章注解中注明的之外，我參考的文獻還有：溫功義著《明代宦官和三案》（重慶出版社二〇〇四年版），李儉著《權力的傷口：大清皇位傳承內幕》（新華出版社二〇〇七年版），劉心武著《紅樓望月》（書海出版社二〇〇五年版），林大志、陸盛江著〈「蠟鵝事件」真偽與昭明太子後期處境〉（載於《文學遺產》二〇〇四年第六期），王永平著〈孫權立嗣問題考論——從一個側面看孫權與世家大族的鬥爭〉（載於《南京理工大學學報（人文社科版）》二〇〇三年第一期），劉馳著〈晉惠帝白痴辨——兼析其能繼位的原因〉（載於《中國歷史大辭典通訊》一九八四年第四期），張國元、楊國慶著〈康熙的多子與多憂〉（載於《渝州大學學報（社會科學版）》一九九九年第一期），朱維錚著〈火燒圓明園之前的事〉（載於《歷史教學》二〇〇二年第十期），史卉著

〈簡析中國古代的皇位嫡長子繼承制〉（載於《聊城大學學報（社會科學版）》二〇〇七年第二期）。另外，〈守得雲開見月明——血緣外的南宋太子們〉一章可以看作是對我之前的作品《脆弱的繁華》中有關南宋皇位傳承問題的一個歸納總結。謹此向上述著作者們致以謝意。

我並不是歷史學科班出身，對歷史的寫作多半是出於興趣。全書在史料的選擇和觀點的闡述上難免存在錯誤，敬請各位讀者批評和諒解。

最後，我特別要感謝唐琳娜在寫作期間對我的支持和鼓勵。她是本書的第一個讀者，並且在本書的寫作過程中一直陪伴在我身邊。

謝謝大家！

張程

二〇〇八年四月十三日初稿於六合園

二〇〇八年五月十五日二稿於六合園

國家圖書館出版品預行編目(CIP)資料

一步之遙：中國皇太子政治 / 張程作. -- 初版 . -- 臺北市 : 遠流, 2014. 09

面; 公分. -- (實用歷史叢書)

ISBN 978-957-32-7474-2(平裝)

1. 皇帝制度 2. 歷史 3. 中國

573.512　　103015166